아무도 읽지 않는 책

대학생이 꼭 읽어야 할 세계 고전 100선

서강대학교 출판부

아무도 읽지 않는 책

대학생이 꼭 읽어야 할 세계 고전 100선

초판 인쇄일 • 2007년 2월 15일
초판 발행일 • 2007년 2월 20일

엮 은 이 • 서강대학교 교양인성교육위원회
발 행 인 • 손병두
편 집 인 • 우찬제
발 행 처 • 서강대학교 출판부
등록번호 • 1978년 9월 28일(제10-50호)
인　　쇄 • 한컴인쇄정보 (02) 2274-3394

주　　소 • 서울특별시 마포구 신수동 1번지
전　　화 • 02) 705-8212
팩　　스 • 02) 705-8612
홈페이지 • www.sogang.ac.kr/~sgpress

ISBN 978-89-7273-117-7 03010

정가 10,000원

아무도 읽지 않는 책

대학생이 꼭 읽어야 할 세계 고전 100선

서강대학교 교양인성교육위원회 엮음

서강대학교 출판부

발간사

"사람들이 칭송은 늘어놓으면서도 읽지 않는 책(a book that people praise and don' t read)." 19세기 미국 소설가 마크 트웨인이 '고전' (a classic)에 관해서 남긴 말입니다. 그 때나 지금이나 사정은 마찬가지이겠지요. 스스로 지식인이라 생각하는 사람들조차 고전이라 일컫는 책을 제대로 읽어 본 사람은 그리 많지 않을 것입니다. 어린 시절 축약본으로 『일리아드』와 『오디세이』, 『 걸리버 여행기』, 『햄릿』 등을 읽은 다음 고전들을 나름대로 섭렵했다고 여기는 이들이 많습니다. 셰익스피어의 『로미오와 줄리엣』, 톨스토이의 『전쟁과 평화』를 두고 하는 농담이 있습니다. "『로미오』는 읽었는데 『줄리엣』은 읽지 못했다." "『전쟁』은 읽었는데 『평화』는 읽지 못했다." 책 타이틀조차 모르고 있음을 보여주는 경우입니다.

요즘 서점에서는 경영 서적이나 자기 개발 서적류가 많이 팔린다고 합니다. 부자가 되고 싶어 하는 욕구의 표현이겠지요. 물론 그런 책들도 읽어야 하겠지요. 그러나 이보다 앞서 인류가 온축해 온 오랜 지혜와 경륜을 담은 고전을 읽는 것이 무엇보다 중요하다고 생각합니다. 벤치 프레스에 비교를 해보도록 하지요. 베스트셀러로 읽히는 책은 10킬로그램이나 15킬로그램이라고 해 봅시다. 이에 비하면 도스토예프스키의 『카라마조프가의 형제들』, 베버의 『프로테스탄트 윤리와 자본주의 정신』, 카의 『역사란 무엇인가』 등은 20킬로그램이나 30킬로그램이 될 것입니다. 쉬운 것부터 시작해야 하지만 애써 무거운 것을 들어보면 가벼운 것은 쉽게 들게 됩니다. 몇 십 년, 아니 몇 백 년을 사람들에게 읽혀온 책은 살아남은 세월의 길이만큼 우리의 지적 능력을 키워주고 이해의 폭을 넓혀준다고 생각합니다. 이를 토대로 경영 서적이나 자기 개발 서적을 읽을 때 정말 기초가 단단한 독서를 하게 됩니다.

우리는 무엇보다 우리가 속한 전통, 우리 글로 된 것을 읽어야 합니다. 하지만 누구도 이제 부인하지 못하게 된 현실은 세계가 하나가 되고 있다는 사실입니다. 우리의 뛰어난 학생들이 칸트를 읽고 루소를 읽고 존 스튜어트 밀을 읽을 때 미국 일류 대학 학생들은 『논어』와 『도덕경』을 읽습니다. 세계 속에서 호흡하는 지도자가 되자면 자신이 속한

문화가 생산한 고전뿐만 아니라 타문화권의 고전에 익숙하지 않으면 안 되게 되었습니다. 우리에게는 어쩌면 이중적인 노력이 필요합니다. 중국 · 일본 · 한국, 이 세 나라 전통을 우리는 고전을 통해서 자세하게 알아야 할 뿐 아니라, 오늘 문화를 주도하고 있는 서양이 생산한 고전과 그외 지역의 고전도 폭넓게 읽고 이해해야 합니다. 다른 문화를 전체적으로 이해하는 데는 책만큼 좋은 수단이 없습니다.

프랑스의 유대인 철학자 레비나스는 책 읽기를 일컬어 "우리 인간의 존재 방식"이라고 말했다고 합니다. 인간의 인간다움은 읽기에서 비롯된다는 뜻이라 짐작합니다. 책을 강조한 유대교 전통에서 나온 말일 것입니다. 유교와 불교 문화권에서 늘 책을 대하면서 자란 우리에게도 그리 낯선 생각은 아닙니다. 우리나라에 영향을 크게 미쳤던 송나라 유학자 주희는 "책 속에 무엇인들 없는 것이 있겠는가(書中何所不有)?"라고 반문합니다. 책을 통해 우리는 지식을 배우고 삶을 반성하고 사람의 감정과 행동을 이해합니다. 책은 우리의 생각을 형성하고 우리의 생각은 다시 우리의 존재를 규정하는 데 영향을 미칩니다. 한 사람이 어떤 사람인가, 무엇을 생각하는가, 어떤 가치를 가지고 살아가는가 하는 것은 그가 무슨 책을 읽고, 누구를 본받고자 애쓰고, 어떤 삶의 방식을 지향하는가 하는 것에 달려 있을 것입니다. 책은 우리의 혼을 키워주고 우리 혼에 자양분을 제공해 주는 여러 요소 중에 하나입니다.

저는 우리 서강대 학생들이 이 해제집에 소개된 책을 모두 읽기를 바랍니다. 이 뿐 아니라 '서강 필독서 230선'에 나와 있는 책 대부분을 읽고 졸업할 수 있기를 바랍니다. 책을 읽되 많이 읽고, 생각하면서 읽고, 비판적으로 읽기를 바랍니다. 그리하여 자신의 생각을 분명하게 말과 글을 통해 표현하고 남을 설득할 수 있는 지도자가 여러분 가운데서 많이 나오기를 기대합니다.

2007년 2월

서강대학교 총장 손병두

서강대 필독서 230선 선정에 즈음하여

서강대 교양인성교육위원회는 새로운 21세기에 걸맞은 교양인성 교육목표를 구체적으로 실천하기 위해, 2006년 1학기부터 작업을 시작하여 2006학년도 2학기 말에 '서강대 필독서 230선' 을 선정하였습니다. 교수, 직원, 학생, 동문으로부터 500 여권의 책에 대한 추천을 받아 교양인성교육위원회에서 선임한 필독서 선정 소위원회의 선별 작업을 거쳐 단과대 학장들의 의견을 수렴한 후 최종 선정 작업을 마쳤습니다. 필독서를 선정하는 과정에는 몇 가지 원칙이 적용되었습니다.

1. 세계화의 시대에 세계와 함께 호흡할 수 있도록 동서고금의 고전을 두루 망라한다.
2. 모든 전공 분야의 학생들이 공통적으로 읽을 수 있는 고전을 우선으로 하되, 심화 독서 대상이 될 수 있는 고전을 추가한다.
3. 서강대 건학 정신에 합당한 가톨릭 영성 관련 도서를 선정한다.

구체적 선정 작업에 들어가기 전에 선정 대상 분야를 크게 문학, 인문사회, 과학기술로 나누었습니다. 공통으로 서강대 학생이면 누구나 읽기를 바라는 책을 1차 필독서로 하기로 하고 문학 50여권, 인문사회 35권, 과학기술 15권을 선정하도록 하였습니다. 좀 더 심화해서 읽기를 원하는 2차 필독서도 100권을 추천하되 문학 30권, 인문사회 55권, 과학기술 15권으로 하도록 하였습니다. 1차 필독서에 문학이, 2차 필독서에 인문사회가 좀 더 강조된 이유는 무엇보다 먼저 문학 고전 독서를 통해 삶의 의미에 관한 물음을 스스로 제기한 뒤, 인문 사회와 과학 기술 분야 고전의 독서를 통해 좀 더 심화된 물음과 사고가 가능하도록 하기 위한 것입니다.

문학 분야에는 한국 문학과 중국, 일본, 인도, 아랍 문학, 유럽과 미국문학, 그리고 일부 라틴 문학과 아프리카 문학을 포함시켰습니다. 인문사회 부분에는 철학, 종교, 역사가 포함되어 있고 인문사회 2차 필독서 가운데는 경제 분야 고전과 최근 주목을 받고 있는 경영학 서적 몇 권이 포함되었습니다. 가톨릭 필독서 30권은 공통과 심화 부분 각각 15권씩으로 나누어 목록을 만들었습니다.

이 해제집은 1차 필독서 100선에 대한 안내를 담고 있습니다. 일부 필자를 제외하고는 모두 서강대 재직 교수들이 집필하였습니다. 200자 원고지 10매 분량으로 제한이 되어 있기 때문에 한 권의 책에 대해서 충분히 자세한 논의를 할 수 없었습니다. 하지만 책의 기본 내용과 성격은 물론이고 특별히 관심을 두고 읽어야 할 부분이나 요점에 대해서는 잘 안내하고 있다고 확신합니다. 해제를 통해 책의 전반적 내용을 숙지한 다음, 독서를 해 가면 도움이 될 것입니다. 당연한 얘기이지만 이 해제집은 고전 자체를 대신할 수 없습니다. 여러분 자신이 한 권씩 읽고 생각하고 문제를 제기해 보기를 바랍니다.

선정된 필독서는 '읽기와 쓰기', '계열별 글쓰기', '동서고전세미나', '서양철학고전읽기', '동양철학고전읽기' 등 읽기와 쓰기, 고전 관련 강의 시간에 다루도록 할 것입니다. 읽기 및 쓰기 경시대회를 통해서 많은 학생들이 서강의 고전 읽기 운동에도 참여하도록 할 것입니다.

서강대의 모든 구성원들이 헌신적으로 수고해 주시지 않았더라면 이 책은 아마 빛을 볼 수 없었을 것입니다. 무엇보다 손병두 총장님의 적극적인 관심과 각별한 독려를 먼저 기려야 합니다. 손 총장님께서는 서강 필독서 교육의 중요성을 누구보다 앞서 강조하시며, 그 선정 과정에서 이 해제집이 나오기까지 모든 과정을 구체적으로 챙기셨습니다. 그리고 필독서 선정 과정에 깊은 애정으로 참여해주신 교수, 직원, 학생, 동문 여러분 모두 이 책의 실질적인 주인공들이십니다. 그 과정에서 일을 시작해 주신 전임 교양인성교육위원장 서정목 교수님의 노고에 심심한 사의를 표합니다. 서강 필독서를 최종적으로 선정해 주신 교양인성교육위원회 위원 교수님들, 직접 선정 작업에 참여해 주신 사학과 조병한 교수님, 국문과 우찬제 교수님, 물리학과 박영재 교수님, 철학과 박병준 교수님, 신학대학원 우재명 교수님께 감사를 드립니다. 집필에 참여해 주신 교내외 교수님들, 실무를 맡아 수고해 주신 이상헌 박사와 오윤호 박사께도 감사를 드립니다. 해제집 작업이 가능하도록 적극 도우신 입학처장 김영수 교수님, 실무를 도와 주신 교무

처장 김경환 교수님, 학사지원과 김세용 과장님, 책의 품격을 보태주신 출판부장 우찬제 교수님께 감사를 드립니다. 평생 책을 가까이 두고 성찰적으로 삶을 살고자 하는 이들에게 이 해제집이 의미 있는 디딤돌이 되기를 소망합니다.

2007년 2월

교양인성교육위원회 위원장 강영안

차례 아무도 읽지 않는 책

Ⅰ부 문학

한국문학

동양문학

서양문학

차례 아무도 읽지 않는 책

Ⅱ부 인문 · 사회

Ⅲ부 과학 · 기술

부록

028 백경
029 악의 꽃
030 보바리 부인
031 사일러스 마너
032 위대한 유산
033 안나 카레니나
034 인형의 집
035 카라마조프가의 형제들
036 말테의 수기
037 스완네 집 쪽으로(잃어버린 시간을 찾아서 1부)
038 더블린 사람들
039 스무 편의 사랑의 시와 한 편의 절망의 노래
040 황무지
041 마의 산
042 소송/성
043 자기만의 방
044 분노의 포도
045 이방인
046 독사를 죽였어야 했는데
047 불한당들의 세계사
048 닥터 지바고
049 양철북
050 백년의 고독
051 장미의 이름
052 참을 수 없는 존재의 가벼움

I부

문학

한국 | 동양 | 서양

001

구운몽

김만중(金萬重)

미몽과 각성, 그 역설의 미학

『구운몽(九雲夢)』(1688)은 김만중(1637~1692)이 평안도 선천(宣川)에 유배 갔을 때 지은 것으로 알려져 있다. 어머니에 대한 지극한 효성으로 유명한 김만중이 대부인의 근심을 풀어드리기 위해 지었다고 한다. 평소에도 어머니가 책을 좋아했으므로 고사 · 패사 · 잡기 등을 담설하여 웃게 했는데, 직접 글을 지어 부쳐서 윤씨 부인의 소일거리를 삼게 했다는 것이다. 일체의 부귀영화가 모두 꿈이었다는 내용이니, 인생의 무상함을 부처의 우언(寓言)을 빌려 김만중 자신도 유배의 고통을 잊고 어머니의 근심 걱정도 다소나마 덜어드리기 위함이었다.

『구운몽』은 선가(禪家)의 사문(沙門) 성진(性眞)이 현세의 부귀공명이라는 세속적 욕망을 하룻밤의 꿈을 통해 체험함으로써 대오(大悟)의 경지에 이르는 과정으로 엮어져 있다. 성진은 세상의 번거로움을 피해 십이세에 부모를 버리고 스승님을 좇아 머리를 깎고 수도에 정진했으나 마음 속에 번뇌가 일어 그것이 세속적 욕망으로 타오르자 거듭나는 체험을 겪음으로써 자신의 궁극적인 생의 목표를 완성시킬 수 있었던 것이다. 그 거듭나는 체험이란 자신의 궁극적인 삶의 목표를 실현하려면 우선 생사고락과 부귀영화의 현실을 일장춘몽에 돌릴 수 있어야 하며, 이것을 스스로 각성해야 한다. 성진의 각성은 지상에서 부귀영화의 삶을 지냄으로써 이루어진다.

"처음에 스승에게 수책(受責)하여 풍도(酆都)로 가고 인세에 환도하여 양가(楊家)의 아들 되어 장원급제 한림학사(翰林學士)를 하고 출장입상(出將入相)하여 공명신퇴(功名身退)하고 양공주(兩公主)와 육낭자(六娘子)로 더불어 즐기던 것이 다 하룻밤 꿈이라. 이 필연 사부가 나의 그릇됨을 알고 나로 하여금 이 꿈을 꾸어 인간부귀와 남녀 정욕이 다 허사인 줄 알게 함이로다."

성진의 이와 같은 자책과 회오는 불교적 시간관에서 유래한 이른바 찰나무상의 각성이었다. 이것은 동양 정신을 관통하는 이른바 인생 일장춘몽이라는 전통적 개념의 가장 박진감 있는 문학적 전개라고 할 수 있을 것이다.

『구운몽』은 성진의 입장에서 보면 현실-꿈-현실의 순차로 되어 있는데, 꿈 부분이 작품의 거의 전부를 차지할 만큼 거대한 환몽구조로 이루어져 있다. 그렇다면 『구운몽』에서 성진의 지상적 환생인 양소유의 삶은 성진의 미몽을 일깨우기 위한 방편에 불과한 것인가? 전 작품 분량의 거의 대부분을 차지하는 양소유의 삶이란 의미가 없는 것인가? 그렇지 않다. 양소유의 삶이 없다면 성진의 그 각성이란 것은 애당초 불가능하며, 양소유가 지상에서 경험하는 다채로운 삶의 역정은 나름대로의 의미와 논리를 갖고 있기 때문이다. 그것은 한마디로 역설이다.

양소유의 팔선녀와의 지상적 결연을 단순히 호기심과 방탕에 의한 여성편력으로 치부할 수는 없다. 팔선녀와의 결연 과정은 가문의 창달을 이루어가는 양소유의 성취 과정으로서 가문 극대화의 욕망이 사랑의 성취에 대한 욕망으로 포장되어 있는 것이라고 할 수 있다. 중세 봉건사회의 객관적 현실에서 볼 때 가문 창달과 애욕은 상호배타적인 성향을 지니는 것이지만 『구운몽』에서는 당대의 현실을 무시하고 그것을 양립 가능한 것으로 관념적으로 처리되어 있다. 오히려 애욕의 과다함이 사회적 성공을 촉진하는 방향으로 나아가고 있다. 그 과정에서 이처 육첩들의 사이에 질투와 시기가 전혀 없고 언제나 조화롭고 화락한 웃음으로 충만하게끔 그려지는 것은 고전소설의 성격상 다소 이례적이지만 그것은 최대로 이상적인 상황을 설정해야만 인생무상의 각성이 가장 극적인 효과를 발휘할 수 있기 때문이다.

양소유는 정경패(영양공주)와 이소화(난양공주)와의 결연을 통해서 부귀공명을 다 이루었다고 할 수 있지만 진채봉과 가춘운을 비롯한 여섯 명의 미인들과도 애정행각을 벌이고 있다. 이 여섯 미인은 양소유의 사회적 성취 과정에서 얻어지는 부수적인 인물로서의 성격이 짙다. 계섬월과 적경홍, 백능파와 심요연 등은 양소유 모친의 헌수연과 낙유원 경연대회에 아름답게 나타나 그 자리를 빛나게 하는데, 이들은 양소유의 성취를 보다 화려하게 장식하는 보조적 인물들로 보인다. 낭만적인 색채를 덧칠하는 이러한 경향은 조화롭고 질서있는 세계를 추구하는 김만중의 벌열 사대부로서의 봉건적이고 가부장적인 지배 이데올로기 또는 이념적 기반을 반영한다고도 볼 수 있다. 그렇지만 이러한 낭만적인 분위기의 확산 또한 성진의 각성과 역설적인 관계로 맺어져 있다.

『구운몽』은 현실을 꿈인 듯, 꿈을 현실인 듯 바꿔 배치한 구성 방식도 역설적이고, 성진이 각성한 삶의 궁극적 목표도 역설적이다. 그래서 작품을 이해하는 우리의 시선도 역설을 통한 신비스러운 공감에 모아진다. 바꿔서 보고, 거꾸로 보고, 뒤집어 보았을 때 그것은 아무것도 아니라는 삶의 각성을 『구운몽』은 흥미로운 문학어로 말하고 있다. 그것은 동양인의 영혼 속에 잠재해 있는 진리이자, 나아가 온 인류를 관통하는 메시지이다.

『구운몽』의 판본으로는 한문목판본을 비롯하여 국문판각본, 국문필사본, 국문활자본, 한문필사본, 한문현토본 등 30여종이 넘는 이본들이 있다. 현대역된 『구운몽』 많이 있는데, 『완판 105장본』이나 한문본 『노존본(老尊本)』을 현대역한 것이 볼 만하다. 그 중에서 민중서관본(정병욱, 이승욱 교주역, 『한국고전문학대계』 9, 민중서관, 1972 ; 보성문화사, 1978 ; 교문사, 1984) 과 민연본(정규복, 진경환 역주, 『한국고전문학전집』 27, 고려대 민족문화연구소, 1996)을 추천할 만하다.

김현주 (서강대 국문학)

002

열하일기

박지원

세계의 이면 찾기, 그 성찰적 여로

『열하일기(熱河日記)』(1780)는 연암(燕巖) 박지원(朴趾源)이 청나라 건륭(乾隆) 황제의 탄생 70주년을 경축하기 위해 조선에서 파견한 사절단에 끼어 황제의 여름 피서지인 열하까지 여행한 기록을 담은 것이다. 청나라 수도인 연경(燕京)에 다녀온 기록이라 하여 『연행록(燕行錄)』이라 총칭하는 이러한 종류의 기행문학은 이전부터 쓰여져 하나의 전통을 이루고 있었지만 이 『열하일기』는 단연 이채를 발하는 작품이다. 『열하일기』는 여행기이지만 단순한 여행 기록에 그칠 성질의 것은 아니다. 『열하일기』는 기행문학일 뿐만 아니라 연암의 사상과 철학이 자유로운 형식으로 펼쳐진, 백과전서적 성격을 띤 방대한 저술물이다. 거기에는 이국의 풍습과 사회, 정치, 역사, 경제, 지리, 제도, 과학, 종교, 예술 전반에 대한 섬세한 관찰과 예리한 분석이 실려 있다. 우리는 그의 해박한 지식과 설득력 있는 서술, 그리고 감칠맛 나는 묘사를 통해 문학가이자 사상가로서의 연암의 면모를 『열하일기』에서 만끽할 수 있다.

『열하일기』는 압록강을 건너는 데서부터 시작한다. 「도강록(渡江錄)」의 처음부터 우리는 압록강의 장관에 대한 인상적인 묘사 구절과 맞닥뜨리게 된다. 불어난 강물이 더욱 거세어지고 혼탁한 파도가 하늘과 맞닿을 듯 날뛰는데, 이는 다름이 아니라 천 리나 떨어진 압록강의 발원지 백두산 일대에 장마가 진 때문이다. 이처럼 아득히 먼 곳에서 발원하여 갈수록 기세를 더하면서 변화무쌍한 장관을 보여주는 압록강의 강물 묘사를 통해 연암은 청조와 조선의 현실에 대한 자신의 거침없는 필치와, 현상 이면의 근원에 대한 그의 관심사가 앞으로 펼쳐질 것임을 예상케 한다.

책문을 거쳐 심양과 광녕 등 요동벌을 지나면서 보게 되는 청나라 제도와 풍물, 그리고 고적들을 통해 연암은 경쾌 활달한 문장가로서의 면모뿐 아니라 경세가와 역사가 또는 정치사가로서의 면모 또한 유감없이 발휘한다. 이러한 면모는 산해관에서 북경을 거쳐 열하에 이르는 장도 내내 이어진다.

연암의 실학자 내지는 북학파로서의 성격은 주로 그의 경제에 대한 관심에서 비롯된다. 그의 이용후생적인 시각은 물통 메는 법이나 기와 이는 법과 같은 단순한 것에서부터 가마와 구들의 법식, 벽돌의 유용성, 그리고 각종 수레들의 구조 해부에 이르기까지 정밀하기 그지없다. 그것은 조선의 교통과 상업의 낙후성을 타개할 수 있는 방책으로 연결되고 있으며, 나아가 그런 것들을 배울 생각을 하지 못하는 조선의 선비와 벼슬아치들의 무능력을 비판하는 데로 이어지고 있다. 연암에게 있어서 청의 문물과 제도는 항상 조선이라는 대타의식으로서 의의 있는 존재였다.

여행 도중 곳곳에 펼쳐진 산성과 유적들을 보고 연암은 잃어버린 우리 북방 영토에 대한 지대한 관심을 표명한다. 연암은 봉황성(鳳凰城)을 비롯한 광녕(廣寧), 요양(遼陽) 등지가 기자의 옛 도읍지인 '평양(平壤)'이라고 지칭되는 사실에 주목하는데, 그것은 기자조선이 연나라 세력에 밀려 요동을 거쳐 한반도로 이동하는 동안 정주했던 도읍들을 모두 평양이라 일컬었던 결과라고 고증한다. 이와 유사하게 패수(浿水)라는 명칭도 고구려의 판도 변화에 따라 동쪽으로 이동하게 되었고, 한사군도 종래의 설과는 달리 국내가 아닌 요동과 동북 만주에 걸쳐 존재했던 것으로 변증한다. 이러한 연암의 역사인식은 요즘 문제가 되고 있는 중국의 동북공정에서 우리가 감정을 앞세우기 전에 먼저 갖추어야 할 실증적 태도에 대해 시사하는 바가 적지 않다.

연암은 열하에 모여든 각국 사신들과 그들을 다루는 청조의 태도, 그리고 연암 개인이 만나는 청조의 학자 또는 상인들과의 진솔한 필담을 통해 청조의 정치현실과 외교정책에 대한 예리한 통찰력을 보여준다. 그것은 한족(漢族)의 불만과 반항을 억압하고 무마하기 위해 구사하고 있는 청조의 교묘한 통치 수법에 대한 날카로운 관찰이다. 그는 청조의 대내외적 안정의 이면에 작용하고 있는 국제적 역학 관계와 외교 책략을 놓치지 않고 있다. 예컨대 청 황제가 피서라는 명분으로 거의 매년 수도 북쪽의 열하로 행차하는 것은 몽고를 견제하기 위한 외교적 목적이 있는 것으로 본다. 그리고 티베트의 황교(黃敎;라마교) 우대 정책이 종교를 이용한 통치 술책이라는 점도 간파해내고 있다. 연암은 청나라가 조선사절단에게 보여주는 과도한 친절과 후대에 대해서도 그것을 그저 은혜로 생각하지 않고 오히려 걱정거리로 생각한다. 그것은 청인들이 조선에서 명나라와의 군신지의를 잊지 못함을 두려워하고 그것을 달래려고 하는 차원이 아니라 청나라의 본질에 대한 그들 자신의 인식 때문이다. 다시 말해 그들은 중국 본토를 자신들의 영원한 정주처라기보다는 객지로 생각하고 있고, 그래서 오히려 조선을 바로 이웃이라고 생각하는 오랑캐 의식을 가지고 있기 때문에 지금 후대해 둠으로써 조선의 군비를 방심케 하고 후일의 관계를 도모해두자는 판단 때문이라는 것이다.

연암은 이렇게 현상 이면에 숨어있는 의미를 예리하게 포착 분석하는 현실인식을 보여줄 뿐만 아니라 재치 있는 촌철살인의 비유를 통해 현실을 날카롭게 풍자하는 데 일가견이 있음을 드러내보인다. 그것은 「호질」과 「옥갑야화(玉匣夜話)」 속의 「허생전」이란 풍자문학으로도 나타나고 있고, 직접적인 언설로도 나타난다. 하나만 예를 들면 산해관의 높은 장대에 올라가서 내려올 때 사지가 벌벌 떨리는 것을 보고 벼슬하는 자도 그렇게 내려오는 것이 겁이 날 것이라는 이치를 갖다대는 것이다.

『열하일기』의 이러한 목적주의적 성격 때문에 당시 이 책은 출판되지 못하고 필사본으로만 사람들에게 회자되었다. 그러나 어찌 보면 『열하일기』의 이러한 목적성 담화보다도 더욱 흥미진진한 것은 모든 광경이 바로 눈앞에 생생하게 펼쳐지는 듯하게 묘사해내는 연암의 풍부하고 활달한 필치일 것이다. 거기에 아울러 박지원의 마부와 하인으로 동행하는 창대와 장복이, 그리고 많은 동행인들에게서 돈키호테와 함께 하는 산초 판자를 느낄 수 있다는 점은 『열하일기』에서 놓칠 수 없는 쏠쏠한 재미일 것이다.

추천할 만한 『열하일기』 현대역본이 근자에 우리에게 소개되었다. 그것은 바로 북녘의 학자 리상호가 역한 『열하일기』(보리출판, 2004) 완간본이다. 이것은 딱딱한 역어체 완간본이나 부분 번역본들에 비해 우리말의 아름다움이 살아 있고, 물 흐르는 듯한 유창함이 독자의 독서 호흡을 돕는다.

김현주 (서강대 국문학)

003

세계민담전집 1: 한국 편

신동흔 편

✓ 보편적 진리와 욕망을 담은 구술 이야기

글이 만들어지기 이전부터 말이 있었다. 글이 아닌 말로써 소통되는 이야기를 민담이라 한다. 민담이란 '민간에 전승되는 이야기' 라는 뜻인데, 굳이 글로 남기지 않고 그때그때 현장에서 연행되고 창조된다는 특성을 갖는다. 이러한 특성 때문에 민담을 글로 기록하여 정착시키는 것은 민담이 갖는 고유한 특성을 훼손시키는 결과를 낳는다.

그러나 오늘날의 소통은 말보다 글을 통해 이루어진다. 현장에서 구연된 이야기가 그 흔적이나마 남기기 위해서는 불가피하게 글로 기록되지 않으면 안된다. 오늘날 우리가 접하는 민담들은 대개 이렇게 문자로 정착된 형태라 할 수 있다. 민담이 갖는 본래의 구술성은 비록 드러나지 않지만, 문자로 정착된 민담들을 통해 우리는 오늘날 민담이 갖는 의미가 무엇인지 생각해 볼 수 있다.

학자들은 구술로 전승되는 이야기를 신화, 전설, 민담으로 분류한다. 일반적으로 받아들여지는 이러한 분류법이 확정적이거나 고정적인 것은 아니다. 신동흔이 엮은 『세계민담전집 1: 한국 편』(2003)에 실린 이야기들도 꼭 이런 분류 체계에 들어맞는 것은 아니다. 그러나 이 책에 실린 이야기들이 갖는 공통적인 몇 가지 특징들은 찾아낼 수 있다.

먼저 이 책에 실린 이야기들은 재미 위주의 이야기들이다. 이야기를 듣는 사람을 즐겁게 하기 위한 장치들이 곳곳에 숨어 있는데, 그 중 가장 대표적인 것은 이야기가 행복한 결말로 끝맺는다는 점이다. 행복한 결말에 이르기까지는 주인공이 고난을 겪는 과정이 있는데, 이때 주인공들은 처음부터 지혜롭거나 아니면 행운이 따르거나 아니면 지혜로운 자의 도움을 받는다. 그렇게 해서 얻게 되는 행복은 부자가 되거나 권세를 얻거나 예쁜 처녀나 귀인과 결혼하는 것이다. 이런 것들은 지극히 세속적인 인간의 꿈이 반영된 것으로 이야기가 갖는 통속성을 강화시킨다. 또 비극적 결말을 피하는 이러한 형식은 이야기를 듣는 사람으로 하여금 삶에 대한 낙관적 전망을 갖게 하고, 그로 인해 자신이 실제적 삶에서 겪는 고통을 잠시나마 잊게 한다. 여기에 선한 사람이 늘 그 행운을 차지하게 됨으로써, 도덕적인 교훈의 효과까지 갖는다. 여기에 덧붙여 하늘이나 땅 속 혹은 바다 속과 같은 공간을 넘나드는 환상적 요소가 가미되면서, 이야기에는 그 나름의 소박한 세계관이나 우주관이 드러나게 된다. 이런 특성들은 민담이 갖는 일반적인 특성으로 알려진 것들이다.

민담에 대한 인문학적 관심은 다양한 방향에서 이루어졌다. 독일의 그림 형제가 독일 민담을 수집한 것은 민담을 통해 '독일적인 것' 을 찾아내기 위한 시도였다. 민담을 민족주의적 관점에서 바라보게 된 시초가 된 것인데, 한국에서의 민담에 대한 관심 역시 이러한 방향이 큰 주류로 자리 잡았다. 그러나 한국의 민담에서 '한국인의 심성' 을 읽어내는 이런 시도는 자칫 체계성이나 논리성을 결여한 낭만적 민족주의에 빠질 위험이 있다. 보다 보편적으로 민담에서 원초적인 심성을 읽어내는 작업은 프로이드나 융과 같은 심리학자들이 말한 무의식이라는 개념이 개발되면서였다. 글로 표현된 이야기에서 볼 수 없는 원초적인 심상들이 이러한 민담에서 보다 잘 읽혀지는 것은 이들이 개인적인 의식보다는 집단적인 무의식의 토대에서 창조되었기 때문이다. 민담에서 드러나는 절제되지 않은 욕망들은 인간에게 내재한 보편적인 욕망이 투사된 것이다.

여기에 민담이 인간만이 갖는 존엄한 인간성을 드러낸다고 보는 휴머니즘적인 관점까지 가세하여, 민담은 인간을 탐구하는 인문학의 중요한 텍스트로 자리 잡고 있다.

대학생의 관점에서 민담을 재미로만 읽는다면 이것은 너무도 소박하다. 또 그것에서 어떤 삶의 지혜를 배운다고 해도, 그것 역시 이 시대의 다양한 매체를 통해 얻게 되는 지식에 비하면 보잘 것 없을지 모른다. 그러기에 이러한 책을 읽는 데 더욱더 인문학적 상상력이 필요한 것인지도 모른다.

민음사는 전 세계 민담들을 모아 『세계민담전집』(민음사, 2003)으로 간행하고 있으며, 그 중 첫 권이 한국 편이다.

송효섭 (서강대 국문학)

004

삼대

염상섭

새로운 공동체 의식과 정치적 신념

횡보(橫步) 염상섭은 춘원(春園) 이광수 및 백능(白菱) 채만식과 더불어 식민지 시대 한국 근대문학의 형성에 지대한 공헌을 한 작가다. 1922년 식민지 시대의 중요한 문제작인 「만세전」의 모태가 된 「묘지」를 발표하면서부터 본격적으로 시작된 그의 문학 활동은 해방 후까지 근 40여 년을 헤아리는데, 『삼대』(1931)는 식민지 시대 한국인들의 평균적인 삶의 초상을 가장 폭넓게, 그리고 사실적으로 그려낸 그의 대표적 장편소설이다(여기서 한 가지 유념할 점은 『삼대』는 신문연재본과 해방 후의 단행본이 현격한 차이가 있다는 것이다. 식민지 시대 우리 문학의 진면목을 이해하기 위해서는 연재본을 정본으로 해야 할 것이다. 이하의 논의는 모두 연재본을 정본으로 한다).

각급 학교의 필독도서로 선정되어 있는 이 작품의 줄거리는 그것을 소개하는 것이 새삼스럽다 할 만큼 널리 알려져 있다. 식민지 시대 서울의 한 부호 집안을 배경으로 하여, 조부인 조의관과 그의 아들 조상훈, 그리고 손자인 조덕기로 이어지는 조씨 가문의 인물들을 중심으로 하는 한 가문의 몰락과 해체 이야기가, 조덕기의 친구이자 사회주의자인 김병화 및 한때는 조상훈과 동거를 하기도 했던 홍경애라는 여인이 어떤 비밀스러운 공작 사건에 함께 연루되면서 엮어가는 동지적 우정 혹은 애정의 드라마와 교직(交織)되어 있는 작품이 바로 『삼대』인 것이다.

조덕기를 중심에 두고 서로 다른 삶의 방식을 추구하는 이 두 공동체, 그러니까 혈연으로 맺어진 조씨 집안 사람들과, 동지적 우정 관계로 사랑을 승화시켜 나가는 병화와 홍경애의 '산해진' 집단은, 한 편이 시대착오적인 사고로 인해 그 해체와 파멸이 예견되어 있는 집단임에 반해 다른 한 편은 전통과 관습의 굴레로부터 벗어나 식민지 사회의 압제에 대항하는 이념공동체라는 점에서 확연히 대비되면서 식민지 사회의 다양한 순응과 저항의 움직임을 보여준다.

이념으로 뭉친 젊은이들의 공동체라는 점에서도 암시되는 것이지만, 작품 『삼대』는 식민지 시대 한국문학 가운데서도 아주 예외적인 정치소설적 면모를 띠고 있다. 이 점은 작품에서 조씨 가문이 몰락하고 반찬 가게인 '산해진'이 저항의 구심점으로 부상하는 바로 교차 지점에서부터 일본 경찰의 수사망이 서서히 좁혀져 온다는 점에서도 확인된다. 일본 경찰의 수사는 명목상으로는 조의관의 비소중독 사건을 수사하기 위한 것이지만, 실제로는 그 전해의 일대 검거 후 온건하게 지내는 것으로 보이는 병화 일당의 정치적 암약를 겨냥하고 있기 때문이다. 그리하여 『삼대』는 나라는 망하든 말든 자신의 집안만 생각하는 조의관 집안의 몰락은 물론, 일경의 수사망을 피해 나가지 못하고 비극적인 파국을 맞는 저항세력의 모습을 동시에 그림으로써 식민지 사회를 살아가야 했던 다양한 인물군상들의 비극적인 삶을 형상화하고 있는 것이다.

그러나 이러한 비극적인 결말에도 불구하고, 정치소설로서의 『삼대』는 단순한 좌절과 패배의 이야기로만 끝나지는 않는다. 작품 말미에서 일본 경찰의 취조 과정에서 독약을 먹고 혀를 물고 자살한 병화의 의식이 제시되는 대목에서 분명히 확인되는 것처럼, 이 작품은 식민지 시대가 요구하는 새로운 공동체가 어떤 공동체여야 하는지, 그리고 그러한 새로운 공동체의 성원으로서 젊은 세대가 갖추어야 할 정신적 자세는 어떤 것이어야 하는가를 분명히 제시하고 있으며, 중간자라고 할 수 있는 조덕기가 심정적으로 이들의 입장에 동조하는 변화의 과정을 보임으로써 그 정당성을 증거하고 있기 때문이다.

『삼대』가 제기한 이런 정신사적 문제를 작가 염상섭은 『삼대』의 후속작인 『무화과』(1932)를 통해서 다시금 천착해 들어간다. 『무화과』는 『삼대』에서 설정되었던 이야기-사건을 그대로 이어받으면서, 덕기 이후 세대의 집단적인 세대 정체성의 문제를 다시금 묻게 되는 것이다. 따라서 『삼대』는 결코 『삼대』만으로 이해되어서는 안 되며, 그 후속작인 『무화과』와 함께 읽을 때에 보다 폭넓게 해석될 수 있다. 그 연장선 상에서 또한 식민지 시대 젊은이들의 사랑과 저항의 이야기의 싹을 마련한 『사랑과 죄』(1928)라고 하는 전작(前作)과 함께 읽고 해석되는 것이 정당하다. 연재본 『삼대』는 문학과 지성사 판(2004), 『무화과』는 동아출판사 판(1995)이 권할 만하다.

김경수 (서강대 국문학)

005

인간문제
강경애

식민지 여성의 정체성과 노동의 발견

강경애는 1906년 황해도 송화에서 태어나 1920년대 후반 중국 간도에서 방랑생활을 한 후, 1931년부터 작가생활을 시작한 여성작가다. 『인간문제』(1934)는 강경애가 1934년 동아일보에 연재한 장편소설로서, 작가의 간도체험이 짙게 드러나 있을 뿐 아니라 당시로서는 드물게 여성문제를 전경화한 문제적 장편소설이다. 작품의 줄거리는 다음과 같다.

황해도 용연의 가난한 농부의 딸로 태어난 선비는 아버지와 어머니가 죽자 지주인 덕호의 집으로 옮겨 부엌일이며 집안일을 도와주며 호구를 해결한다. 그러던 어느날 선비는 덕호에게 겁탈을 당하게 된다. 덕호의 시달림에서 벗어나기 위해 선비는 자신처럼 덕호의 첩노릇을 하다가 내쳐져 서울로 간 간난이의 주소를 손에 넣게 되는데, 바로 그즈음 신철과의 혼약을 이루지 못한 덕호의 딸 옥점이가 홧김에 덕호에게 선비가 신철과 관계가 있다고 무고하여 덕호로부터도 내쳐지게 된다. 여기까지가 작품의 전반부라 할 수 있다. 작품의 후반부는 서울로 간 선비와, 선비를 사랑했으나 덕호에게 대드는 바람에 농지를 떼이고 인천의 노동자로 전락한 첫째, 그리고 법관시험을 준비하다가 혼인

문제로 아버지와 다툰 후 인천으로 와 노동운동을 하는 신철의 이야기를 담고 있다. 간난이와 함께 인천의 대동방적공장에 들어간 선비는 간난이의 도움으로 자신이 있는 공장이며 그 밖의 현실이 어떤 현실인가를 점차 인식하기에 이른다. 그러나 폐병을 앓고 있던 선비는 어느 날 야간작업 도중 쓰러져 죽게 되는데, 작품은 첫째가 병원에서 죽은 여공이 바로 선비라는 것을 확인하고, 결론적으로 선비와 자신의 운명을 규정하고 있는 '인간문제' 를 자신의 문제로 인식하고 장차 나아갈 길을 자문하는 것으로 끝을 맺는다.

강경애의 장편소설로는 이 작품 이전에 발표된 『어머니와 딸』이라는 작품이 있는데, 이 작품과 비교할 때 『인간문제』는 기법적 측면에서나 주제적 측면에서 한층 안정된 작품으로 평가 받는다. 많은 논자들이 지적했던 것처럼, 용소의 전설이 깃들어 있는 용연 마을의 지주와 소작인의 현실이라든가 선비와 간난이가 일하는 인천의 방적공장의 체계와 인력통제의 현실, 그리고 거기에 맞서는 비밀스런 노동운동 및 신철과 같은 부르주아 출신 노동자의 변절 등이 사실적으로 그리고 핍진하게 그려져 있기 때문이다. 인물들의 자기각성의 과정도 자연스러운 경로를 밟고 있어 주목된다. 농민의 아들에서 노동자로 탈바꿈한 첫째는 물론 덕호에게 상처를 받고 고향을 떠나 공장의 노동자가 된 간난이와 선비가 자신들을 둘러싸고 있는 현실에 눈뜨는 과정도 자연스럽다.

『인간문제』는 식민지 시대 우리 소설 가운데 아주 예외적인 위치를 차지한다. 그 중에서 무엇보다도 중요한 것은 이 작품이 식민지 치하에서 남성들보다 몇 배 힘든 삶을 살아가는 여성의 삶을 정면으로 다루었다는 점과, 1930년대 식민지 사회의 대표적인 노동현실인 공장을 배경으로 노동자들의 삶을 형상화하고 있다는 점이다. 1930년부터 본격적으로 활동한 많은 여성작가들이 사회적 현실보다는 여성 개인의 내면의 탐구에 침잠했던 사실과 비교해볼 때, 여성노동자의 열악한 현실을 고발하고 그들의 자기각성의 과정을 다루고 있는 이 작품은 그것이 지배받는 피식민지 백성이자 남성 폭력의 희생자로서 몇 겹의 고통을 겪고 있는 여성의 삶의 문제를 본격적으로 다루고 있다는 점만으로도 주목받을 만하다. 뿐만 아니라 그 탐구의 맥락에서 자본주의 체제 하의 보편적인 인간문제까지를 겨냥했다는 점에서도 특출하다.

『인간문제』의 또 하나의 성과는 이른바 노동 현실의 발견과 노동자 의식의 전경화라 할 수 있다. 식민지 시대 경향문학의 활동을 통해 구체화된 것처럼, 공장이라고 하는 공간은 식민지 치하에서 우리 소설이 발견해 낸 중요한 이야기 현실 가운데 하나다. 이 작품에서 작가는 첫째라는 인물을 중심으로 식민지하의 모순에 대한 법적 자각을 피력하는 것은 물론이려니와, 그가 노동자로서 자의식을 갖추는 일련의 변화를 여실하게 묘사함으로써 계급적 각성 과정을 선명하게 보여주고 있다. 그리고 더 나아가 작가는 선비의 이야기와 첫째의 이야기를 연관시킴으로써 계급적 인식의 절실함과 역사적 당위성 및 노동자계급의 연대를 강조하고 있는 것이다. 그런 의미에서 강경애의 『인간문제』는 식민지 치하 여성작가가 도달한 저항적 소설의 한 정점이라고 할 수 있다. 쉽게 구해볼 수 있는 판본으로는 창작과비평사 판(2000)이 있다.

김경수 (서강대 국문학)

006

태평천하

채만식

✓

부르주아의 타락에 대한 비판적 냉소

『태평천하』(1938)는 채만식이 소설가로서 왕성한 활동을 펼쳤던 시기인 1938년에 「천하태평춘」이라는 이름으로 《조광》에 1월부터 9월까지 연재된 소설을 1940년에 단행본으로 출간한 것이다. 이 소설은 일제의 식민주의 정책에 동조해 부를 쌓은 할아버지 세대와 격동의 시기에 도덕적으로 타락하는 아버지 세대, 사회비판적 태도를 의식화하거나 행동으로 옮기는 손자 세대의 갈등을 형상화한 식민지 시대 가족사 소설들 중에서 손꼽히는 작품이다. 1930년대 왜곡된 식민지 사회의 문화적 현상과, 전통적 가부장제 사회와 근대적 자본주의 사회의 갈등과 모순점을 극단적으로 보여준다는 점에서 문학사적 의의를 갖는다.

소설은 윤직원이 겪는 만 하루 동안에 벌어지는 일을 다루고 있다. 기생과 명창대회에 갔다온 윤직원이 과부천지인 집안에 들어서며 욕을 해대면서 소설은 시작된다. 윤직원은 아버지로부터 물려받은 현금자산을 바탕으로 고리대금업을 하는 사람이다. 아들 손자가 군수와 경찰 서장이 되기를 바랄 뿐이지만 자식이나 손주나 자신을 닮아 축첩에 눈이 멀고 노름에 빠져 방탕한 생활을 일삼는다. 그리고 새로운 첩을 얻어 여생을 보내고 싶지만 기생인 춘심이에게 퇴짜를 맞는다. 이 과정에서 소리꾼 흉내를 내는 서술자가 윤직원 가문의 일대기를 읊는다. 윤직원 아버지가 돈을 모으고 또 비명횡사한 이야기, 윤직원 집안에 줄줄이 과부가 생기고 자식들의 타락상을 낱낱이 독자에게 친절한 어투로 설명해 준다. 그때 윤직원은 일본 경시청에 손자인 윤종학이 사상범으로 체포되었다는 전보를 접하고, 식민 자본주의 현실을 '오죽이나… 이 태평천하에…' 라고 말하며 울화통을 터뜨린다.

『태평천하』는 4세대의 이야기를 다루고 있지만, 사실 윤직원의 세속적 욕망을 하나하나 보여준다는 점에서 식민지 부르주아의 퇴폐적 자의식을 엿보게 만드는 작품이다. 브로커 올챙이와 돈놀이를 하며 부를 축적하고, 첩을 거느리며 육체적 욕망을 추구하고, 자기 소변으로 얼굴을 씻고 어린 아이의 소변을 장복하며 장수를 꿈꾼다. 이러한 욕망들은 전철 타기와 라디오로 판소리 듣기, 전보로 소식 전하기와 같은 근대적 경험과 기묘하게 맞물려 있다. 그래서 윤직원의 성격적 · 도덕적 타락을 식민지 사회의 왜곡된 문화로 환원하여 보여준다는 점 또한 『태평천하』의 의미를 풍부하게 만든다.

윤직원은 자기 집안에 있는 '과부들' 과 '사회주의 불한당패' 를 가장 싫어한다. 자기 자신과 자식들의 축첩과 도덕적 타락은 생각하지 못하고 생과부처럼 살아가는 며느리들에게 상스러운 욕을 하고 구박한다. 뿐만 아니라 자신과 같은 부르주아의 부를 인정하지 않는 사회주의 운동에 대해서도 강한 거부감을 나타낸다. 이러한 운동이 왜곡된 자본주의 사회 체계를 깨뜨리려고 하기 때문이다. 이렇듯 윤직원의 성격적 위선은 작품 전체를 끌고 나가는 긴장의 원인이면서, 또한 소리꾼과도 같은 서술자가 비판하고 풍자하는 대상이 되기도 한다. 채만식의 풍자 문학은 이렇듯 식민지 시기의 위선적인 인물의 성격적 모순성을 극단적으로 보여주려고 한다. 판소리 사설의 풍자적 특색을 가지고 있긴 하지만 민중적 세계관과 그들의 욕망을 표출하기보다는 부르주아의 그릇된 욕망과 도덕적 타락에 초점이 맞춰져 있다. 그럼에도 불구하고 소설 속에서 팽팽한 긴장감으로 제시되는 냉소와 비판적 시각은 70여년이 흐르고 후기 자본주의 사회인 우리 시대를 통찰하는 데 있어서도 여전히 유효하다 하지 않을 수 없다.

『태평천하』는 여러 출판사에서 책이 나와 있는데, 현대어로 읽기 편하고 참고문헌이 정리되어 있는 이주형이 펴낸 『태평천하』(문학과 지성사, 2005)를 권한다.

오윤호 (서강대 국문학)

007

정지용 시전집

정지용

언어의 연금술사가 빚어낸 이미지의 항아리

시는 언어의 신비인가? 자신의 흘러넘치는 감정과 체험을 정서적 언어로 노래하는 자연발생적 노래인가? 아니면 주지주의적 자세로 언어를 연마하고 절제하는 '제작' 인가? 시인은 누구인가? 겨레가 지닌 민족의 언어를 가장 아름답게 연마하여 '시신이 거하는 궁전' 으로 건축하여 '민족 언어를 완성하는' 언어의 연금술사인가? 정지용의 시는 그런 질문에 대한 가장 훌륭한 고전적 답변이 된다. 그는 시를 자연발생적 정서의 표현의 입장에서 본 낭만주의자들과는 달리 머리와 손으로 만드는 제작(making)의 입장에서 본 주지주의적 모더니스트 시인이자 동양적 정신주의의 미학을 살린 단아한 절제의 시인이었다.

충북 옥천에서 태어난 시인은 휘문고보 학생 시절에 발팔양 등과 함께 '요람' 동인으로 활동하며 문재를 날렸고 일본 동경으로 유학하여 동지사대학 영문학과를 졸업하였다. 그 뒤 휘문고보 영어 교사로 16년간 재직하였고 해방되던 해 이화여대 교수를 지내다가 경향신문사 주간을 지내다가 6. 25 전쟁 중 납북되었다. 그가 남긴 저서로는 1935년 첫시집 『정지용 시집』(시문학사,

1935), 『백록담』(문장사, 1941), 『지용 시선』(을유문화사, 1946), 『문장독본』(박문출판사, 1948), 『산문』(동지사, 1949)가 있다.

정지용(1902~1950)의 시 세계를 살펴보면 전통 서정시에의 경도보다는 서구 모더니즘의 영향을 받은 감각적인 이미지즘의 시를 주로 썼다. "나는 자작의 아들도 아무것도 아니란다. / 남달리 손이 희어서 슬프구나! // 나는 나라도 집도 없단다. / 데리석 테이블에 닿는 내 뺨이 슬프구나!"라는 구절로 유명한 「카페 프란스」와 "넓은 벌 동쪽 끝으로 / 옛이야기 지즐대는 실개천이 휘돌아 나가고/ 얼룩백이 황소가 / 해설피 금빛 게으른 울음을 우는 곳, // - 그곳이 참하 꿈엔들 잊힐리야"로 시작되는 불후의 명작 「향수」가 그 시기의 작품이다. 길고 난삽한 시편도 있지만 간결하고 절제된 시각 중심성의 시가 주류를 이룬다. "얼굴 하나야 / 손바닥 둘로 / 폭 가리지만, // 보고싶은 마음 / 호수만 하니 / 눈감을 밖에"라는 「호수 1」전편이나 "난초잎은 / 차라리 수묵색 // 난초잎에 엷은 안개와 꿈이 오다 // 난초잎은 / 한밤에 여느 다문 입술이 있다"로 시작되는 「난초」는 감각과 절제가 빚어낸 한국시의 명편이다.

1930년대 중반부터 후기에 이르기까지의 시 세계는 「장수산」, 「백록담」으로 대표되는데, 〈구인회〉 (김기림, 이태준, 박태원, 이상, 정지용 등 모더니스트 9인이 모인 문학 동인회)로 대표되는 한국 모더니즘 운동에서 벗어나 동양적 허정(虛靜)과 여백(餘白)의 정신성을 추구한 것으로 보인다. 「장수산」의 첫 구절 "벌목정정이랬거니 큰 솔이 베어짐직도 하이 골이 울어 메아리 소리 쩌르렁 돌아옴직도 하이 다람쥐도 좇지 않고 멧새도 울지 않아 깊은 산 고요가 차라리 뼈를 저리우는데 눈과 밤이 종이 보담 희고녀! 달도 보름을 기다려 흰 뜻은 이 골을 걸음이랸다?"와 "절정에 가까울수록 뻐꾹채꽃 키가 점점 소모된다. 한마루 오르면 허리가 스러지고 다시 한마루 우에서 모가지가 없고 나중에는 얼굴만 갸옷 내다본다"로 시작되는 「백록담」은 정지용 후기시의 명편들이다.

"안으로 열(熱)하고 겉으로 서늘옵기란 일종의 생리를 압복(壓伏)시키는 노릇이기에 심히 어렵다. 그러나 시의 위의(威儀)는 겉으로 서늘옵기를 바라서 말지를 않는다."는 시론을 남겨 김학동에 의해 '신성성과 서늘오움의 시관' 이라는 평가를 받게 된다.

미래사에서 나온 '한국 대표 100인 선집 9번' 인 『정지용 시선-향수』(2001)를 추천한다. 원문에 따른 표기법을 지켰으나 군데군데 원문을 훼손하지 않는 범위 내에서 한자를 한글로, 맞춤법을 현대 표기로 고쳤는데 정지용 시어의 묘미를 잘 살리고 있을 뿐만 아니라 최동호의 해설 「정지용과 산수시의 고전적 세계」가 있어 '정지용 시 깊이 읽기' 에 도움을 받게 된다. 더 관심이 있는 독자에게는 서강대학교 출판부에서 간행된 '한국문학의 현대적 해석' 시리즈 5번 『정지용』(김학동 편, 1999)을 추천한다. 국내 유명 학자, 비평가들의 주옥같은 정지용론이 수록되어 있다.

김승희 (서강대 국문학)

008

회색인

최인훈

근대 시민의 탈식민적 자의식

몇 년 전에 최인훈의 『광장』이 우리 문학 100년 역사상 가장 뛰어난 작품으로 평가받은 일이 있었다. 강대국 사이에서 경험하게 되는 민족의 이데올로기 현실에 대한 통찰과 낭만적 탈주의 서사로 재현된 『광장』은 식민지를 경험한 우리 문학사에서 빼어난 수작임에 틀림없다. 그러나 탈식민지에서의 지식인의 고뇌와 국제시민의 보편적 자율의지에 대한 문학적 재현을 생각할 때, 최인훈이 1963년에 쓴 『회색인』(1963)을 거론하지 않을 수 없다.

『회색인』은 『광장』과 『서유기』와 함께, 식민지를 경험한 '근대 시민의 의식 여행' 3부작 중 하나이다. 국민 국가에 저항하기 위해 혁명과 도피라는 이중적 태도 속에서 성장의 기원을 탐색하는 독고 준의 자의식과 역사 인식을 다루고 있다.

『회색인』은 크게 독고 준의 '사랑과 소외' 의 이야기와 김학의 혁명과 정치적 이념의 이야기로 나눌 수 있다. 독고 준과 김 학은 한국 사회의 모순과 문제점을 허심탄회하게 이야기할 수 있는 절친한 사이지만 현실 변혁의 가능성에 대한 입장은 서로 상반된다. 유년 시절에 겪은 전쟁의 기억, 월남 후 함께 살던 아버지가 세상을 떠난 뒤 겪게 되는 이데올로기적 경제적 소외를 경험하며 독고 준은 자신을 구원할 수 있는 '사랑과 시간' 이라는 실존적 고민을 정치적 저항의식보다 우선시한다. 그 과정에서 북한에서 공산당원으로 활동하다 월남하여 남한에서는 자유당원으로 활동하는 매형이었던 현호성을 협박하여 생활 밑천을 얻고, 그의 처제인 교양있고 세련된 이유정에게 끌리게 된다. 이에 비한다면 김 학은 급진적인 생각을 가진 행동주의자이다. 역사적 통찰을 가진 사람들을 만나면서 현실의 모순성과 혁명 의지를 드러내려고 한다. 이러한 독고 준과 김 학의 고뇌와 생활은 국민국가에 대한 환상과 그것이 모순적으로 발현되는 정치적 현실에 대해 환멸감을 드러내고 있다. 그래서 그런지 소설 속 시간이 '1958년 어느 비가 내리는 가을 저녁' 에서 '1959년 어느 비가 내리는 여름 저녁' 으로 흘렀지만, 두 지식인의 고뇌와 생활은 바뀌지 않았고, 정치적 현실도 위기와 변혁의 조짐만 보일 뿐이다. 『회색인』이 4.19 혁명의 성공과 실패를 모두 경험한 이후에 쓰여졌다는 점에서 '정치적 · 문화적 토대가 바뀌지 않는 혁명이란 무의미한 것이며, 변혁의 의지조차 없는 혁명은 실현 불가능한 것이다' 라는 독고 준과 김 학의 서로 다른 입장이 절묘하게 뒤섞이며 그 시대에 대한 통찰로 받아들여지는 것은 당연한 것이다.

한편 『회색인』은 식민지를 경험한 국민국가의 시민이 겪는 성장 이야기이다. 독고 준은 '기억하기' 라는 독특한 내면 서술의 방식을 통해 자기 정체성의 근원이 되고 있는 식민지 경험(책읽기, 폭격, 정치적 소외, 연애 등)을 구체화하고 있다. 즉 근대 지식인의 우울한 고뇌와 정치적 방황을 중심으로 (탈)식민지의 국민국가와 시민의 권력적 관계를 신랄하게 비판함으로써 근대 시민의 '문화' 와 '기억' 속에 내재된 식민주의의 경험과 그 내면화 과정을 드러내려 한다. "만일 우리나라가 식민지를 가졌다면 참 좋을 것이다."와 "우리는 원주민이다."라는 독고 준의 인식은 탈식민주의적 태도를 보여주고 있다. 바로 이러한 지점들이 『회색인』이 재평가받아야 하는 단서가 된다.

『회색인』은 소설쓰기의 탈장르적 성격을 잘 보여준 작품이기도 하다. 국가 체제에 대한 저항의식, 자기 주체성에 대한 혐오의식, 무의식의 편린을 기술하는 소설쓰기는 탈식민주의적 글쓰기의 전형을 보여줄 뿐만 아니라, 이후에 쓴 최인훈 소설의 해체적 성격과 탈식민 문화적 특성에 지대한 영향을 미치게 된다. 특히 『회색인』에서 본격적으로 다루어진 '사랑과 시간' 의 주제는 60년대 『광장』에서부터 90년대 『화두』에 이르기까지 최인훈 문학의 문학성과 정치성을 밝히는 가장 중요한 문학적 '화두' 가 된다.

『회색인』은 1963년 6월부터 1964년 6월에 걸쳐 잡지 《세대》에 『회색의 의자』로 연재 발표되었는데, 1977년에 문학과 지성사에서 출판한 『최인훈 전집』에 수록되었다.

오윤호 (서강대 국문학)

009

김수영 시전집

김수영

인간의 자유를 추구하는 온몸의 시학

"모든 전위 문학은 불온하다."라고 말한 시인 김수영만큼 1950년대 전후 시기에 전통 서정시에 균열을 가하고 시의 혁명과 자유를 가져온 시인은 없었다. 그가 가져온 시적 혁명이란 내용적으로는 현실 비판이었고 형식적으로는 산문성이었다. 그에게 시란 먼저 당대 사회와 정치, 역사, 사회, 문화의 현실을 직시하는 것이었고 시적 언어란 우리가 일상적으로 사용하는 일상 언어와 시사 용어, 지식인들이 사용하는 개념어, 비속어, 생활 언어 등이었으며 특별한 시적 가락을 가진 것이 아니라 산문성의 형태를 가진 것이었다. "시는 머리로만 쓰는 것이 아니요 가슴으로만 쓰는 것이 아닌, '온몸으로' 쓰여져야 한다."는 '온몸의 시학'이 시인이 말하는 자유이자 혁명의 함의였다.

그렇게 시인 김수영은 현대시사에서 가장 전위적인 시인이고 가장 젊은 시인이자 문제적인 시인이다. 염무웅 교수는 그를 '모더니스트 시인의 한계를 보여주는 시인'이라 부르기도 했고, 최두석 교수는 '한국 모더니즘이 배출한 걸출한 시인이면서 동시에 모더니즘의 한계를 넘어선 시인'이라 평했으며, 백낙청은 "60년대적 시점에서 이룩된 '참여시'와 '현대시'의 독특한 결합이어서 모더니즘과 반모더니즘 쌍방에서 오해되기 십상인 시인이며, '민족시' 나 '민중시' 를 제창한 바는 없고 실제로 오늘의 민중, 민족문학 운동과는 적잖은 거리가 있었으므로 운동의 구체화 과정에서는 그에 대한 비판이 많이 나왔다."고 지적하기도 했다. 또한 김수영 시의 핵심을 4. 19혁명으로 보는 관점(김현, 최하림)이 있는가 하면 한국전쟁으로 보는 견해(김정환)도 있다. 4. 19 혁명 직후, 1960년 6월 15일 쓰여졌다고 알려진 그의 대표작 「푸른 하늘을」에서 독자는 혁명의 피조차 두렵지 않은 '인간의 자유' 에 대한 근원적인 욕망과 비애, 설움을 만나게 된다.

푸른 하늘을 제압하는
노고지리가 자유로웠다고
부러워하던
어느 시인의 말은 수정되어야 한다

자유를 위해서
비상하여 본 일이 있는
사람이면 알지
노고지리가
무엇을 보고 노래하는가를
어째서 자유에는
피의 냄새가 섞여있는가를
혁명은
왜 고독한 것인가를

또 하나의 대표작인 「거대한 뿌리」에는 그가 지향하는 시에서의 내용과 형식의 자유가 최고도로 만개되어 있다.

전통은 아무리 더러운 전통이라도 좋다 나는 광화문
네거리에서 시구문 진창을 연상하고 인환네
처갓집 옆의 지금은 매립한 개울에서 아낙네들이
양잿물 솥에 불을 지피며 빨래하던 시절을 생각하고
이 우울한 시대를 파라다이스처럼 생각한다
버드 비숍 여사를 안 뒤부터는 썩어빠진 대한민국이
괴롭지 않다 오히려 황송하다 역사는 아무리
더러운 역사라도 좋다
진창은 아무리 더러운 진창이라도 좋다
나에게 놋주발보다도 더 쨍쨍 울리는 추억이
있는 한 인간은 영원하고 사랑도 그렇다

뉴욕과 뉴저지의 소박하고도 단순한 민중들을 사랑했던 월트 휫트먼의 시 「나 자신의 노래」에서처럼 시인은 「거대한 뿌리」에서 '피혁점, 곰보, 애꾸, 애 못 낳는 여자, 무식쟁이' 와 같은 소외된 민중에 대한 사랑과 못난 역사와 전통에 대한 격렬한 사랑을 힘찬 맥박으로 울리고 있다. '제3 인도교의 물 속에 박은 철근 기둥도 / 내가 내 땅에 박는 거대한 뿌리에 비하면 좀벌레의 솜털' 이라는 시인의 과장법은 비록 '동양 척식주식회사와 일본 영사관과 대한민국 관리와 미국놈' 들이 번갈아 지배해온 약소국인 내 땅이지만 '내가 내 땅에 박는 거대한 뿌리' 는 '괴기영화의 맘모스를 연상시키는… 나도 감히 상상을 못하는 거대한 거대한 뿌리' 라는 절대적이면서도 신비한 사랑을 낳는다.

민음사 판 김수영 시선집 『거대한 뿌리』(1945)를 추천한다. 「자유와 꿈」이라는 김현 교수의 아름다운 해설이 시인의 시세계에 대한 깊은 해석으로 인도한다. "시인은 언어를 통해서 자유를 읊으며 또 자유를 사는 것"이라는 구절이 특히 좋다. 또한 창비에서 나온 백낙청이 엮은 『사랑의 변주곡』(1999)도 「살아있는 김수영」이라는 권위 있는 발문을 갖춘 독보적인 시선집이다.

김승희 (서강대 국문학)

010

당신들의 천국

이청준

'우리들의 천국'은 가능한가

천국으로 이르는 길의 어려움을 고뇌한 『당신들의 천국』(1976)은 이청준의 대표작으로서 손색이 없을 뿐만 아니라 살아있는 현대의 고전에 값하는 소설이다. 『당신들의 천국』은 한센병 환자 병원이 있는 소록도를 무대로 벌어지는 환자들과 병원장과의 갈등을 다룬 이야기다.

병원장 조백헌은 선한 의지를 가지고 한센병 환자들을 위한 '당신들의 천국'을 구상하고 실천하려 한다. 그러나 환자들은 '우리들의 천국'이 아닌 '당신'에 의한 '당신들의 천국'에 회의하며 좀처럼 협력하지 않는다. 황장로를 비롯한 나환자들은 자유 의지와 사랑의 교감에 기초한 실천적 힘, 위나 밖으로부터가 아닌 안으로부터의 자생적 의지나 운명에 기초한 '우리들의 천국'을 소망했던 것이다. "운명을 같이 하지 않는 한에서의 어떤 힘의 질서는 무서운 힘의 우상을 낳을 뿐"이라는 사실을 깨달은 조백헌 원장은 조용히 섬을 떠난다. 떠난 지 5년 만에 조백헌은 병원장이 아닌 개인의 신분으로 소록도로 돌아온다. 운명을 같이 하려 한 그였지만, 이제 필요한 원장의 권능 · 권력이 그에게 없었다. 이에 그는 또 다른 한계에 부딪힌다. '당신들의 천국'이 아닌 '우리들의 천국' 을 모색하고자 한 조백헌의 반성적 이념과 노력은 소설에서 더 이상 구체적인 결실을 보지는 못한다. 그렇지만 수록 부분에서 보는 것처럼, 윤해원과 서미연의 결혼식 추진 사건을 통해 '우리들의 천국' 의 가능성을 암시하는 것으로 소설은 끝난다. 사랑과 자유에 기초한 이 결혼 사건이 암시하는 것은 일반의사에 입각한 공동의 행복 추구 가능성이다. 나환자와 일반인, 우리와 당신들이 구별되는 천국이 아닌, 서로 교감하고 조화를 이루는 '우리들의 천국' 의 씨앗이 거기서 자생적으로 움트기를 열망하는 것이다. 그러나 조백헌의 주례 연습 장면을 훔쳐보는 이상욱의 의심의 시선이 복합적인 의미의 자장을 새롭게 형성한다.

이런 이야기를 이청준은 3부에 걸쳐 진행하고 있다. 제1부는 현역 대령인 조백헌이 소록도 병원장으로 취임하여 '사자(死者)의 섬' 인 소록도에서 '낙원과 동상' 의 오해를 넘어 새로운 천국을 위한 실천적 구상을 모색하는 이야기로, 제2부는 1부의 축구 경기에서 나름의 희망을 얻은 조원장이 득량만 매립 공사를 실행하면서 겪는 일련의 정신적 갈등과 현실적 고난을 그린 이야기로, 제3부는 섬을 떠난 지 5년 만에 다시 개인 자격으로 소록도에 돌아와 공동 운명이 되어 '우리들의 천국' 을 실천하기 위해 진력하는 조원장이 윤해원과 서미연의 결혼식을 통해 그 희망의 씨앗을 뿌려보려고 하는 이야기로 짜여져 있다. 이런 3부의 이야기는 시점 인물 혹은 초점자의 변화를 통해 변증법적 지양의 단계를 거친다. 조원장을 부단히 경계하고 감시하는 '비판적 보조자' 인 상욱이 주 초점자로 등장하는 제1부는 아직 소록도의 한센병 환자라는 구체적인 타자와 스미고 짜여지지 않은 상태에 있는 주체 조백헌의 선한 의지가 전경화된다. 이상욱이라는 타자의 시선에 의해 조망되는 주체 조백헌의 모습은 아직 선한 단독자의 초상에 그칠 따름이다. 제2부의 초점자는 주체인 조원장이다. 물론 이상욱과 황장로의 시선이 개입되는 것도 사실이지만, 기본적으로 조백헌의 시선이 중요하다. 여기서는 주체와 타자 간의 갈등이 다채롭게 진행된다. 하지만 그 과정을 거치면서 조백헌은 진정한 타자 발견에 이르게 된다. 제2부의 끝에서 황장로라는 타자의 얼굴을 새롭게 발견하고 자신을 반성하면서 화려하지 않게 섬을 떠나는 것은 그 때문이다. 제3부의 초점자는 제3자인 취재 기자 이정태이다. 이정태의 시선에 의해 주체와 타자의 성격 및 그 상호작용이 종합되고, '당신들의 천국'을 넘어서 '우리들의 천국'을 지향하는 모색의 이념형과 가능한 실천태가 제시된다.

요컨대 타자와 구체적인 교감 없는 주체의 선한 의지가 타자의 발견을 통해 어떻게 새로운 테제를 형성할 수 있을까 하는 가능성을 조심스럽게 가늠해 본 소설이 곧 『당신들의 천국』이다. 그것은 곧 '힘의 정치학'을 비판적으로 넘어서 진정한 '타자의 윤리학'을 지향하는 문학적 모색 과정이기도 하다. 이는 일차적으로 1970년대를 관통했던 박정희식 하향 개발 독재에 대해 항의하는 정치적인 서사로 읽히지만, 정치적 의미를 넘어서 더 근본적인 의미를 『당신들의 천국』에서 읽을 수 있다. 정치 이전에 삶의 근본 조건과 현실과 미래에 대한 우리들의 간절한 소망과 염원을 어떻게 자유로운 일반 의사로 모을 수 있는가 하는 근본 문제에 대한 성찰 말이다. 거기에는 주체와 타자 사이의 영혼의 교감 가능성을 비롯해 개인의 진실과 집단이 품고 있는 꿈의 화해 가능성, 자유와 사랑의 허심탄회한 조화 가능성, 명분과 실질의 조화 가능성 등 여러 가지 근본적인 문제의식들이 녹아들어 있다. 이청준의 『당신들의 천국』은 문학과지성사에서 1976에 출간되어 2003년 100쇄를 돌파했다. 현재 문학과지성사 판본과 열림원 이청준 전집 판본이 있다.

우찬제 (서강대 국문학)

011

난장이가 쏘아올린 작은 공

조세희

대립과 화해의 뫼비우스 환상곡

조세희의 『난장이가 쏘아올린 작은 공』(1978) 연작은 본격적인 산업화 시대였던 1970년대의 대표적인 소외된 신화이다. 작가가 형상화한 난장이는 마침내 산업사회의 증후(症候)가 본격화되던 당시에 자신의 경제적 토대와 세계의 타락상으로 인해 철저하게 소외된 삶을 살 수밖에 없었던 인물이다. 그 같은 사회경제적 조건을 작가 조세희가 난장이라는 신체적 불구성에 빗대어 상징적으로 형상화했다.

'난장이' 의 저편에는 상대적으로 불구성을 내포하고 있는 '거인' 이 자리한다. 조세희가 상징적으로 시도한 바 '난장이/거인' 의 대립항은, 현상적으로는 '못가진 자/가진 자' 의 대립으로, 가치 면에서는 '도덕적/비도덕적' 의 대립으로 나타난다. 사정이 이러한 까닭에 양쪽 모두 온전한 정상인으로 살아가기 어려운 상황이다. 작가가 보기에 인간적인 삶은 정상인의 삶이다. 그러니 난장이도 거인도 정상인의 삶으로 바뀌어야 한다. 변화는 피차 다가서는 과정에서 가능하며, 그 과정에 작가는 인간의 희망을 부여한다. 피차 부정적 징표를 긍정적 징표로 바꿔가는 과정이 희망의 길이다. 난장이는 현존을 혁파할 만한 구체적인 분노의 정서를 통해서, 거인은 정의로운 분배를 위한 사랑의 정서를 통해서 희망의 길을 채울 수 있다는 것이 작가의 소신이다. 여기서 우리는 조세희 특유의 사랑법, 즉 분노와 사랑이 한자리에서 얽히고 설키는 '뫼비우스 환상곡'을 발견하게 된다. 하지만 '뫼비우스의 띠'가 그러하듯, '뫼비우스 환상곡' 역시 현실에서 이루어지기는 어렵다. 여기에 난장이의 증폭된 비극이 있고, 작가 조세희의 고통이 있으며, 우리 모두의 아픔이 망라되어 있는 것이다.

난장이는 '사랑으로 일하고 사랑으로 자식을 키'우는 그런 세상을 꿈꾸었다. 그러나 그가 꿈꾼 사랑의 세계는 현실 그 어디에도 없었다. 그래서 그는 '벽돌 공장 굴뚝 위에 올라가 종이 비행기'를 날리는 대리 행위를 할 수밖에 없었다. 이게 여행을 꿈꾸는 수밖에는 별다른 도리가 없었다. 그러나 난장이는 자신이 사랑의 삶을 희원하던 바로 그 장소(공장 굴뚝)에서 투신 자살하고야 만다. 그가 쏘아올린 작은 공이 미처 지구의 대기권을 벗어나기도 전이었다. 비극적인 결구이다. 난장이의 큰아들 영수(산업시대의 본격적인 노동자 1세대) 역시 마찬가지다. 사랑으로 이루어진 세상을 만들기 위해 불가피하게 법률에 의존해야 했던 아버지와는 달리, 교육을 통해 고귀한 사랑과 자유로운 이성을 지닌 존재 지평에 이를 수 있기를 소망했다. 그러나 영수의 변혁 욕망 내지 희망은, 아버지인 난장이의 그것이 그랬듯이, 현실에서 이루어질 수 없었다. 노사 협상이 완패로 끝난 후 적의와 분노의 절정에서, 그는 자본가를 살인하여 사형당하고 만다.

지독한 사랑의 결핍 상태에서 비도덕적인 살만 더욱 찌우고 있는 거인 쪽은 사정이 더 심각하다. 은강그룹 회장의 손자인 경훈의 시점으로 서술되고 있는 「내 그물로 오는 가시고기」에서 보이는, 경훈의 아버지나 경훈의 생각들이 그것을 잘 보여준다. 한 마디로 그들은 반성을 모르는 이가 저지를 수 있는 최대치의 인식의 죄를 저지르고 있다. 그러니 경훈의 의식의 끝이 "사랑으로 얻을 수 있는 것은 하나도 없었다."로 귀결되는 것은 어쩌면 자연스러운 것인지도 모른다. 이 때문에 난장이와 그의 아들이 추구하던 사랑의 세계와는 조우할 수 없었던 것이다.

자본가와 노동자, 거인과 난장이는 끝내 화해할 수 없는 것일까. 이 대립적 존재 영역을 지양하기 위해 작가는 무던히도 공들였던 것으로 보인다. 가령 서술 시점을 양쪽으로 나누어 교차시키면서 양쪽의 내면풍경을 포착하려 한다든지, '뫼비우스의 띠' 나 '클라인씨의 병' 과 같은 개념을 도입한다든지 하는 방식의 시도가 그것이다. 안과 밖의 구별이 없는 '뫼비우스의 띠' 나 내부와 외부의 구별이 따로 없다는 '클라인씨의 병' 의 메타포는 웅숭깊다. '그것은 없다' 는 과학자의 말처럼 현실에서 존재할 수 없는 것처럼 보이는 새로운 차원의 것이기에 더욱 그러하다.

그러나 세속적으로 타락한 현실은 '뫼비우스의 띠' 나 '클라인씨의 병' 의 메타포를 거부한 채, '그물' 과 '가시고기' 의 대립적인 축도를 강화한다. 그것은 생존을 위한 투쟁을 불가피하게 만든다. 여기에는 사랑도 반성도 없다. 그러므로 경계가 분명하다. 이렇게 경계가 분명한 상황에서 어찌 경훈 쪽의 대롱이 난장이 쪽의 구멍으로 들어갈 수 있겠는가. 그런 까닭에 '그것은 없다' 고 과학자가 잘라 말한 것이 아닐까. 작가 조세희의 사랑법과 희망의 논리가 출발한 첫 자리이자 마지막에 봉착한 끝 자리란 바로 여기가 아니겠는가. 수학 교사의 말대로 경계 없는 '뫼비우스의 띠' 의 사상에는 많은 진리가 숨어 있는 것이 사실이다. 하지만 진리란 유사 이래 구원한 것이었다. 진리는 멀고 허위는 가까웠다. 조세희의 『난장이가 쏘아올린 작은 공』은 이렇게 허위적 현실에 추상적 진리를 부여하고, 추상적 진리로 허위적 현실을 변화시켜 보고자 수직적 초월을 시도했으나, 결국 새로운 출발점에 선 소설이다. 그 새로운 출발점이란 고통 위에 세워진 각진 자리지만, 그 고통의 시도로 하여 매우 값진 자리임에 틀림없다. 조세희의 『난장이가 쏘아올린 작은 공』은 문학과지성사에서 1978년에 출간되어 1996년 4월 100쇄를 돌파했고, 2000년부터 출판사 이성과힘에서 간행되고 있다.

우찬제 (서강대 국문학)

012

산해경

신화와 상상력의 보물창고

『산해경(山海經)』(BC 3~4세기)은 동아시아 지역에서 가장 오래 전에 쓰여진, 중국의 대표적인 신화집이다. 전하는 말에 의하면 우(禹) 임금이 천하를 답사하고 난 후 그의 신하 백익(伯益)과 더불어 이 책을 지었다고 하나 믿을 수 없고, 대체로 기원전 3~4세기 경에 동방 혹은 남방의 무당들에 의해 쓰인 것으로 추측되고 있다. 이 책에는 중국과 변방 지역의 기이한 사물, 인간, 신들에 대한 내용과 그것에 대한 괴상한 그림이 함께 실려 있다.

이 책은 크게 「산경(山經)」과 「해경(海經)」의 두 부분으로 나누어지는데 「산경」에서는 중국 및 변방을 다섯 방향으로 나누고 447곳 산의 형세, 산출되는 광물 및 동식물, 그곳에 사는 특이한 동물이나 신 등에 대해 서술하고 있다. 이와는 달리 「해경」에서는 머나먼 이국의 인종과 사물, 영웅의 행적, 신들의 계보, 괴물 등에 대해 묘사하고 있어 「산경」의 지리서적인 성격에 비해 신화서적인 성격을 많이 지니고 있다.

가령 『산해경』에 등장하는 괴상한 인종들에 대한 예를 들어보면, 관흉국(貫胸國) 사람들은 가슴에 구멍이 뚫려 있는데 신분이 높은 사람은 웃옷을 벗고 천민들로 하여금 대나무로 가슴을 꿰어들고 다니게 한다고 하였다. 또 저인국(氐人國) 사람들은 생김새가 사람의 얼굴에 물고기의 몸이고 발이 없다 하였으니 서양 동화에 나오는 인어와 꼭 닮았다. 그리고 너무나도 귀가 커서 한쪽 귀를 요로 깔고 다른 한쪽 귀를 이불로 덮고 잔다는 섭이국(聶耳國) 사람들, 머리가 하나에 몸이 셋인 삼신국(三身國) 사람들, 소인국, 대인국 사람들 등이 있다. 이밖에 신화적 인물로 태양과 경주를 하다가 목이 말라 죽어 복숭아나무 숲으로 변신한 거인 과부(夸父), 신들의 왕인 황제(黃帝)와 싸우다 목이 잘리자 젖가슴이 눈으로, 배꼽이 입으로 변하여 도끼와 방패를 들고 계속 싸웠다는 형천(刑天), 열 개의 태양이 동시에 떠오르자 아홉 개를 격추한 명궁 예(羿), 혼돈의 알 속에서 태어나 나중에는 몸이 죽어 천지 만물로 화한 거인 반고(盤古) 등 기발한 상상이 끝없이 전개된다.

이처럼 갖가지 괴상한 신과 괴물이 등장하고 황당한 이야기가 펼쳐지는 『산해경』을 흥미 이상의 진지한 태도로 읽어나갈 때 우리는 유교와 쌍벽을 이루는 동아시아 정신의 또 다른 커다란 계통을 확인하게 된다. 다시 말해서 『산해경』은 동아시아의 모든 반주지주의(反主知主義)의 산물, 이를테면 신선의 도술과 삼신산(三神山)의 불로초, 이백(李白)의 정열과 『서유기(西遊記)』의 환상 등 낭만적이고 신비적인 것들의 문학, 예술적 실재를 가능케 했던 정신적 원천이라고 할 수 있다. 상상력의 보물창고라 할 만한 『산해경』의 문화적 가치는 고대에 그치지 않는다. 이 책에 나오는 기발한 신화 이미지들은 만화, 애니메이션, 게임 등 현대의 문화산업에서 훌륭한 소재로 활용될 수 있다. 그리스 로마 신화와 마법 이야기 등 서양의 상상력이 횡행하고 있는 이 시대에 『산해경』을 읽음으로써 우리들은 상상력의 편식을 방지할 수 있다.

아울러 우리가 『산해경』에 대해 주목해야 할 것은 이 책이 오로지 중국문화와만 상관되는 것이 아니라 중국 인근의 여러 민족들, 한국 · 일본 · 베트남 · 티벳 · 몽골 등 동아시아 전역의 고대 문화와 깊은 관련이 있다는 사실이다. 왜냐하면 『산해경』 신화가 형성되던 시대의 중국 대륙은 결코 오늘날과 같은 하나의 중국이 존재했던 장소가 아니고 수많은 종족이 이합집산을 거듭했던 무대였기 때문이다. 우리가 『산해경』을 중국 신화집으로만 보지 않고 동아시아 고대 문화의 원천이자 상상력의 뿌리로 간주하는 이유가 바로 여기에 있다.

『산해경』에는 특히 동이계(東夷系)라고 부르는 동방 민족의 신화, 민속자료가 많이 담겨 있는데 우리 고대 문화와 상관된 내용도 적잖이 찾아볼 수 있다. 가령 이 책에는 조선(朝鮮) · 개국(蓋國) · 숙신국(肅愼國) · 맥국(貊國) · 불함산(不咸山) · 군자국(君子國) 등 고대 한국과 관련된 지역들이 등장한다. 이 중 조선은 고조선을, 불함산은 백두산을 의미하며 군자국의 기록을 통해 우리나라의 국화가 무궁화인 것과 중국에서 우리나라를 동방예의지국(東方禮義之國)이라고 부른 이유를 알게 된다.

국내에는 현재 몇 종의 『산해경』 번역서가 출간돼 있지만, 대부분 비전공자가 일본어나 중국어 번역본을 중역한 것인 데 비하여, 중국 신화학자인 정재서가 번역한 『산해경역주』(민음사, 1995)가 원전을 주해와 함께 완역한 것이어서 가장 신뢰할 만하다.

김근 (서강대 중국문화학)

013

당시선

인간과 자연, 시의 조화

당시(唐詩)는 전통적으로 중국에서뿐만 아니라 우리나라와 일본에서도 애송되어 온 고전시가이다. 중국에서는 지금도 초·중등 교육 과정만 마쳐도 300수 정도는 줄줄 외울 정도로 당시가 그들의 생활에 밀접하게 녹아있다. 옛날 과거시험에서는 시 짓는 능력을 평가하여 고급관리를 선발하였는데, 이때 수험생들은 좋은 시를 짓기 위하여 당시를 모델로 삼기도 하였다. 이렇듯 당시가 서민들로부터 사회 지도층에 이르기까지 사랑을 받게 된 이유는 시가 감정을 공유하게 함으로써 인간 사이의 소통을 원활하게 해주기 때문이다. "말 한 마디로 천 냥 빚을 갚는다."는 속담이 웅변하듯이 인간은 언어로 소통한다. 시는 궁극적으로 언어의 예술이고, 예술은 탄복할 만한 기량을 통해서 다른 세계(감응)를 창조한다. 탄복은 창조된 세계에의 동참을 인정하는 것이므로 그 세계에서는 '천 냥 빚'을 탕감해주는 결단이 쉽게 나올 수 있는 것이다. 『삼국지』에서 여포가 원문 밖의 방천화극을 쏴 맞추는 예술을 연출하자 유비와 기령이 전투를 포기하고 군대를 철수한 사건은 이를 잘 말해준다.

당시는 당나라라는 대제국이 외부의 문물과 사상들을 수용하면서 형성된

다양한 감응들을 『시경』 이후 발전해 온 정형시의 형식을 빌려 창작된 시들이다. 당시는 양적으로도 실로 방대해서 『전당시(全唐詩)』(1746)에 실린 작품만 해도 시인 2,200여 명에 각종 시가 48,900여 수에 달한다. 나중에 이들 중에서 정수를 뽑아 편찬한 당시선집이 저 유명한 『당시 3백수』이다. 3백 수도 기실 적지 않은 양이기 때문에 우리나라에서는 그 반 정도를 다시 선별하여 『당시선(唐詩選)』이란 이름으로 대여섯 군데의 출판사에서 출간해오고 있는 실정이다.

우리는 흔히 당시하면 이백과 두보를 떠올린다. 이들은 각각 시선(詩仙)과 시성(詩聖)이란 별명에 걸맞게 훌륭한 시를 창작했음은 부인할 수 없지만, 왕유 · 맹호연 · 왕지환 · 이하 · 두목 등 이들 못지않게 주옥 같은 시를 쓴 시인들이 즐비하다는 사실도 간과해서는 안 된다. 우리는 잘 알려진 몇몇 스타에 집중적으로 열광하는 경향이 있어서 정작 음미해야 할 좋은 작품을 홀시하는 경우가 종종 있는데, 최호(崔顥)의 「황학루(黃鶴樓)」가 그 대표적인 예이다. 이백이 황학루에 올라 아름다운 경관에 감동하여 시 한 수를 지으려 했으나, 누각에 걸려있는 최호의 시를 보고 여기서 이보다 더 훌륭한 시는 나올 수 없다고 말하고는 그냥 발걸음을 돌렸다는 유명한 고사가 있지만 우리에게 최호는 잘 알려져 있지 않다. 따라서 당시를 읽을 때에는 스타들의 그늘에 가려져 있는 시인들의 시를 주의 깊게 살펴보는 안목이 필요하다. 레코드 앨범에 이름없이 실려 있던 곡이 어느 날 영화나 CF에 삽입되면서 인기곡으로 재평가되는 것처럼 말이다.

시가 창조한 세계(또는 감응)는 나만의 세계일 수도 있고 타자를 아우른 세계일 수도 있다. 당시가 사람들의 입에 회자되는 주요 이유는 시인들이 자신들의 고뇌를 개인적인 영혼에만 집중시키지 않고 타자 및 자연과의 세계 속에서 절제된 형식으로 녹여냈다는 데 있다. 전자를 소아(小我)의 세계라면 후자는 대아(大我)라 할 수 있는데, 당시는 전반적으로 이 소와 대아가 매우 적절하게 조화를 이룬 시들이라고 평가할 수 있는 것이다.

이러한 조화는 당시의 형식과 매우 밀접하게 관련이 되어 있으므로 시를 읽을 때에는 이 부분을 관심 있게 살펴보아야 한다. 시니피에(기의)는 시니피앙(기표)에 의해서 결정된다고 한다. 그러므로 당시를 읽기 전에 시의 형식에 대한 간단한 지식에 먼저 적응하는 것이 필요하다. 이를테면, 당시의 장르는 크게 형식이 비교적 자유로운 고시와 악부, 그리고 형식을 엄격히 지켜야 하는 율시와 절구 등으로 나누어진다. 그러므로 대아의 의미가 느껴지는 시는 전자에, 소아는 후자에서 각각 많이 발견된다. 그렇다고 해서 후자가 전자에 비하여 시적 가치가 떨어진다는 뜻은 결코 아니다. 왜냐하면 근체시로 불리는 율시와 절구는 엄격한 형식을 추구하기 때문에 자칫 가치가 저평가될 오해의 소지가 있긴 하지만, 오히려 시의 형식이 강구하는 대장(對仗) · 평측(平仄) · 압운(押韻) 등의 규칙은 균형 잡힌 음악성을 길러줌으로써 대아를 위한 수양의 방도가 되기도 한다. 시가 온유돈후한 인성을 배양한다는 중국의 전통적인 믿음은 여기에 근거한 것이고, 과거시험에서 율시를 주요 과제로 채택한 이유도 여기에서 찾을 수 있는 것이다.

『당시선』은 현재 대여섯 종류의 번역본이 출간돼 있는데, 나름대로의 장점을 모두 갖추고 있지만, 번역과 주해의 정확성이라는 측면에서 볼 때 이병한과 이영주가 함께 역해한 『당시선』(서울대학교출판부 발행, 1998)이 가장 추천할 만하다고 하겠다.

김근 (서강대 중국문화학)

014

홍루몽

조설근

17세기 청나라 귀족의 흥망과 욕망의 기록

18세기 후반 중국 청조(淸朝) 중기, 진시황 이래 거의 2천 년에 걸친 황제 전제정치의 말기에 나온 조설근의 소설 『홍루몽(紅樓夢)』(1792)은 1921년 호적(胡適)의 고증이 있기 전까지는 작가가 누군지도 알려지지 않았었다. 오늘날 전근대 중국의 통속문학인 백화(白話)소설 가운데 5대 기서(奇書) 중 으뜸으로 꼽히는 『홍루몽』은 '홍학'(홍루몽학)이라는 국제적인 전문학을 형성한 드문 사례로 영국의 셰익스피어학에 비견된다. 1850년대 중국 공산당의 사회주의 개조운동의 일환으로 홍루몽 논쟁이 일어났을 때, 『홍루몽』이 저자 조설근의 자전(自傳)적 소설이라는 호적 일파의 고증학적 평가가 비판을 받고 작품 속에 담긴 인민성, 계급성이 강조되기도 했다.

『홍루몽』은 작가의 조부인 조인(曹寅)이 살았던 17세기 말 강희제(康熙帝) 시대에, 황제의 측근 고관으로 융성했던 관료 귀족 가문이 황제 전제 아래서 정치적 박해로 가산을 몰수당하고 완전 몰락하는 흥망성쇠를 다루고 있다. 소설은 부패하고 음탕한 두 가씨(賈氏) 귀족이 사는 대관원(大觀園)이 배경이다. 대관원은 오늘날 강남이나 북경에서 볼 수 있는 호화로운 대저택 정원이라

말할 수 있다. 이 정원 안에서 인척과 노비인 많은 미소녀들에 둘러싸여 청소년기를 보내는 가보옥(賈寶玉)이 주인공이다. 그를 중심으로 임대옥(林黛玉)과 설보차(薛寶?) 두 소녀의 성장과 천진한 애정 비극이 소설 진행의 핵심을 이룬다. 어려서부터 남자를 혐오하고 여성을 사랑하는 이른바 정종(情種)인 주인공은 시와 예술을 편애하고 유교 경전을 배워 익히는 과거 공부를 몹시 증오한다. 그래서 가문의 부귀영속을 바라는 부친의 가혹한 억압을 받는다. 그러나 가문의 유일한 상속자이기 때문에 조모의 보호를 받는 가보옥은 부패한 가문의 내부 모순과 점차 다가오는 쇠퇴의 징조에도 불구하고, 대관원에서 청춘과 사랑을 즐기며 소년기를 보내게 된다. 그런데 황제가 탄압을 시작하고 가씨 귀족은 몰락의 길로 치닫는다. 작가가 소설의 서두와 곳곳에서 그 비참한 몰락 장면을 암시하긴 했지만, 작가가 나이 40살에 요절하는 바람에 그 몰락상을 쓰진 못한다. 다른 사람이 그 내용을 원작에 덧붙여서 속작(續作)을 만들게 된다.

소설의 주제와 내용, 구성에 암시되어 있듯, 『홍루몽』은 조설근이 자기 가문의 흥망사를 자전적으로 기록하면서 허구화한 것이다. 주인공은 유교문화가 지배하는 관료 귀족 가문의 상속자로서, 과거를 통해 공명(功名)과 가족적 의무를 다해야 한다는 거대한 압력을 받지만, 예술과 정애(情愛)를 즐기며 개성과 욕망의 해방을 추구하게 된다. 이때 겪게 되는 희망과 좌절이 대관원에서 펼쳐지는 소년과 여인들 사이의 아름다운 놀이와 삶 속에 은유적으로 표현되어 있다. 중국 전통문화에서 유교문화의 가부장적, 관료적 세계에 저항하는 지식인은 불교나 도교, 풍류 예술에서 높이 평가했던 자연과 은자(隱者)의 세계를 지향했다. 전형적인 재야 지식인이었던 조설근이 지은 『홍루몽』에도 그러한 삶을 사는 인물 유형이 나온다. 이 작품은 일상사와 심리 · 성격 · 환경의 세부적 묘사와 표현의 예술성 면에서 14세기 이래 장편 통속소설들을 능가하는 독보적 경지를 개척했다는 평가를 받고 있다. 이는 전근대의 신비적 낭만성을 지양하고 현실에 대해 뛰어날만큼 사실적으로 표현함으로써 18세기 사회경제사의 사료로 그 진실성이 인정받을 정도였다.

『홍루몽』은 이전의 소설이 인물을 영웅적 성격의 전형화하는 한계에서 벗어나, 작가의 삶과 사상을 투영한 저항의식과 사실성을 가지고 있다. 그로 인해 미약하나마 그 근대성의 싹이 논란의 대상이 되기도 했다. 그러나 대관원의 세계는 주변의 부패한 관료적, 가부장적 세계에 저항할 엄두도 낼 수 없는 은밀한 요람에 지나지 않았다. 호화로운 정원과 저택에 서양에서 수입된 자명종 등 각종 희귀품이 즐비하고, 산해진미의 음식과 풍성한 잔치와 연극 및 놀이, 명절 풍속이나 종교 행사 등 당시의 생활 자료가 생생히 기록되어 있는 것도 이 소설에서 얻을 수 있는 독특한 재미이다. 가장 추천할 만한 번역본으로는 김광렬과 안의운이 옮긴 『홍루몽』(청계, 2007)이 있다.

조병한 (서강대 사학)

015

기탄잘리

타고르

신에게 바치는 영혼의 노래

『기탄잘리*Gitanjali*』(1910)의 저자 라빈드라나드 타고르(Rabomdra-math Tagore, 1861~1941)는 크게 세 가지 이유 때문에 우리나라 독자들에게 친숙한 이름이다. 먼저 그는 이 시집으로 동양 최초의 노벨 문학상을 수상한다. 한국에서 "우리나라에서도 이제 노벨 문학상 수상자가 나와야 되지 않느냐?"는 이야기가 나올 때마다 빠지지 않고 등장하는 이름이 바로 타고르다.

다음으로 그는 우리나라를 '동방의 등불'이라고 칭송하는 시를 남겼다. 물론 이 시는 1929년 일본을 방문한 타고르에게 한국 방문을 권유했던 한 언론인의 요청을 정중히 거절하면서 미안한 마음에 대신 짧게 써 준 구절에 불과했다지만, "일찍이 아시아의 황금시기에 / 빛나는 등불의 하나였던 코리아 / 그 등불이 다시 한 번 켜지는 날 / 너는 동방의 밝은 빛이 되리라."는 그의 헌사는 인도와 마찬가지로 식민 지배를 받고 있던 우리 민족을 위로하고 감동시키기에 충분했다.

마지막으로 그는 만해 한용운을 비롯한 우리나라 근대 시인들에게 적지 않은 영향을 미쳤다는 점에서 주목을 받고 있다. 1920년대 시인인 한용운으로부터 1980년대의 시인 곽재구에 이르기까지 타고르의 영향을 받은 시인들의 계보만 가지고도 우리 시문학사의 한 단면을 서술할 수 있을 정도로 그의 영향력은 막대하다고 할 수 있다.

이처럼 우리와 각별한 인연을 가지고 있는 타고르의 이 시집 제목은 '신에게 바치는 영혼의 노래' 라는 의미를 가지고 있다고 한다. 다시 말해 이 시집은 종교적인 입장에서 인간의 삶과 죽음을 노래한 작품들로 이루어져 있다. 이 시집에는 지금 이곳에 존재하지 않는 절대적 존재 '임' 을 그리워하면서 그와 만나기 위해 현세에서 힘겨우면서도 행복한 구도의 길을 걷고 있는 시적 화자가 등장한다. 특히 이 시집의 탁월성은 아주 평이한 언어를 사용하면서도 심오한 종교적 사상과 위대한 인생의 진리를 효과적으로 담아냈다는 사실에 있다. 또한 이 시집에 수록된 여러 시편들은 각기 독립적인 서정을 표출하면서도 전체적으로 보았을 때 하나의 거대하고 일관된 서사를 이루고 있다는 점에서 그 진가가 드러난다고 하겠다.

이러한 이 시집의 첫 번째 시는 다음과 같이 시작한다. "님은 나를 영원케 하셨나니, 그것은 님의 기쁨입니다. 이 연약한 그릇을 님은 거듭거듭 비우시곤, 또 항상 신선한 생명으로 채우십니다."(현암사 판, 박희진 번역) '임' 을 향한 간절한 구애의 자세와 공손한 경어체의 어조, 그리고 산문체의 시적 형식은 마치 한용운의 『님의 침묵』을 읽는 듯한 느낌을 준다. 그렇다고 해서 한용운이 타고르의 사상과 시작법을 아무 비판도 없이 그대로 따라했다고 생각하면 안 된다. 한용운은 「타골의 시(GARDENISTO)를 읽고」라는 작품을 통해 타고르와는 다른 자신만의 고유한 사상을 내비친다. "벗이여, 나의 벗이여. / 죽음의 향기가 아무리 좋다 하여도, 백골의 입술에 입맞출 수는 없습니다. / 그의 무덤을 황금의 노래로 그물치지 마셔요, 무덤 위에 피 묻은 깃대를 세우셔요." 인도의 시인 타고르와 조선의 시인 한용운의 차이가 무엇인지 음미하며 시를 읽어 보는 것도 의미가 있을 것이다. 덧붙여 종교와 불가분의 관계를 가진 인도의 인사말을 알아 두는 것도 좋을 듯하다. "나마스떼!—내 안에 존재하는 신이 당신 안에 존재하는 신에게 경배를 올립니다!"

이 시집의 번역본은 1923년 이문관에서 시인 김억이 최초로 번역한 이후 지금까지 수많은 판본들이 존재한다. 하지만 최근 우리말에 가장 가깝게 번역한 사례로는 민음사 판(김병익 옮김, 1996년)과 범우사 판(김양식 옮김, 2001년) 그리고 현암사 판(박희진 옮김, 2002년)이 대표적이다. 각각 문학평론가와 인도철학 전공자 그리고 시인으로서 명성을 얻고 있는 이들 역자의 번역 솜씨를 서로 비교하면서 그의 시를 음미해 보는 것도 재미있을 듯하다. 이 중에서 범우사 판을 권한다. 시인 타고르의 생애에 대해 관심이 있다면 조금 오래된 책이기는 하지만 크리빠라니의 『타골의 생애와 사상』(종로서적, 1982)을 추천한다.

엄성원 (서강대 국문학)

016

루쉰소설집

루쉰

전통과 근대의 이중적 억압과 그 해체

중국의 근대는 위기와 굴욕의 연속이었다. 아편전쟁(1840)에서 영국에게 패한 것을 시작으로 서구와 일본 등 제국주의와의 전쟁에서 잇달아 패하는 굴욕을 당하면서 반(半)식민 상태에 빠졌고, 정치적 분열과 경제 파탄 등으로 인해 극심한 위기에 휩싸였다. 문명 대국의 자부심은 여지없이 무너졌고, 중국인들은 중국이라는 나라, 중국인이라는 민족이 사라질지도 모른다는 위기감에 사로잡혔다. 이런 위기감 속에서 중국 근대 지식인들은 대관절 무엇이 문제이고, 어떻게 이 위기를 벗어날 것인지를 고민하였다.

중국 현대문학을 대표하는 작가인 루쉰(魯迅, 1881~1936)은 중국 근대 현실과 고민 속에서 문학을 시작하였다. 위기의 중국 현실, 어둠의 중국 근대가 그대로 루쉰의 사유와 문학의 출발점이었고, 루쉰의 소설은 그런 위기의 중국 현실, 어둠의 중국 현실을 극복하기 위한 문학적 응전의 하나이다. 그 응전 과정에서 루쉰은 소설을 통해 중국 전통 사회와 새롭게 등장한 근대 사회의 문제는 무엇이며, 새로운 사회와 인간은 어떠해야 하는지, 그러한 현실 변혁을 위한 이상적인 주체는 어떤 인간인지를 모색하였고, 출구 없는 어두운 현실 속에서 희망을 찾는 지식인의 고뇌와 역사적 선택 등을 다루었다. 루쉰의 소설이 묘파한 것은 일차적으로 당시 중국의 현실이었지만, 거기에는 전통과 근대, 근대와 탈근대의 문제가 동시에 내포되어 있었다. 루쉰 소설이 근대 중국이라는 특정 시간과 공간을 넘어서서 인류 보편의 문학적 공감을 얻고 있는 것도 이 때문이다.

예컨대, 그의 첫 소설인 「광인일기」(1918)의 경우를 보자. 작품은 유교라는 봉건 도덕은 결국 사람을 잡아먹는 식인 이데올로기이라는 점을 고발하면서, 중국인들에게 더 이상 식인하지 말라고, 유교 이데올로기에서 벗어나라고 계몽하는 내용을 담고 있다. 이점만 보면 이 작품은 우리가 흔히 본 근대 문학 작품들처럼 봉건주의에 대한 비판을 존립 근거로 삼는 근대 계몽문학의 지평에 서 있다. 하지만 소설은 여기서 한걸음 더 나아가는데, 그것은 작품 후반부에서 식인 이데올로기를 비판하던 주인공 '광인' 도 식인을 했다는 계몽자의 자기반성과 유죄의식이 등장한다는 점이다. 민중들은 여전히 식인 이데올로기에 물들어 있고, 지식인들 역시 식인 경험을 가지고 있다. 그렇다면 현실 변혁의 힘은 어디서 찾을 것인가? 작품은 "식인을 해보지 않은 아이들이 혹시 있을까?" 라고 묻고는 "아이들을 구하라!" 라고 끝나는데, 이는 전통적 인간만이 아니라 그러한 전통적 주체에 대한 비판을 자기 존립의 근거로 삼았던 근대 계몽 주체 역시 비판과 해체의 대상으로 삼는 것이다. 전통과 근대에 대한 이중의 저항과 해체를 통해 새로운 사회, 새로운 주체를 꿈꾸는 루쉰의 개성 있는 문제의식이 드러나 있는 것이다.

루쉰 문학의 개성은 대표작인 「아큐정전」(1921)에서도 더욱 여실히 드러난다. 이 작품은 '정신승리법' 이라는 노예의식, 요컨대 자신이 처해 있는 상황을 정확하게 인식하는 것이 아니라 현실의 패배를 심리 조작을 통해 정신의 승리로 치환하는 자기기만의 사유법을 지닌 채, 위에서 억압이 있어도 그것과 싸울 줄 모르고 자기 동료나 자기보다 약한 자에게 전가시키는 노예의식을 다루고 있다. 그런 아큐가 혁명에 참여한다. 그 혁명이 제대로 된 혁명일 리가 없다. 루쉰은 여기서 마비된 민중과 혁명이라는 중국 근대 사회의 병폐를 해부하고 있지만, 이 해부는 단순히 중국 맥락에만 국한되는 것이 아니라 넓게는 근대 사회에 대한 하나의 은유이다.

루쉰은 중국 근대를 위기와 어둠으로 내몰았던 이중의 억압, 즉 전통의 억압과 근대의 억압을 동시에 응시하면서, 이 이중의 억압을 해체하려 했다. 루쉰의 소설이 다른 작가들과 비교하여 어두운 것은 그의 소설이 그 이중의 억압의 무게를 온전히 드러내고 감당하면서 그 이중의 억압으로 조성된 어둠의 심연을 한 치의 낭만적 허위도 없이 차갑게 투시하고 있기 때문이다. 루쉰 소설이 세계 근대문학에서 차지하는 개성이자, 루쉰 소설의 여전한 생명력이 소재하는 지점이다.

루쉰 소설집 번역본들 가운데 번역이 충실한 것은 『아큐정전』(전형준 역, 창비)과 『노신소설전집』(김시준 역, 서울대 출판부, 1996)이다.

이욱연 (서강대 중국문화학)

017

설국

가와바타 야스나리

눈 속에 갇힌 몽환적 사랑

1935년에 집필을 시작하여 몇 번씩 고쳐 쓴 끝에 12년이나 지난 1947년에야 완성된 소설 『설국』(1947)은 가와바타 야스나리(川端康成)에게 일본인 최초의 노벨 문학상을 안겨준 작품이다. 중편소설 정도의 길이로 사건의 줄거리가 뚜렷하지 않고 작중 인물의 성격이나 주제가 분명하게 드러나지 않지만 그런 모호한 분위기 속에서 인간들의 미묘한 심리가 잘 나타나 있다는 게 일반적인 평이다.

작품의 첫머리에는 일본인들에게 너무나 익숙한 그 유명한 문장이 등장한다. "국경의 긴 터널을 빠져나오자 설국이었다(國境の長いトンネルを拔けると雪國だった)."

내용은 도쿄 출생인 시마무라가 설국의 게이샤 고마코에게 이끌려 설국의 온천장을 세 번 찾아간다는 이야기다. 12월 초, 부모의 유산으로 무용비평이나 프랑스 문학의 번역 일 등을 하며 유유자적하게 지내던 시마무라는 기차를 타고 설국으로 향한다. 우연히 열차 안에서 병색이 완연한 남자와 그와 함께 있는 여자와 마주치는데 왠지 모르게 그녀에게 끌리게 되고 시마무라가 내린 역에서 그 두 사람도 내린다. 여관에 도착한 시마무라는 예전에 만났던 고마코를 불러 아침까지 함께 지낸다. 그러고 보니 고마코를 처음 만난 것은 5월, 처음 온천장을 찾았을 때였다. 게이샤가 부족했던 까닭에 시마무라의 방으로 술을 따르러 온 여자가 마침 열아홉의 고마코였던 것. 다음날 그는 여자로서 시중을 들도록 청했으나 그녀는 거절한다. 그렇지만 정작 밤이 되자 술에 취한 그녀는 그의 방으로 찾아오고 두 사람은 함께 밤을 보낸다. 산책을 하다가 우연히 거리에서 마주친 고마코에게 이끌려 시마무라는 그녀가 사는 집에 들르는데 그녀의 거처는 춤 선생 집의 다락방. 기차 안에서 만났던 두 남녀는 선생의 아들 유키오과 병약한 그를 돌보는 여동생 요코였던 것이다. 유키오는 결핵으로 얼마 남지 않은 목숨이라 했다. 고마코는 유키오의 약혼자였는데 치료비 때문에 게이샤 일을 하게 되었던 것. 시마무라는 매일 밤 고마코와 함께 지내다가 아내의 곁으로 돌아갈 날이 되어 유키오가 위독하다는 소식을 듣게 되지만, 정작 고마코는 그가 죽는 모습을 지켜보고 싶지 않다며 시마무라를 역까지 배웅하러 나온다. 다음 해 가을, 시마무라는 다시 온천장을 찾는다. 고마코를 다시 만나서 그녀에게서 유키오와 춤 선생까지 죽었다는 말을 듣고 무덤을 찾아가기로 하는데 우연히 그 곳에서 요코와 맞닥뜨린다. 요코를 본 고마코는 왠일인지 불편한 기색이 역력하다. 이후 고마코는 매일처럼 시마무라의 방을 찾아온다. 어느날 밤, 요코가 고마코의 심부름으로 그를 찾아오고 시마무라는 여전히 그녀를 매력적이라 느낀다. 그녀는 시마무라에게 자신을 도쿄로 데려가 달라고 부탁한다. 요코가 돌아간 후, 고마코가 찾아오고 두 사람은 여관에서 술을 마신다. 시마무라가 "좋은 여자야."라고 하자 그 말의 의미를 착각한 고마코는 화를 내며 운다. 시마무라는 집의 존재를 잊어버린 것처럼 겨울의 온천장에 눌러앉는다. 어느 날 밤, 극장에 화재가 발발하자 요코는 2층에서 떨어져 죽고 고마코는 불에 탄 요코의 시체를 부둥켜안는다.

이 작품은 눈이 많은 고장의 환상적인 분위기와 청순한 고마코의 정열, 그녀의 애정을 받아들이지 못하는 시마무라의 처지가 자아내는 신비한 애수가 진한 감동을 준다. 유명한 작품인 만큼 수차례 드라마화되었고 1957년, 1965

년에 각각 영화화되기도 했다.

가와바타 야스나리는 1899년 개업의의 장남으로 비교적 부유한 집안에서 태어나지만 불행하게도 부모에 이어 조부모까지 세상을 떠나서 말 그대로 천애고아가 되어 중학교 때부터 기숙사에서 생활한다. 1918년 이즈(伊豆)를 여행하고 쓴 『이즈의 무희(伊豆の踊子)』는 그의 청년기의 대표작으로 손꼽히며, 새로운 문장을 그 특징으로 삼는 신감각파(新感覺派)의 일원으로 일본의 패전 이후에는 '일본의 아름다움' 만을 노래하겠노라 선언하고 「천 마리 학(千羽鶴)」, 「산소리(山の音)」 등의 명작을 연이어 발표한다. 1968년에는 일본인 최초로 노벨 문학상을 수상, '아름다운 일본의 나(美しい日本の私)' 라는 제목으로 강연을 한다. 제자인 미시마 유키오(三島由紀雄)가 할복한 2년 후인 1972년, 가스 자살로 생을 마감한다. 번역본으로는 유숙자가 번역한 민음사 간행본(2002)을 추천하고 싶다.

송현아 (서강대 일본문화학)

018

사육

오에 겐자부로

✓

전쟁의 비극성과 소년의 성장통

오에 겐자부로(大江健三郎)는 1957년 도쿄대학신문 현상공모에 입상한 『기묘한 일(奇妙な仕事)』이 마이니치신문에 게재되면서 학생작가로서 문단에 등단한다. 이후 그는 잇따라 문예지에 소설을 발표하면서 '가와바타 야스나리의 재등장' 이라는 평가와, '미시마 유키오 이후 가장 미래가 촉망되는 신인' 이라는 찬사를 동시에 받게 된다. 『사육(飼育)』(1958)은 1958년, 도쿄대학 불문학과 재학 중에 집필한 작품으로 제39회 아쿠타가와상(芥川賞) 수상작으로 선정됨으로써 오에는 일약 새로운 문학의 기수로 떠오르게 된다.

『사육』은 태평양 전쟁 중의 어느 산촌을 배경으로 흑인병사와 마을 사람들을 둘러싼 사건을, 화자인 소년 '나' 의 눈을 통해 묘사한 작품이다. 주인공인 '나' 는 아버지와 남동생과 함께 마을 중앙의, 폐사된 공동 창고의 방 한 칸에서 생활한다. 아버지는 사냥을 하고 그 가죽을 팔아 근근이 생계를 이어간다. 그러던 어느 날 동네에 거대한 미군 비행기가 추락했고 저녁 무렵에 어른들은 부상당한 흑인 병사를 마을로 끌고 왔다. 그는 키가 크고 건장했으나 발목에는 시종 쇠사슬이 채워져 있었다. 그를 어떻게 처리할지는 읍의 지시를 따라야 했기 때문에 마을 사람들은 임시로 흑인 병사를 마을 중앙의 공동 지하창고에 감금해 두기로 한다. 우리 가족은 2층에 살고 있다는 이유로 그에게 식사 이외의 자잘한 일을 책임지게 되었다. 아버지는 읍사무소에 보고했지만 읍사무소에서는 현청에 물어봐야 할 일이라며 별 다른 대꾸가 없다. 어쨌든 흑인병사의 식사를 챙기는 일은 '나'와 함께 또래 소년들이 떠맡게 되었다. 아버지가 총을 들고 벽에 기대 지켜보는 가운데, '내'가 음식물 바구니를 흑인병사 앞에 갖다놓으면 그는 긴 팔을 뻗어 음식을 다 먹어치우곤 했다. 시간이 지나고 경계심이 느스해진 '나'는 흑인 병사의 발에 채워진 쇠사슬을 몰래 풀어주게 된다. 그러면서 우리는 그를 바깥으로 데리고 나가게 되고 산책이나 목욕을 시켜주기도 하면서 차츰 우정과 비슷한 감정을 공유하기 시작한다. 하지만 마침내 읍사무소에서 그를 연행해 오라는 지시가 떨어지고 마을 사람들이 흑인 병사를 포박하려는 와중에, 공포에 사로잡힌 그는 '나'를 인질로 삼아 지하창고를 봉쇄해 버린다. 그가 '나'의 목을 조르려고 하는 찰라, 때마침 마을 사람들이 문을 부수고 들어오고 아버지는 손도끼를 휘둘러 방패삼아 막고 있던 '나'의 왼손을 바스러뜨리는 동시에 그의 두개골을 내리찍는다.

오에의 초기 작품에서 자주 나타나는 '격리되어 있는 상황'(읍내와 연락이 끊긴 마을)은 이 작품 속에서도 나타나고 있다. 문명화되지 않은 '사육하는 자'(마을 사람들, 소년들)의 육체적 빈곤함에 대조되어 문명화된 '사육당하는 자'(흑인 병사)의 육체적 아름다움에 대한 세밀한 묘사는 선명한 대조를 이루면서 서로를 부각시킨다. 하지만 그 '아름다운' 육체는 무지한 마을 사람들의 손에 의해 짐승처럼 사육되었고 끝내는 궁지에 몰려 잔인한 마을 사람들의 손에 의해 비참한 죽음을 당한다. '개 눈처럼 번들거리는' 아버지에게 한 손을 잃어버리면서 '나'는 그때서야 전쟁을 느끼게 되고 그러면서 소년기가 지나감을 깨닫는다.

오에는 1960년 이후 신좌익, 반전, 반핵 운동에 관심을 갖게 되면서 1974년 솔제니친 석방요구 서명운동, 이듬해 김지하 시인 탄압에 항의하는 단식 투쟁 등, 사회활동에 적극적으로 참여한다. 2001년에 '새로운 역사교과서

를 만드는 모임' 에서 만든 검정교과서 불합격을 요구하는 공동성명을 발표하는 등, 한국과의 인연 또한 깊다. 1994년에는 노벨 문학상을 수상하면서 아시아 문학의 위상을 높이는데 일조하지만 노벨상 시상식 강연 제목은 가와바타 야스나리의 '아름다운 일본의 나(美しい日本の私)' 에 착안한 '애매한 일본의 나(あいまいな日本の私)' 였으며 연설 도중 '일본이 특히 아시아인들에게 큰 잘못을 저질렀다는 것은 명백한 사실' 이라고 말함으로써 화제를 모았다. 영화감독 이타미 주조의 여동생 유카리가 부인이고 장남 히카루는 장애를 안고 태어나 이후 오에의 문학에 영향을 끼쳤다.

번역서는 절판 상태다. 학교도서관에서 대출해 『사육』(오상원 외 역, 신구미디어, 1994년)을 봤으나 번역 상태는 권장할 정도는 아니다.

송현아 (서강대 일본문화학)

019

변신인형
왕멍

혁명의 그늘과 지식인의 깨달음

마오쩌둥이 죽고(1976) 문화대혁명도 끝난 후 시작된 중국의 1980년대는 모든 가치를 재평가하는 시대였다. 이 시기에 문화대혁명이라는 역사적 재난을 청산하는 작업의 일환으로 중국 근 · 현대사의 전개 과정과 역사에 대해서, 보다 넓게는 중국 문명 자체에 대해서 다시 물었고, 이를 토대로 새로운 역사를 설계하였다. 중국 지성계도 그러하였고 중국 문학계도 그러하였다.

왕멍(王蒙, 1934~)의 대표작인 『변신인형』(1987)은 그런 1980년대 중국 지성과 문학의 흐름을 반영하고 있다. 소설은 아들인 니자오가 아버지인 니우청의 삶을 회상하는 형식으로 되어 있다. 1940년대 아버지의 삶이 작품의 대부분을 차지하고, 후반부 속집에서는 1949년 중화인민공화국 성립 이후의 아버지의 삶이 보충된다. 니우청은 1940년대 신식 교육을 받고 외국 유학도 다녀온 지식인으로 대학 강사이다. 그는 베이징에서 아내와 두 자식, 장모와 처제와 함께 산다. 처가 식구들은 자기 땅을 소작 준 뒤 세를 받아 생활한다. 니우청은 처와 처가 식구들과 끊임없이 대립하고 갈등한다. 니우청은 중국 사람들은 왜 서양 사람들처럼 목욕을 자주 하지 않는지, 왜 커피를 마시지 않는지에 대해 불만이 가득 차 있는 인물로, 서구 문명 중독자이다. 그런 니우청과 처를 비롯한 장모, 처제 등 중국 봉건 문화를 상징하는 세 여인 사이에서 갈등과 충돌이 빈발한다.

소설에서 화자의 아버지인 니우청은 지극히 부정적인 인물로 그려진다. 그는 당시 중국 현실에 대해 불만투성이고 다른 사람들을 죄다 무시하고 방탕하고 무책임하고 서구에 대한 맹목적인 숭배에 빠져 있고 위선적이다. 그래서 소설에서 아들인 화자는 아버지가 어떤 사람인지 판정할 수 없다면서 "지식인? 사기꾼? 미치광이? 바보? 매국노? 원로 혁명가? 머리 좋은 사기꾼? 낙오자?" 등으로 요약한다. 그런 그가 1940년대 후반에는 혁명에 가담하여 혁명가 행세를 하고 마르크스주의자를 자처한다. 그리고 사회주의 정권이 들어선 뒤에는 원로 혁명가 대접을 받는다. 그의 인생은 소설의 제목처럼 머리와 몸을 자유롭게 조합할 수 있는 기형적인 '변신 인형' 같다.

소설이 다루는 것은 결국 이러한 기형적인 지식인의 현대사인데, 문제는 이런 기형적인 지식인의 왜곡된 삶이 혁명으로 점철된 중국 현대사의 격변 속에서도 끊어지지 않고 지속되었다는 점이다. 소설에서는 그런 아버지의 삶이 아들 니자오의 회상을 통해 재현되는데, 이는 결국 자기 아버지의 기형적인 삶의 또 다른 희생자인 아들의 불만에 가득 찬 회상인 동시에 그 아버지의 기형적인 삶이 가능했던 중국 현대사에 대한 비판적인 회상이다. 요컨대 아버지의 삶에 대한 회상과 재질문은 그대로 중국 현대사에 대한 회상과 재질문인 것이다. 여기에 이 소설의 진정한 문제의식이 있고, 마오쩌둥 시대와 문화대혁명이 종결된 이후 시작된 1980년대 중국 지성의 시대정신이 소재하는 지점이다. 아버지 시대를 다시 물으면서 아버지 시대를 청산하고 새로운 역사의 방향을 기획하는 아들의 새로운 시대, 그것이 중국의 1980년대였고, 이 소설은 그런 아들의 역사 감각, 세대 감각을 여실히 보여준다. 이 소설이 마오 시대를 마감한 중국, 개혁개방이라는 새로운 역사를 맞이하는 중국의 새로운 역사 감각을 보여주는 작품으로 읽히는 것은 이 때문이다.

아버지의 삶, 아버지의 시대를 심판하는 아들은 소설에서 끝까지 아버지를 증오한다. 하지만 작품의 후반부의 문체와 아들의 심리의 흐름에 주목하면 아들은 어느새 아버지와 화해하는 것처럼 독자에게 와 닿는다. 그 화해는 아버지의 삶을 긍정하는 것이 아니라, 비루하고 위선적인 아버지의 삶을 한갓 부정의 대상이 아닌 현실로 받아들이는 화해이다. 이 점에서 보면 아들은 중국의 모든 것을 관념적으로 부정하는 가운데 허공에서 살았던 아버지보다 훨씬 성숙하다. 아들은 이제 비루한 과거를 자신의 현실로 인정하는 가운데서 새로운 이상을 향해 새 출발 한다. 작가 왕멍이 이 소설의 서문에서 "이상은 현실을 개조하지만, 이상은 반드시 현실의 노력을 통해 현실을 개조해야 하고, 그렇기 때문에 현실도 이상을 개조한다. 이 과정은 고통스러운 것이지만, 그래서 오히려 큰 의미가 있다."고 말한 것은 이런 맥락에서 이해할 수 있다. 현재 중국에서 활동하는 작가들 중 가장 중국 현대사와 한 몸이 되어 살아오면서 특유의 비판적 시각을 견지해 온 작가 왕멍의 문학적 재능과 역사적 안목이 더없이 절묘하게 결합된 작품이 바로 이 작품이다. 『변신인형』은 전형준 번역본(문학과지성사, 2004)이 있다.

이욱연 (서강대 중국문화학)

020

일리아스/오뒷세이아

호메로스

신화적 인간의 역사 이야기

우리 인간들은 '역사적 인간'이기도 하지만 '신화적 인간'이기도 하다. 그 말은 인간은 자기가 태어나 몸 담고 살아가는 당대의 역사에 속하기도 하지만 동시에 역사 이전의 시원의 시간에 대한 신화적 관심과 상상력을 동시에 지니고 있다는 뜻이다. 헝가리 태생의 문학비평가 게오르그 루카치에게 현대는 상실과 실향의 시대요, 역사 이전의 희랍 시대는 인류의 황금 시대로 여겨졌다. 희랍 시대는 인간이 자신의 총체성을 지니고 있었고 인간과 신과 우주가 총체성을 유지하고 있었던 최고의 시대라는 것이다. 그런 희랍적 총체성의 회복이 기능주의와 물신주의 시대를 살아가야만 하는 현대인들에게는 불가능하지만 그러나 인간의 총체성에 대한 회복에의 꿈을 그는 버리지 않았다. 희랍 시대는 인류와 신이 조화를 이룬 황금 시대였기 때문이다.

호메로스(Homeros, BC 800?~BC 750)의 『일리아스』와 『오뒷세이아』는 그런 인류의 황금 시대에 대한 방대한 서사시다. 등장 인물들은 영웅들이고 또는 신들이기도 하다. 두 편의 서사시는 세계 문학의 원형으로 불리워지기도 한다. 그런 방대한 서사시를 쓴 호메로스는 기원 전 8, 9세기에 소아시아의 이

오니아 해변에 있는 스미르나 키오스 시에 살았던 장님이었다고 전해진다. 그는 음유시인으로서 『일리아스』와 『오뒷세이아』라는 불후의 두 작품을 남겼는데 그 작품들은 호머의 개인 창작이라기보다는 희랍에 전승되어 내려오던 전설이나 민담 등을 호머가 집대성하여 음송했다고 보는 것이 옳을 듯하다.

먼저 『일리아스』는 트로이 전쟁의 이야기이다. 트로이 전쟁에 참가한 아킬레스와 아가멤논, 그리고 헥토르와 같은 영웅들의 이야기이고 동시에 제우스나 아테네, 아프로디테와 아킬레스의 어머니 테티스와 같은 신과 여신들의 이야기이기도 하다. 『일리아스』와 『오뒷세이아』에 등장하는 신들은 죽지 않는 불멸의 신들이며, 인간이 정복할 수는 없지만 신과 같지 않은 약한 존재이며, 정열이나 욕망에 의해 움직이고 자기 본위로 행동하며, 지상에서와 똑같이 천상에서도 끊임없이 갈등과 불화를 일으키는 존재들이다.

『일리아스』의 장엄한 배경이 된 트로이 전쟁은 세 여신들과 하나의 사과로 인해 발생한다. 아름다움을 다투는 세 명의 여신들인 헤라와 아프로디테, 아테네는 불화의 여신인 에리스의 '가장 아름다운 사람에게 준다' 라고 씌여져 있는 황금사과를 각기 자신들이 가지려고 했고 신들은 그 심판을 지상의 가장 아름다운 청년인 파리스에게 맡겼다. 헤라는 파리스에게 권력을 주겠다고 했고, 아테네는 전쟁에서의 영광과 성공을, 아프로디테는 가장 아름다운 여인을 주겠다고 했다. 파리스는 그 황금사과를 미의 여신인 아프로디테에게 주었고 그 상으로 지상에서 가장 아름다운 여인인, 스파르타 왕 메넬라우스의 아내인 헬렌을 빼앗아 아내로 얻게 된다. 그러나 이 일로 파리스는 두 여신의 영원한 증오를 받게 되었고 아내를 빼앗긴 왕 메넬라우스의 원한을 풀어 주려는 희랍의 원정군과 파리스를 지키려는 트로이 진영 사이에 십년 동안의 전쟁이 일어나게 된다.

『일리아스』는 희랍의 원정군 대장인 아가멤논과 그 휘하의 가장 뛰어난 영웅인 아킬레스 사이의 불화에서부터 시작된다. 최고의 영웅인 아킬레스는 미케네 왕 아가멤논이 자신의 자존심에 상처를 입혔다고 하여 전쟁에 나가기를 거절한다. 아킬레스가 없는 아테네군은 트로이군에 의해 파죽지세로 무너지고 그의 친구 파트로클로스는 전쟁에 참가하기를 아킬레스에게 눈물로 호소한다. 헤라와 아테네는 파리스에게 자신들의 미가 인정받지 못하였으므로 트로이군을 멸망시키려고 하고 아킬레스의 어머니 테티스는 자기의 아들에게 가해진 모욕에 몹시 분노하여 제우스의 궁전에 가서 트로이군이 승리함으로써 희랍군으로 하여금 아킬레스에게 가해진 비행을 뉘우치게 해달라고 탄원한다. 트로이 전쟁은 이렇게 인간만이 치르는 것이 아니고 신과 여신들의 감정과 욕망이 부딪쳐 엎치락뒤치락하게 된다. 결국 파트로클로스가 아킬레스의 갑옷을 입고 아킬레스의 이륜전차에 올라타 전선으로 나가자 트로이 군은 혼비백산하여 도망쳤고 트로이의 왕 헥토르는 파트로클로스를 죽인다. 이에 파트로클로스의 시체를 빼앗으려고 두 진영은 싸우게 되고 아킬레스는 드디어 친구의 죽음 소식을 듣고 무서운 격분으로 출정하여 트로이의 왕 헥토르를 죽여 그 시체를 이륜마차에 질질 끌고 다니며 친구를 죽인 복수를 한다. 그러나 헥토르의 늙은 아버지 프리아모스의 애원으로 마음이 움직인 아킬레스는 시체를 서로 교환하기로 하고 성대한 장례식을 치르기 위해 십이일 간의 휴전을 약속한다. 헥토르의 장엄한 장례식에서 『일리아스』는 끝난다. 『일리아스』는 영웅 아킬레스의 고귀한 분노와 자기 존엄성에 대한 장엄한 용기, 두려움 모르는 삶과 죽음에 대한 이야기이다. "우리 희랍군이 멸망할 운명이라면 그 뜻에 따르겠습니다. 그러나 제발 우리들이 대낮의 햇빛 속에서 죽게 하소서."라는 아이아스의 외침이 죽음 앞에서도 당당한 인간의 존엄성과 용기가 무엇인지를 알려준다.

'아킬레스의 발꿈치' 라는 유명한 말은 『일리아스』에서 생긴 말인데 영웅 아킬레스는 태어나자마자 불사의 강물에 어머니가 목욕을 시켰기 때문에 죽지 않는 힘을 가지게 되었으나 발뒤꿈치를 손으로 잡고 씻겼기 때문에 거기만 불사의 강물이 묻지 않아 거기를 찌르면 죽는 '치명적인 약점' 을 가지게 되었다. 그래서 '아킬레스의 발꿈치' 라는 말은 치명적 약점을 뜻하는 것이 된다.

호메로스의 『일리아스』는 여러 출판사에서 많은 번역본이 출간되었으나 천병희가 번역한 『일리아스』가 가장 신뢰할 만하다. 그리스어 원전 번역으로 2001년 단국대학교 출판부에서 출간되었다.

『오뒷세이아』는 트로이 전쟁의 영웅 오딧세우스가 전쟁이 끝나고 십 년에 걸쳐 고향 이타카의 집으로 돌아가는 '귀향의 이야기' 이다. 전쟁이 끝나고 집으로 돌아가는 것이 어떻게 해서 10년이나 걸린단 말인가? 이타카로 돌아가는 귀향의 길은 아내 페넬로페와 아들 텔레마쿠스가 있는 그리운 집으로 돌아가는 길이기도 하지만 바다 곳곳에서 그를 유혹하려고 기다리고 있는 신들의 계략과 사이렌들과 "오뒷세이아는 죽었다."라고 헛소문을 퍼뜨리며 그의 아내 페넬로페에게 구혼하고 있는 구혼자들에게 자거가 살아있다는 것과 용감한 영웅이라는 것을 증명해야 하는 고난의 길이기도 했다.

10년에 걸친 트로이 전쟁이 오뒷세이아가 만든 '트로이의 목마' 계략으로 결국 아카이아 군의 승리로 끝나고 그는 육백 명의 부하와 열두 척의 배를 거느리고 귀향길에 오르지만 끝없는 재난에 시달리게 된다. 그의 표류와 끝없는 모험의 험난한 역정은 그가 태양신 히페리온의 소를 잡아 먹은 것과 바다의 신 포세이돈의 미움을 받은 것이 합쳐져서 생긴 시련이었다. 그러나 아테네 여신이 그를 돕고 있고 지혜와 용맹이 뛰어난 아들 텔레마쿠스가 그를 찾기 위해 섬들을 방문하여 모험을 겪으며 그의 흔적을 찾아 나선다. 트로이로부터 이타카로 돌아가는 도중 그는 '연꽃 먹는 사람들' 이 살고 있는 섬 로토파고스에서 그의 부하 세 사람과 함께 연꽃으로 만든 음식을 먹고 정신을 잃어 자기의 정체성을 상실하는 위험에 처하기도 했으며 그 다음엔 외눈박이 거인들이 사는 키클롭스의 나라에 도착하여 위험에 처하기도 한다. 외눈박이 거인은 그의 부하들을 붙잡아 두 사람씩 동굴 벽에 내던져 뇌수를 박살나게 하여 맛있게 뜯어 먹곤 하였다. 오뒷세이아는 쇠꼬챙이를 불에 달궈 거인의 눈을 찌르고 거인이 기르는 양들이 동굴 밖으로 나갈 때 양들의 뱃가죽에 매달려 도망을 쳤다. 그 다음엔 아이올로스의 섬, 라이스트뤼곤이라는 야만족이 사는 섬, 키르케의 섬에 닿게 된다.

키르케는 아주 아름다운 마술사였는데 그녀는 오뒷세이아의 부하들을 유혹하여 모두 돼지로 만들어 버렸다. 그들의 머리와 몸뚱이와 목소리와 털은 모두 돼지 그대로였으나 정신은 전과 다름이 없었다. 키르케는 그들을 돼지 우리에 가두고 도토리와 산수유 열매를 준다.

오뒷세이아는 헤르메스 신을 만나 키르케의 마술을 피하는 약초 몰리를 얻어 키르케의 섬으로 가서 부하들을 돼지 상태로부터 구해 낸다. 그러나 그 자신은 키르케의 지극한 환대에 취해 안일한 생활에 빠져 고향으로 돌아갈 생각조차 망각하고 있는데 부하들이 그에게 고상한 감정을 깨우쳐 주어 자기를 되찾아 다시 출항한다. 사이렌이라는 아름다운 님프의 노랫소리에 홀리기도 하고 칼립소라는 님프의 사랑도 물리치고 왕녀 나우지카의 사랑도 버리고 나우지카의 부모님인 왕과 왕비의 도움으로 파이아케스의 배를 얻어 타고 무사히 고향에 도착한다. 저주의 힘이 좌절된 포세이돈은 파이아케스인이 자기의 수중에서 오딧세우스를 구출한 것에 분노하여 배가 항구에 귀환하려는 순간 배를 바위로 변하게 하였다. 코르프 섬 앞에는 지금도 그 바위가 남아 있다고 한다.

아타카에 20년 만에 돌아온 그는 거지로 변장하고 아내의 구혼자들이 득실거리는 집으로 몰래 들어간다. 거지로 변한 주인을 늙은 사냥개인 아르고스만이 알아보는데 옛 주인을 보자마자 꼬리를 흔들고 반기다가 그만 힘이 기진하여 죽어버린다. 구혼자들의 청을 물리치기에 지친 페넬로페는 활쏘기 시합에서 이긴 자를 신랑으로 맞기로 하는데 대부분의 구혼자들은 오뒷세이아의 활이 너무 크고 장대하여 시위를 매기지도 못하여 웃음거리가 되고만다. 그때 거지로 변장한 오뒷세이아가 활시위를 당겨 시합의 표적인 고리 속으로 화살을 명중시키고 마침내 자신의 정체를 밝히고 나머지 구혼자들을 참살해 버린다. 20년만에 궁전에 돌아온 그는 아내 페넬로페와 아들 텔레마쿠스를 찾아 마침내 자기의 모든 것을 자기의 이름으로 회복해 소유하게 되었다.

『오뒷세이아』 서사시는 귀향의 서사이면서 자기 정체성의 상실에서부터 자기 정체성의 회복으로 가는 기나긴 영웅의 투쟁 서사이다. 모든 사람이 다 자기의 이타카로 돌아갈 수 있는 것은 아니며 '나는 돼지가 아니다.', '나는 나의 정체성을 회복해야 한다.' 라는 영웅적 꿈과 의지를 가지고 모든 달콤한 키르케의 속박을 부수는 사람만이 자기의 이타카에 도달할 수 있다는 것이다. 그

동안은 일본판 중역이나 영어판 번역으로 출간되었으나 천병희의 그리스어 원전 번역으로 도서출판 숲에서 2006년 출간된 『오뒷세이아』가 가장 신뢰할 만하다.

김승희 (서강대 국문학)

021

희랍 비극

아이스킬로스 등

비극 속에 꽃피운 신과 인간의 이야기

서양문학과 드라마의 원형을 이루는 그리스 비극은 종교적 축제에 그 기원을 두고 있다. 디오니소스 신을 모시는 그리스인들의 축제가 기원전 7세기 전후에 이르러 인간의 생사와 연결된 본격적인 종교적 축제로 발전하면서 노래와 춤, 그리고 대사가 삽입되었고 이는 본격적인 비극의 탄생을 불러왔다. 그리스 비극은 기원전 5세기 경에 그리스 비극의 3대 작가, 아이스퀼로스(Aischylos/Aeschylus), 소포클레스(Sophokles/Sophocles)와 에우리피데스(Euripides)를 통하여 그 절정에 이른다.

그리스 비극은 그들 고유의 신관(神觀), 인생관 그리고 철학이 녹아있는 신화와 전설을 소재로 하였다. 이는 당시의 민주주의와 평등주의 사상을 바탕으로 인간의 존엄성과 다양한 계급 사이의 융화를 고취하려는 시민교육의 일환으로 국가적 차원에서 육성되었다. 그리스 인들은 디오니소스 축제 기간에 2만 명 이상을 수용할 수 있는 거대한 야외극장에서 연극경연대회를 개최하면서 이 범국가적 예술 형태인 '비극'을 발전시키려고 노력하였다.

위에서 언급한 그리스 3대 비극 작가들은 각자 고유한 특성과 그리스 비극의 공통적인 특성을 동시에 지니고 있다. 대체로 그리스 비극은 그리스 신화의 주인공들인 올림포스 신들과 지하 신들 사이의 갈등, 그리고 그 갈등 사이에서 고통 받는 인간의 운명과 그 운명에 도전하는 인간들의 이야기를 주요 플롯으로 다룬다. 이는 상징적으로 당시의 극단적인 상대주의와 합리주의에 휩싸여 신화를 폄하하려는 소피스트와 신성한 신화적 전통을 믿고 유지하려는 음유시인과 민중의 갈등을 대변하고 있다. 당시의 비극 작가들은 신화를 통해서 절대주의와 상대주의, 합리주의와 회의주의, 유신론과 무신론, 전통적이고 신성한 신화의 세계와 현실 세계의 세속적 가치관, 개인의 양심과 사회법 사이의 갈등과 모순에 대한 자신들의 문제의식을 극화하였다. 이는 요약하면 인간조건에 대한 종교적, 철학적, 심리적 모색이다. 이러한 모색을 통하여 비극 작가들은 신화적 전통과 새로운 민주주의와 평등주의의 균형 잡힌 화합을 통하여 지식인과 민중, 귀족과 평민 사이의 갈등 해소와 화해를 도모하고자 하였다. 신화라는 그리스의 과거를 토대로 꾸며진 현실의 무대를 보면서 시민들은 인간본성과 삶의 존재론적 조건에 대한 깨달음을 갖게 되고, 비극적 종말에서 아리스토텔레스가 얘기한 '공포와 연민' 을 느끼게 된다. 이러한 비극적 정화를 통해 타인에 대한 관용과 용서의 감정을 키우고, 결과적으로 그리스 비극이 겨냥하는 국민적 화합을 이루게 되는 길이라고 그리스 비극작가들은 믿었다.

아이스퀼로스는 작품이 현존하는 고대 그리스 비극시인들 중 최초의 작가로서 '그리스 비극의 창시자' 로 불린다. 이는 그가 비극을 본격적인 연극의 형태로 발전시키는 데 크게 공헌하였기 때문이다. 아이스퀼로스는 특히 장엄한 언어로써 연극의 생명인 대사를 강화하였고 코러스의 역할을 축소시킴으로써 갈등이 고조되는 플롯과, 다소 유형적이지만 어느 정도 자유의지를 지닌 인물을 창조하여 액션을 증가시켰다. 또한 배우들의 숫자를 두 명으로 늘려 대화를 늘리고 의상, 춤, 기계적 장치를 도입하여 무대를 발전시켰다.

아이스퀼로스는 당시의 아테네 민주정을 적극 지지하였고 극작을 통해 폴리스의 질서유지를 도우려고 애쓴 작가로서 다른 작가에 비해 정치성과 스케일이 큰 주제를 다루었다. 그는 '정의, 세습되는 죄, 세대에서 세대로 전해지는 악' 과 같은 거대한 우주적 주제를 다루기 위해 삼부작 형태를 선호하였다. 그는 이 장르를 통해 한 가문이나 종족의 전 역사를 훑어보는 서사시적 비극을 썼다. 그는 자신의 작품이 호머의 서사시의 한 조각이라고 말하였다.

아이스퀼로스의 작품은 인간은 고통을 통해서 배우고, 신과 인간은 결국 화해를 통해 함께 보편적인 질서를 확립해야 한다는 당시의 종교적, 도덕적 사상을 반영하고 있다. 『아가멤논*Agamemnón*』, 『제주를 바치는 여인들 *Choephoroi*』, 『에우메니데스*Eumenidas*』로 구성된 『오레스테이아*Oresteia*』 삼부작이 그의 대표작이다. 이 삼부작은 아내가 남편을 살해하고 이에 대한 복수로 아들이 어머니를 살해하는 가정 안에서의 폭력을 통해 당시 사회의 갈등 관계를 극화한다. 이 삼부작은 개인적 자아와 전체 자아의 합일을 통해 개인의 비극을 종결짓고 폴리스의 수호신 아폴론과 개인의 감성을 대변하는 복수신의 화해로 끝난다. 아이스퀼러스를 '도덕적인 시인' 이라고 부르는 키토(Kitto)는 『오레스테이아』를 통해 작가가 '도덕적인 문제' 를 제기하고 제우스 라는 신을 그 해답으로 제시한다는 점에서 이 삼부작을 종교극이라고 주장한다. 그 외에도 『탄원자들*Hiketides*』과 『결박된 프로메테우스*Promtheous bound*』등이 잘 알려진 작품이다.

아이스퀼러스의 뒤를 이은 소포클레스는 그리스 비극을 더욱 세련되게 발전시켰다. '언어와 인물구성의 마스터' 로 알려진 소포클레스는 강렬한 은유와 다양한 운율을 써서 대사에 극적인 톤과 감성을 불어넣었다. 생동감 넘치는 사실적 인물 재현은 그의 비극의 정수를 이룬다. 소포클레스는 또한 제3의 배우를 소개하여 좀 더 생동감 있는 액션을 무대에 올렸고 코러스를 늘리고, 무대에 페인팅을 도입하여 연극성을 고조시켰다.

소포클레스의 플롯은 '인간의 삶은 본질적으로 비극적이며 고통을 수반하지만 그 고통은 결코 낭비되거나 무의미한 것은 아니다.' 는 그 자신의 인생관을 반영한다. 그의 인물은 고상한 품격을 지니고 있지만 결점(hubris)이 없는 완벽한 인간은 아니다. 그들은 자신의 결점에 비해 너무나 크고 때로는 부당한 고통을 겪게 되지만 신의 의지를 이해하고 수용하고 또한 고통을 통해 자신과 이웃, 우주에 대한 인식을 갖게 된다. 고통을 감수하는 그들의 인간적 노력과 인내가 소포클레스 작품의 초점이 된다.

소포클레스의 작품에서는 신과 신의 갈등 사이에 개인의 자유의지가 더욱 강렬하게 개입된다. 작가는 신성한 신의 법과 인간의 법 사이의 갈등을 통해 폴리스 국법인 실정법과 개인의 양심, 공적 질서와 개인의 존엄성, 이성과 감성 사이의 갈등을 극화한다. 이는 소포클레스의 대표작 『안티고네*Antigonέ*』에 잘 드러나 있다. 안티고네는 반역자의 시신은 매장을 금한다는 국법을 어기고 반역의 죄로 버려진 오빠의 시신을 매장하고 장례를 치른다. 그는 매장을 요구하는 지하 신들의 법칙과 혈육에 대한 사랑을 국법 위에 둠으로써 죽음을 맞게 되는데 지하 신은 개인성, 감성을 상징한다. 이 작품에서 소포클레스는 국법과 개인의 양심이라는 두 가치에 대해 균형잡힌 시각을 보이면서도 개인의 양심을 따르는 안티고네에게 더 깊은 연민을 느끼게 한다. 소포클레스는 호머에 가장 가까운 비극적 시인으로 알려져 있다. 이는 그가 '문학은 철학적 사상을 표현하는 도구가 아니라 인간성의 단면을 그리는 것'이라는 호머의 정신을 이어받았기 때문이다. 그의 작품은 『오이디푸스 왕*Oidipous Tyrannos*』, 『필로크테테스*Philiktetes*』, 『엘렉트라*Electrai*』, 『콜로노스의 오이디푸스*Oidipus epi Kolónói*』 등이 있다.

그리스 비극의 마지막 작가인 에우리피데스는 위의 두 작가보다 훨씬 더 현대적 드라마의 특성을 띠고 있다. 그가 살았던 시대는 전쟁에 휩싸여 고전적 가치는 사라지고 현실적 편이성을 강조하던 시대였다. 에우리피데스는 펠로포네 전쟁과 연결된 아테네의 귀족사회와 지식인에 대해 환멸을 느꼈고 지성과 지식계급, 그리고 신화와 전설에 대해 회의와 냉소로 가득차 있었다. 그의 작품은 신화를 더 이상 절대적인 진실로 그리지 않았을 뿐만 아니라 절대적인 정의와 합리주의의 화신이었던 아폴론 신과 신화, 기존 종교체제에 대해 비판을 가했다. 그는 신화보다는 당시의 사회와 관계가 맺는 주제, 즉 반전 사상과 여성에게 부당한 결혼제도, 새로운 여성의 정체성과 같은 현실적인 주제를 다루면서 당시 사회의 피상적인 가치관을 공격하였다. 그는 또한 신과 대적할 만한 승화된 인간의 모습보다는 선과 악이 공존하는 인간의 '있는 그대로' 의 모습과 그 내면적 갈등에 초점을 두어 현대의 심리적 사실주의 연극과 여성해방론자의 선구자적 역할을 하였다.

에우리피데스는 당시 비극의 데코럼을 파괴하고 자신의 독특한 표현 양식을 창조하였다. 그의 독창적인 주제, 생동감 넘치는 인물구성, 뛰어난 대사, 연극적 무대, 'deux ex machina' (the god from the machine)와 같은 새로운 기법으로 고대 로마의 극작가들과 그들을 통해 유럽 드라마 역사에 지대한 영향을 끼쳤다. 또한 그의 후기 작품에 나오는 감각적인 사건과 시각적인 무대는 후대의 로맨틱 코메디와 문제극에 큰 영향을 끼쳤다. 『메데이아*Mέdeia*』는 그의 대표적인 작품으로 여성에게 부당하고 비인간적인 그리스 사회의 결혼제도와 애증에 얽매인 남녀관계를 극화하였다. 남편에 대한 강렬한 사랑과 격정에 휩싸인 메데이아는 자신을 배반하고 정략결혼을 한 남편에게 복수하기 위해 많은 사람과 심지어 자신의 아이들까지 살해한다. 메데이아가 '격정의 여신', '복수의 화신' 으로 대변되며 여성에 대한 혐오와 동정을 동시에 불러일으켰다는 점에서 이 작품은 여성연극의 관점에서 읽을 수 있다. 이 외의 잘 알려진 작품은 『알시스티스』, 『히폴리투스*Hippolytos*』, 『*헬레네Helenέ*』, 『오레스테스*Orestes*』 등이다.

에우리피데스가 살았던 시대는 전통적인 가치관이 현실적 가치관에 의해 약화됨으로써 그리스 고유의 신화와 전설을 소재로 한 신과 신, 신과 인간의 갈등과 투쟁, 화합을 그린 장엄한 그리스 비극은 그 막을 내리게 되었다.

추천할 만한 그리스 비극 모음집은 우리말로는 『희랍비극』(조무현 외 옮김, 현암사, 1995)과 『소포클레스 비극』(천병희 옮김, 단국대 출판사, 2001)이 있다. 영어로는 *Ten Greek Plays in Contemporary Translations* (L. R. Lind 편집. Houghton Mifflin, 1957) 을 추천한다.

신숙원 (서강대 영문학)

022

변신
오비디우스

✓
오래된 이야기가 가진 힘

신화에 대한 지식 없이 언어로 씌여진 문학이나 고전을 얼마나 제대로 감상할 수 있을까? 특히 문학을 음악적으로 또는 시적으로 감상하려는 사람들에겐 말이다. 여기서 음악적이란 말에 대해 확실히 해두자. 그것은 서사시적인 율동감과 아울러 여러 테마들이 반복되면서 메아리를 울리며 뒤얽히는, 무수한 이야기들의 웅장한 관현악을 연상케 한다는 것을 함께 의미한다.

로마가 아우구스투스 황제에 의한 '팍스 로마나(로마의 평화시대)' 가 꽃피던 시절, 자유분방한 청년시인 오비디우스(Ovidius, BC43~17)가 지은 『변신*Metamorphoses*』(8)은 서사시 형식으로 쓰여진 신화집으로서 그리스 신화에 바탕을 두고 거기에 당시 구전되던 소아시아와 바빌로니아의 설화 및 트로이 전쟁 이야기를 보태고, 또 로마의 건국 신화까지 덧붙인 것이다. 『변신』이 그리스 신화에 크게 의지하면서 거기에 로마의 건국신화까지 덧댄 이유는 로마 황제 아우구스투스에게 그리스의 신통성(神統性)을 부여하고자 했기 때문이었다.

그리스 로마 신화의 원전으로는 기원전 9~8세기의 양대 서사시인 『일리아드』와 『오딧세이』가 있었고, 그것이 아테네 시대로 오면 비극과 희극이라는 많이 변형된 형태로 전승되게 된다. 『변신』은 유럽의 패권이 그리스에서 로마로 굳어진 시기에 쓰인 만큼 원래의 그리스 신화가 로마의 전설과 합쳐져 혼합되는 과정을 필연적으로 거치게 된다. 우선 신들의 이름이 모두 로마식으로 바뀌게 된다. 제우스가 유피테르로, 헤라가 유노로, 아프로디테가 베누스로, 포세이돈이 넵투누스로, 헤르메스가 메르쿠리우스로 바뀌어 있다. 그러나 『변신』 이후는 이전 작품의 답습에 불과할 정도로 변화의 폭이 적었다. 19세기에 나온 토마스 불핀치의 『그리이스 로마 신화』는 새로운 편집기준에 의해 구성상의 변화와 약간의 추가 보완이 이루어졌다고 하나 근본적으로는 오비디우스의 『변신』에 크게 기대고 있다.

이 책의 가치는 서구 문화의 두 줄기 중에서 그리스도적 인식체계 이전, 즉 그리스도적 인식체계에 물들지 않은 고대의 인식체계를 읽을 수 있는 중요한 책 중의 하나라는 점이다. 그 인식체계는 자유분방한 상상력을 통해 자연과 인간 사이의 조화로운 관계를 보여준다. 이 책의 화두이기도 한 '변신'을 매개로 하여 이루어지는 인간과 자연 사이의 친밀한 관계 설정은 이것이 인간과 자연의 갈등과 투쟁이라는 후대의 인식체계 이전의 것이란 점을 분명히 한다. 위장, 애정, 징벌 등의 사유에 의해 신과 인간으로부터 곰, 말, 소, 백로 등 각종 동물로 변신하기도 하고, 별, 돌, 샘, 나무와 같은 사물로 변신하기도 하는데, 이는 유정물이건 비유정물이건 간에 인간이 그들을 갈등과 투쟁의 대상으로 여기지 않는다는 사실을 말해준다. 이러한 점에서 우리는 온 세상의 모든 것들을 친족관계로 생각하는 토테미즘이나 사물의 정령을 인정하는 애니미즘이라는 원시적 혹은 야생적 사유체계가 아직은 『변신』을 지배하고 있음을 볼 수 있다.

신과 인간 사이의 관계에 대해서도 『변신』은 그리스도교가 성행하기 이전의 사유체계를 잘 보여준다. 『변신』의 신들은 전지전능하고 권위적인 신의 모습이 아니라 인간적인 선과 악을 겸비하고 있으며 장난도 치고 실수도 많이 한다. 신들의 왕인 유피테르(제우스)가 바람둥이로 유명한 데서 잘 알 수 있듯이 신들은 간혹 근친상간과 불륜을 저지르기도 하고, 속임수와 변장을 통해 위계를 부리기도 한다. 이들은 인간의 창조주이긴 하지만 인간의 모습과 인간적 속성을 지닌 지상인이기도 하다. 조셉 캠벨의 말처럼 신과 인간 사이의 관계를 확립하게 해주는 것이 서양 신화의 주된 기능이라고 할 수 있다.

'메타모르포시스' 라는 말이 변형 이후뿐만 아니라 변형 이전도 함축하듯이 『변신』은 모든 사물과 현상의 기원에 대한 탐색이기도 하다. 세계는 지금의 모습이 되기 훨씬 전에는 어떤 모습이었는지? 생명은 처음 어떻게 출현했는지? 어떤 현상이나 사물의 시초와 기원은 무엇인지? 등등의 물음은 오늘날의 사람들도 궁금해하는 바이지만 과학적 지식이 지금에 비해 턱도 없이 부족했을 고대인들에게는 말할 나위도 없었을 것이다. 신화는 바로 이와 같은 물음들에 대한 나름대로의 대답이다. 그래서 『변신』은 '모든 것은 카오스에서 시작되었다' 편으로 시작한다. 그러고 나서 신들의 전성시대를 거쳐 영웅의 시대, 그리고 인간의 시대로 내려온다. 그것은 마치 우리가 설화의 전개 과정을 신화-전설-민담으로 편의상 구분하는 것과 대응되는 것 같아 흥미롭다.

우리가 수숫대가 붉은 내력을 설화적 사고로 해결하듯이 『변신』도 각종 사물과 현상에 대해 설화적 사고로 접근한다. 예컨대 까마귀 깃털이 검은 내력이라든지 공작의 깃과 꼬리에 보석같은 게 박힌 이유라든지 이디오피아 사람들의 피부가 까만 이유, 또는 리비아가 사막이 된 이유 등을 설화적 사고로 설명하는 것이다. 기원에 대한 관심은 『변신』 속에 탐색 모티프가 많이 산재해 있음과도 관련된다. 태양신의 아들 파에톤이 아버지를 찾아나서는 아버지 탐색 모티프는 우리의 무조신화 「당금애기」나 유리왕 전승에도 보이는 것인데, 이와 같이 우리 신화와의 비교론적인 시각에서 『변신』을 읽는 것도 대단히 흥미로운 일이 될 것이다.

오비디우스의 『변신』은 한국에서는 주로 『변신이야기』나 『둔갑이야기』라는 표제를 달고 여러 출판사에서 나왔으나 가장 읽기 쉽고 보편화된 번역본으로 이윤기가 번역한 『변신이야기』(민음사, 1998)를 추천할 만하다.

김현주 (서강대 국문학)

023

햄릿

셰익스피어

인간 윤리, 그 실존적 고뇌에 대하여

윌리암 셰익스피어(William Shakespeare, 1564~1616)와 경쟁 관계였던 동시대 작가, 벤 존슨은 그를 '한 시대가 아니라 모든 세대'를 위한 작가라고 불렀다. 그 후 셰익스피어 작품의 보편적 가치와 의미는 이제 차라리 상식의 차원에 속한다. 거의 매년 영화화된 그의 작품을 극장에서 만날 수 있으며, 전 세계 곳곳에서 무대화된 셰익스피어 연극을 관람할 수 있다. 그러나 소위 셰익스피어의 '보편성'이란 기실 당대 영국 역사와 문화에 철저히 뿌리박은 현실주의적 성취를 통해서만 가능했다는 사실 역시 기억해야 한다. 예컨대 1576년 처음 문을 열었던 상업 대중극장의 탄생이라는 극장사적 사실에서부터, 초기 근대 사회 형성기의 다양한 정치적 · 경제적 변화, 16세기 유럽을 뒤흔들어 놓았던 종교개혁의 문맥, 새로운 기술과 과학적 발견 등을 고려하지 않고는 셰익스피어 작품을 제대로 이해하기 어렵다. 셰익스피어의 위대한 보편성이란 그가 살았던 특별한 역사적 정황이나 당대의 독특한 예술적 관습과 더불어 이해되어야 한다.

셰익스피어는 37편 가량의 희곡 작품과 154편의 소네트, 그리고 몇 편의 이야기 시를 남겼다. 그중 가장 널리 알려진 『햄릿*Hamlet*』은 셰익스피어의 기량이 원숙기에 들어선 1601년을 전후하여 만들어진 작품이다. 덴마크 엘시노어 궁전을 주무대로 하여 아버지의 죽음에 대해 복수를 시도하는 햄릿 왕자를 둘러싼 사건을 중심으로 모두 5막으로 구성되어 있다. 그러나 작가의 원고가 남아 있지 않고, 내용에 차이가 많이 나는 여러 개의 판본이 공존하는 까닭에 어떤 텍스트를 셰익스피어의 원본으로 볼 것인지 논란이 많다. 이처럼 상이한 판본에 기초하여 현대의 학자들이 편집 종합한 형태의 텍스트가 다양하게 출간되었고, 그것이 현재 우리가 아는 『햄릿』이다. 흔히 극장에서 만나게 되는 『햄릿』 역시 이 혼합 텍스트를 상연시간에 맞추어 재편집한 경우가 대부분이다.

『햄릿』이 지금껏 수많은 예술가와 독자들에게 감동과 영감을 주었던 이유를 한두 마디로 설명하기는 어렵다. 쉽게 행동하지 못하고 심사숙고를 거듭하는 우유부단한 사람을 두고 흔히 햄릿형 인간이라고 표현하는 것처럼, 햄릿은 아버지의 살해범을 징벌해야 하는 도덕적 책무를 앞에 두고 고민을 거듭하는 인물이다. 그러나 그의 복수 지연은 결코 '우유부단한' 햄릿의 성격 탓으로만 설명될 수 없다. 이 문제는 사적인 복수와 근대적 법률 지배의 중간에서, 복수를 통한 정의실현과 기독교적 은총 및 용서 사이에서, 사적인 욕망과 공적인 임무 사이에서 고뇌와 성찰을 거듭하는 르네상스 시대의 인간으로 햄릿을 고려해야만 설명된다. 실제로 『햄릿』에서는 햄릿과 비슷한 처지에서 복수를 시도하는 인물이 두 명 더 있다. 비슷한 복수를 시도하는 포틴브라스 왕자와 레어티즈를 햄릿과 비교해보면, 셰익스피어가 제기하는 문제가 단순히 인물의 '성격' 차원을 넘어서는 역사적 · 종교적 · 정치적 지평의 것이라는 점이 명백해진다.

물론 『햄릿』은 역사와 공간을 가로질러 수많은 독자와 관객에게 새로운 성찰의 계기를 제공한다. 예컨대, 저승으로 떠나지 못하고 헤매는 '유령'은 현재가 과거에 붙들려 있는 세상, 과거가 미래를 지배하는 현실에 대한 은유이다. 죽음과 삶 사이에서 부유하는 유령은 우리에게 '존재' 자체를 발본적으로 문제 삼도록 요구한다. 죽은 아버지가 살아있는 아들의 존재를 규정하고, 아버지의 은원관계는 아들의 현실이 되는 상황, 그것은 역사적 상황이면서 동시에 인간의 실존적 상황이기도 하다. 따라서 『햄릿』은 아버지에 대해, 과거에 대해 작별을 고하는 과정을 통해 현재를 자신의 미래로 만들 수 있고 자신을 자기의 주인으로 만들어가는 인간(역)사에 대한 비유가 된다. 이외에도 정의와 처벌, 광기와 이성, 욕망과 존재, 재현(가능성)과 예술이라는 중요한 근대적 쟁점이 파노라마처럼 제시되고 있다.

국내 번역본 중에서는 다소 오래되긴 했지만 최재서 역본(연희춘추사, 1954)이 가장 훌륭하다. 그 외에도 약간의 유보와 함께 김재남 역본(하서출판사, 1996)과 신정옥 역본(전예원, 1989)을 권한다.

김태원 (서강대 영문학)

024

돈키호테

세르반테스

근대적 이상과 광기

미구엘 데 세르반테스(Miguel de Cervantes)는 『돈키호테*Don Quixote*』(1615)의 1부를 1605년에 발표한다. 그는 당시 유럽 연합군이 터키와 이교도에 대한 기독교의 '성전'을 표방하며 싸운 유명한 레판토 해전에도 군인으로 참여한다. 여러 해전에서 부상을 입고 결국 왼손을 잃었으며 귀향길에 해적에 잡혀 여러 해를 감옥에서 보내기도 한다. 작가는 자신의 풍부한 경험을 토대로 당시 유행했던 '중세 기사도 모험담' 형식의 소설을 쓴다. 소설의 1부가 선풍적 인기를 얻자 그것을 모방한 작품이 출판되고 그것에 자극을 받아 1615년에 2부를 출판하게 된다.

세르반테스는 흔히 '근대소설의 아버지'라 불린다. 현대는 디지털 기술의 혁명에 기인한 현실과 환상의 혼동을 다루는 '가상현실'이 문제로 등장한다. 반면에 『돈키호테』가 발표될 당시에는 중세적 이상과 근대적 현실의 괴리에서 발생하는 혼동이 있었다. 작가 세르반테스가 소설에서 돈키호테의 행동을 비이성적이라고 비판할 때 독자들은 자신의 이상에 충실한 주인공에게 더욱 많은 매력을 느낀다. 또한 소설에서 이야기 속 이야기, 즉 '액자소설'이 등장한다. 19세기 말과 20세기 초에, 소설가들은 시점과 서술에 많은 관심을 기울인다. 그런 맥락에서 『돈키호테』의 액자소설 기법은 매우 현대적인 면을 보인다. 그런 까닭에 현대문학에 지대한 영향을 끼친 아르헨티나의 작가 호르헤 보르헤스Jorge Borges는 세르반테스를 존경하고 『돈키호테』에 관한 글을 쓰게 된다.

『돈키호테』가 출판된 17세기 초 유럽은 이미 '발견의 시대'와 '르네상스'를 거치면서 상당히 근대화된 사회였다. 그러나 스페인에서는 아직 중세 기사도 모험담이 유행하였다. 세르반테스는 과거의 기사도 모험담을 동경하는 독자들에게 자신만의 흥미로운 이야기를 제공한다. 소설은 단지 대중적으로 유행했던 중세 기사도 모험담에 대한 풍자에 그치지 않는다. 소설에서 주인공 돈키호테는 중세 기사도의 이상을 실제로 실현하려는 인물로 묘사된다. 과거의 이상을 동경하는 것과 그것을 현실에서 실현하려는 것에는 커다란 차이가 있다. 그는 이상을 실천하며 살려 하고 그 결과 현실과 이상 사이의 괴리가 모험담을 여러 가지 우스꽝스러운 상황으로 이끈다. 해전 등에 참여하여 풍부한 현실 체험을 한 작가이기에 그런 이상을 실현한다는 것이 얼마나 어려운지 잘 알았을 것이다. 중세 기사도의 이상은 더 이상 실현될 수 없다는 것이 사실이다. 실제로 주인공 돈키호테는 가난한 시골의 신사이지 상류층 기사가 아니다.

그러나 소설은 더 이상 실현될 수 없는 이상에 대한 동경이나 좌절감만을 야기하는 것이 아니라는 점에서 매력적이다. 중세 기사가 추구했던 모험심, 용기, 관용, 충성심의 이상은 충분히 상업화된 근대사회에서 더 이상 이룰 수 없는 덕목이 된다. 그렇다면 과연 그런 이상적 덕목이 실현 불가능하기 때문에 전혀 소용없다고 단언할 수 있는가? 소설이 암시하는 것을 주요 인물들의 변화에서 생각해 볼 수 있다. 소설의 초반에 매우 이상적이던 돈키호테는 여러 번의 좌절을 통하여 보다 현실적이 된다. 반면에 매우 현실적이었던 산쵸는 오히려 돈키호테의 이상에 대한 신실함에 매료되어 점점 더 이상적으로 변한다. 그런 점에서 소설은 단순히 현실과 이상의 혼동에 그치지 않고 현실에 필요한 이상의 중요성을 일깨우고 있다. 돈키호테는 이상을 추구할 때 전혀 현실적이지 못하기 때문에 '미친' 것 같다. 그러나 그는 현실성 없는 이상에 일관된 신념을 가지고 그것을 변함없이 실천하려 한다. 비록 그가 현실적이지 못하다고 말할 수 있으나 그가 옳지 않다고 말할 수는 없다. 그가 추구한 것은 대부분의 사람이 물질적 성공을 추구할 때 비록 어리석어 보일지라도 우직하게 잘못을 바로잡고 고통 받는 사람을 도와주며 이를 위하여 위험을 무릅쓰고 용기를 실천하려는 것이다.

국내에 번역된 책으로는 『돈키호테』 박철 번역(시공사, 2004), 『돈키호테』 신익성 번역(신원문화사, 2004), 『돈키호테』 김근주 번역(예원미디어, 2006) 등이 있다. 이 중에 박철 번역본을 추천한다.

박상기 (서강대 영문학)

025

실낙원

밀튼

인간의 불순종과 신의 섭리

존 밀튼(John Milton, 1608~74)이 살았던 17세기 중반 영국은 한마디로 격동의 시대였다. 흔히 '청교도 혁명'이라 불리는 내전에 휩싸였고, 국왕이 공개적으로 처형되었으며, 영국 역사에서 처음으로 공화정이 시도되었다. 이런 시대의 격랑 속에서 밀튼은 당대의 논쟁과 투쟁의 중심에 늘 서있었다. 청년시절 『리시다스*Lycidas*』나 『코머스*Comus*』같은 빼어난 작품을 발표하기도 했지만, 밀튼은 무엇보다 혁명적 정치가이자 급진적인 신학자로서 시대와 온몸으로 맞섰던 실천적 지식인이었다. 그러나 1650년경부터 시력을 잃게 되자 현실 정치에서 물러나 집필에 몰두한다. 혁명이 실패로 돌아가고 왕정이 복구되었을 때, 이미 장님이 된 밀튼 역시 과거의 급진적 견해와 행적을 빌미삼아 수난을 겪기도 했다. 밀튼은 혁명 실패에 따른 좌절과 개인적 고통의 시기를 통과하며 10권으로 구성된 『실낙원*Paradise Lost*』(1667)을 1667년에 발간한다. 그가 사망하였던 해(1674)에 기존 구성을 10권에서 12권으로 확장하고 각 권의 서두에 간단한 '요약'을 덧붙인 개정판이 출간되었으며, 이 개정된 텍스트가 현재 우리가 흔히 알고 있는 밀튼의 『실낙원』이다. 기독교적 서사시 『실낙원』은 영문학을 대표할 뿐만 아니라, 호머의 『일리아드』, 『오디세이아』, 그리고 베르길리우스(Publicanus Vergilius Maro)의 『아에네이드*Aeneis*』 등과 더불어 서양 서사문학의 대표적인 걸작으로 꼽힌다.

1674년판 『실낙원』 제1권에서는 뮤즈의 가호를 빌고, 이 작품이 다루고자 하는 바를 간략히 밝힌다. 아담과 이브의 몰락에 대한 간단한 언급 이후, 지옥에 떨어진 사탄과 그를 추종하는 무리들이 새로 창조된 세상을 정복하기로 결의하는 모습을 보여준다. 제 2권은 천국을 되찾을 전쟁을 할 것인지를 두고 사탄의 무리들 사이에 논쟁이 일어나는데, 직접적인 도전 대신 신이 창조한 세상에서 복수를 도모하기로 한다. 죄와 죽음이 지키는 지옥을 홀로 빠져나온 사탄이 천국과 지옥 사이의 혼돈을 거슬러 새로운 세상을 찾아 나선다. 제 3권에서 사탄이 지옥을 빠져 나온 사실을 알고 있을 뿐만 아니라 그가 인간을 유혹하는데 성공할 것을 알고 계신 신이 등장하고, 신의 아들은 자신이 희생을 감수할 것임을 예시한다. 제 4권에서 에덴동산을 찾은 사탄은 아담과 이브를 발견하고 그 두 사람을 유혹할 방법에 대해 궁리한다. 그는 잠에 취한 이브의 귀에 유혹의 말을 들려주다 가브리엘이 보낸 경비에게 붙들려 추방당한다. 제 5권은 자신의 꿈을 아담에게 털어놓는 이브와, 그 두 사람에게 사탄의 반역과 천국의 전쟁에 관한 이야기를 들려주는 가브리엘이 등장한다. 천국에서의 전쟁 이야기는 제 6권에서도 계속되고 반역자들이 천국에서 추방되는 과정이 설명된다. 제 7권은 사탄의 반역 이후에 이루어진 6일 간의 천지창조에 대한 라파엘의 설명이 주를 이룬다. 제 8권에는 세상과 만물에 대한 인상, 에덴동산, 그리고 이브와의 첫 만남에 관한 아담의 회고담이 등장한다. 제 9권에서 뱀으로 변신한 사탄이 이브를 유혹하여 금지된 과실을 따먹게 하는데, 이를 발견한 아담은 그녀와 책임을 함께하기로 하고 자신도 과실을 먹고 욕정에 사로잡혀 함께 잠에 든다. 잠에서 깨어난 후 벗은 몸에 수치심을 느끼게 된 둘은 서로를 비난한다. 제 10권에서 사탄은 자신의 성공을 부하들 앞에서 자랑스레 선언하지만 그들은 모두 뱀처럼 쉬익소리를 낼 뿐이다. 한편, 다투던 아담과 이브는 화해에 이른다. 제 11권에서 신은 천사 미가엘에게 아담과 이브를 낙원에서 추방시키도록 명령하고 앞으로 그들에게 벌어질 일을 말해준다. 제 12권은 아담과 이브에게 기독교의 역사를 예시해 설명하고, 마침내 그들을 에덴동산에서 추방한다.

『실락원』은 '인간 최초의 불순종'에 관해 노래함으로써 평범한 사람의 눈에는 결코 분명하게 드러나지 않는 '인간에 대한 신의 섭리'를 정당화하고자 하는 종교적인 시다. 밀튼은 창세기의 몇 구절을 바탕으로 신의 섭리와 인간의 자유의지, 개인의 행복과 사회정치적 요구, 앎과 선택에 관한 웅대한 기독교적 서사를 만들고 있다. 그러나 밀튼은 아담과 이브의 몰락을 커다란 죄악이지만 이해할 만한 사건이며, 더 나아가 피할 수 없는 인간 조건이라는 것을 보여준다. 『실낙원』에서 교육과 경험이 중요한 위치를 차지하는 것도 바로 그런 연유이며, 많은 독자에게 사탄의 모습이 차라리 영웅적으로 비춰지는 까닭이다.

국내 번역본으로는 이창배 역본(범우사, 1999)과 조신권 역본(삼성출판사, 1985)이 추천할만 하다.

김태원 (서강대 영문학)

026

파우스트

괴테

영혼, 악마 그리고 구원

비극 『파우스트*Faust*』(1832)는 괴테(Johann Wolfgang von Goethe)가 60년에 걸쳐 쓴 필생의 역작이다. 괴테가 소재로 삼고 있는 중세기 전설적 인물 파우스트는 연금술사, 예언자, 죽은 자를 소생시키는 마술사로서 극단의 쾌락과 지식을 얻기 위해서 자신의 영혼을 악마에게 팔아넘긴 인물로 알려져 있다. 괴테는 중세기말의 파우스트 박사에 관한 통속서, 레싱의 『파우스트-미완성극』 그리고 영국의 극작가 말로우의 희곡 『파우스트 박사』를 각색해 만든 인형극에 고무되어 이 작품을 쓰게 된다.

괴테의 『파우스트』는 끊임없이 진리와 행복을 추구하고 파란만장한 인생 체험을 통해 마침내 천상의 세계에 도달하게 되는 인간상을 반영하고 있는 작품으로, 1부와 2부 그리고 서막으로 구성되어 있다.

서막은 악마인 메피스토펠레스와 신이 파우스트의 영혼을 놓고 벌이는 논쟁의 장면으로 시작된다. 메피스토는 파우스트를 그의 지고한 정진의 세계로부터 야비한 쾌락의 세계로 끌어내릴 수 있노라고 호언장담한다. 그러나 신은 파우스트가 그의 모든 인간적인 오류에도 불구하고 끝내는 올바른 길을 가리라고 확신한다.

제 1부에서 파우스트는 어떠한 학문적 연구나 마술에도 만족하지 못하고 지상적 행복과 쾌락을 추구한다. 그는 결국 악마인 메피스토에게 자신의 영혼을 내맡겨 그 대가로 완전한 쾌락을 향유하기를 원한다. 계약에 따라 메피스토는 파우스트가 모든 가능한 감각적 즐거움을 얻을 수 있도록 돕는다. 파우스트는 먼저 '아우어바흐 술집' 에서 술꾼들의 쾌락을 맛보지만 그 거칠고 번잡스러운 생활에 역겨움을 느낀다. 그러자 메피스토는 늙은 파우스트를 '마녀의 부엌' 으로 데려가 이십대의 젊은이로 소생시켜 지상의 쾌락을 추구하도록 유혹한다. 파우스트는 이제 감각적인 사랑 속에서 최고의 행복을 발견하고자 한다. 메피스토는 파우스트에게 아름답고 순진한 처녀 그레트헨을 보여준다. 파우스트는 격정적인 욕망에 사로잡혀 그녀를 유혹하고 농락하며 그녀의 가족을 파괴한다. 처녀의 어머니는 마취제를 먹고 죽고, 그녀의 오빠는 파우스트와의 결투에서 죽게 되며, 그레트헨은 절망에 싸여 자신의 아이를 죽이고 영아살인죄로 죽음을 기다리는 처지가 된다. 메피스토의 도움으로 파우스트는 그녀를 구하고자 하나, 그녀는 이제 그들의 유혹을 단호히 거부한다. 그녀는 자신의 죄를 죽음으로 속죄하고, 그로 인해 신에게 구원된다. 그녀의 속죄하는 마음과 하느님에 대한 지고한 사랑과 믿음은 파우스트에게 깊은 깨달음을 가져다 주어, 그는 쾌락의 도취 속에 빠져 있는 자신의 추한 모습을 보게 된다. 이제 그레트헨의 비극은 그를 정화의 길로 이끈다. 그는 저열한 쾌락을 멀리하고 마음속으로 메피스토와의 결별을 다짐한다.

1부에서 파우스트가 영혼적이며 감각적인 삶만을 뒤쫓는 모습을 보여주었다면, 2부에서는 '행동하는 인간' 의 모습으로 나타난다. 그는 황제의 궁정에서 마술사로 일하면서 지폐를 고안해 내어 나라를 경제적 위기로부터 구해 낸다. 또한 과거 고대 그리스 세계로 돌아가 헬레나와 결혼함으로써 고전적인 미(헬레나)와 게르만적 정신(파우스트)의 결합을 꾀하고 감각적 사랑을 극복하고자 한다. 이러한 정신사적 배경은 이제 그의 선한 행동의 원천이 된다. 그는 헬레나가 죽은 후 환상에서 깨어나 지상의 예전 황궁으로 돌아온다. 그는 황제를 도와 적을 물리치고, 그 대가로 얻은 불모의 땅을 경작하게 된다. 그는 힘든 댐 건설 끝에 그 불모의 땅을 비옥한 땅으로 경작하는 데 성공하고 그 땅의 제후가 된다. 그는 이제 행동하는 사람으로서 이웃과 사회 공동체를 위해 적극적인 활동을 하고 그로써 삶의 기쁨을 얻게 되며, 고조된 행복의 감정 속에서 죽음을 맞이하게 된다.

이렇게 해서 그는 메피스토의 구속에서 벗어난다. 파우스트의 진리와 행복에 대한 추구는 쾌락적인 삶 속에서 끝나지 않고, 이웃과 인류 공동체를 위한 봉사정신으로 바뀜으로써 그는 정화된 삶을 살게 된다. 마침내 그의 영혼은 선한 힘들에 의해 구원되고 천상으로 인도된다. "언제나 노력하며 진력하는 자 구원을 받으리라!"라는 구절이야말로 비극 『파우스트』의 중심 주제이다. 정서웅 역본(민음사, 1999)과 박환덕 역본(범우사, 1999)을 추천한다.

이주동 (서강대 독문학)

027

포 단편집

에드가 알렌 포

공포와 슬픔의 유미주의

"오랜 오랜 옛날/바닷가 그 어느 왕국에 / 애너벨리라 불리는 / 혹시 여러 분도 아실지 모를 / 한 소녀가 살았답니다. / 나를 사랑하고 내게 사랑받는 것 이외엔 / 아무것도 생각지 않는 소녀였답니다. / 나는 어린애, 그녀도 어린애 / 바닷가 그 왕국에 살았지요 / 그러나 나와 애너벨리는 / 사랑 이상의 사랑으로 사랑했습니다. / 하늘나라 날개 돋친 천사까지도/탐내던 사랑을..."

아마도 청년시절에 「애너벨 리*Annanel Lee*」라는 시를 읽어보지 않은 사람은 드물 것이다. 아니, 읽어보지 않은 사람은 꼭 읽어야 한다. 죽음으로 헤어져야 했던 애절한 사랑을 노래한 이 시는 19세기 미국의 에드가 알렌 포(Edgar Allan Poe, 1809~1849)의 자전적 작품이다.

천재적 소설가이자, 시인, 위대한 문학이론가, 탐정소설의 아버지, 미국 비평의 선구자 등 여러 가지의 타이틀이 따라다니는 작가 포는 어떤 의미에서 시대를 너무 앞서 태어난 천재였다. 독창적인 창작으로 후세에 불후의 명작을 남겼지만, 40세의 나이로 요절할 때까지 개인적 불운과 비극적 운명의 작가이기도 하다.

방랑극단의 남녀배우의 아들로서 포는 1809년 1월 19일 보스턴에서 태어났다. 그의 아버지 데이빗 포우가 가출하고 나서 태어난 포는 어머니가 두 살 때 죽자 아이가 없던 담배 수출상 알란가에 의해 양육된다. 알란씨의 부인은 어린 포우에게 애정을 쏟았고 결국 포와 양아버지와의 관계를 불편하게 만들지만, 어린 시절 그는 재정적 풍요와 가정적 안정을 누릴 수 있었다. 어렸을 때부터 조숙했던 포는 친구 어머니를 사랑하고 이는 후에 그의 대표작 「헬렌에게 To Helen」이라는 시의 소재가 되기도 한다. 첫사랑에 실패하고 버지니아대학에 입학한 그는 성적이 뛰어났으나 도박하다가 빚을 지어 양아버지에 의해 강제 자퇴한다. 양부는 죽을 때 포에게 단 한 푼의 유산도 남기지 않았고, 1831년부터 4년간 숙모 클렘 모녀와 함께 볼티모어에서 가난한 생활을 하던 포는 단편소설 현상공모에 당선되었다. 「병 속의 수기」(1833)로 인정을 받아 문예잡지의 편집자가 되었으나, 그의 엄격하고 신랄한 서평 때문에 반감을 사고 물러나게 되었다. 1836년 그는 당시 13세밖에 안된 사촌동생 버지니아와 결혼, 여기 저기 잡지의 편집자로 일하였으나 그들의 결혼생활은 가난을 면치 못했고 병약한 버지니아는 얼마 가지 않아 세상을 떠난다.(애너벨리는 버지니아를 그리는 비가이다.) 하지만 아이로니칼하게도 이때부터 왕성한 창작활동이 시작되었는데, 「리지아」(1838), 「어셔가(家)의 몰락」(1839) 등의 수작을 포함한 최초의 단편집 『그로테스크하고 아라베스크한 이야기』(1840)에 이어 「모르그가의 살인사건」(1841), 「황금벌레」(1843), 「검은 고양이」(1843) 등, 탐정소설의 백미라고 불리우는 명작들을 계속 발표했다.

포의 문학세계를 가장 잘 나타내고 있는 작품으로 「어셔가의 몰락The Fall of the House of Usher」을 들 수 있다. 전통 있는 집안의 후손이자 친구인 로더릭 어셔의 긴급한 편지로 초대된 일인칭 화자 '나'는 음침한 어느 가을날 그 저택을 찾는다. 오랜만에 만난 어셔는 극심한 우울증에 시달리고 있었다. 화자가 도착하고 나서 얼마 후 어셔는 병중에 있던 쌍둥이 누이동생 마델린이 죽었다는 소식을 전하고, 둘은 함께 마델린의 시신을 지하실에 매장한다. 며칠 후 폭풍우 치는 어느 날 밤 알지 못할 공포에 시달리는 로더릭에게 화자가 책을 읽어 주는데, 매장했던 마델린이 피투성이가 되어 나타나 오빠 앞에 쓰러지고, 그 자리에서 남매는 둘 다 숨진다. 이 무서운 사건을 목격한 화자가 겁에 질려 밖으로 달아나다가 뒤돌아보니 어셔가의 저택은 두 동강이 나며 늪 속으로 침몰하고 있었다.

"피 흘리듯 새빨갛고 둥그런 보름달 빛이… 벽의 갈라진 틈새로 밝게 비치고 있었다. … 그 거대한 벽이 무너지며 산산조각 쏟아져 내리고 … 거센 파도 소리와도 같은 길고 요란한 고함소리가 들리더니, 내 발 밑의 깊고 어둠침침한 늪이 소리도 없이 음침하게 어셔 저택의 파편을 삼켜 버렸다."

낭만주의, 상징주의 전통을 이어받은 포의 단편들은 죽음, 공포감, 불쾌감, 우울 등을 창조하여 특이한 암울한 낭만적 작풍을 이루었고, 「황금벌레 The golden bug」 같은 작품에서는 보석 찾기에 암호를 푸는 장면을 넣어 추리소설의 모범이 되었다.

포는 빈곤, 알코올 중독, 정신착란, 주위의 몰이해와 편견 속에서 짧고 불행한 생애를 보냈으나 그런 고통을 통해 그는 독자적인 문학세계를 구축했다. 그의 소설은 대부분 죽음과 공포를 소재로 하고 있지만 일종의 괴기미(怪奇美)가 있고, '시는 미(美)의 운율적 창조다' 라는 유미주의 사상으로 주로 아름다운 여인의 죽음, 우수, 미를 소재로 한 그의 시들은 음악적인 순수 서정시로서 암울한 시적 아름다움을 담고 있다. 19세기 미국 당시 도덕적 교훈을 전하는 매개체로서의 문학의 역할을 철저히 부정했고, 그 때문에 당시 미국 문단에서 이단자로 취급당했지만, 아마도 그러한 치열하고 처절한 노력이 후세의 독자들에게는 보석같은 작품을 남길 수 있는 원동력이 되었는지도 모른다.

읽을만한 책으로 홍성영이 번역한 『우울과 몽상』(하늘연못, 2004)를 추천한다.

장영희 (서강대 영문학)

028

백경

멜빌

가면 속에 숨은 추상적 힘과의 사투

『백경*Moby Dick*』(1851)의 작가 허만 멜빌(Herman Melvile)은 1819년 8월 1일 뉴욕 시에서 출생했다. 부친 앨런 멜빌은 모피 상인으로서 부유한 집안이었으나 아버지의 파산으로 가세가 기울자 그의 교육은 16세에서 끝나고 다양한 직업을 전전하다가 결국 포경선을 탄다.(『백경』의 서술자인 이쉬마엘이 "만약 내가 죽은 다음에 훌륭한 글을 남길 수 있다면 그 영광과 명예는 모두 고래잡이 덕택이다. 포경선이야말로 나의 예일 대학이요 하버드 대학이다."라고 말한 것은 그대로 허만 자신이 한 말이라고도 볼 수 있다.) 당시 배에서 반란이 일어나 섬으로 도주, 그곳에서의 경험을 쓴 그의 처녀작 『타이피*Typee*』로 그는 혜성같이 나타난 작가가 된다. 그러나 연이어 발표한 작품들『오무*Omoo*』, 『마르디*Mardi*』 등, 점차 그의 작품은 형이상학적이고 추상적이 됨에 따라 더 이상 작가로서 호구지책을 마련하지 못할 위기에 처해지자 다시 상업적 성공을 노리고 『백경』이라는 작품을 쓴다. 그러나 탈고하기 얼마 전 1850년 가을 그는 우연히 피크닉에서 당시 이미 『주홍글자*The Scarlet letter*』를 출판했던 나사니엘 호손을 만나고, 그와의 만남을 계기로 『백경』을 완전히 다시 써서 현재의 추상적이고 철학적인 작품이 되었다. 이후 점차 작가로서의 명성을 잃고 뉴욕 세관에서 세관원으로 생계를 유지했다. 1891년 그의 사망시 《뉴욕타임즈》에는 단 두 줄, 『타이피』의 작가 멜빌 죽다라고만 나왔을 뿐이다. 그러나 1920년대 비평가들이 멜빌을 재발견하여 오늘날 멜빌은 세계문학에서 가장 위치가 확고한 미국작가로 인정받고 있다

『백경』이 출판된 직후인 1851년 멜빌은 그의 멘토격이 된 나사니엘 호손에게 다음과 같은 편지를 썼다. "나는 아주 사악한 책을 썼고 정말 양처럼 순수하게 느껴집니다." 잘려진 다리를 고래뼈 의족으로 지탱하고 복수심에 불타 광인처럼 백경을 쫓은 에이헤브의 끈질긴 투쟁 속에 멜빌은 자신의 영혼의 고뇌와 갈구를 쏟아 넣었고, 마침내 그 흰 고래 등 위에서 헴프 밧줄에 엉켜 죽어버린 그의 주인공을 통해 역설적으로 마음의 평정을 되찾았음직하다. 공허한 가면극의 엑스트라 같은 인간, 아름답지만 변화무쌍한 탈을 쓴 기만적인 자연, 그 뒤에서 오로지 인간의 파멸만을 위해 존재하는 듯한 정체모를 힘에 대한 에이헤브의 도전은 바로 멜빌의 그것이기도 하였다. 현상세계는 허구요, 눈속임, 창문 없이 거울만 달린 미로처럼 잔혹한 혼돈이요, 감옥이었고, 그 감옥의 벽을 허무는 것이 에이헤브가 열정을 바친 꿈이었다면 그것 또한 멜빌의 꿈이기도 하였다.

> 내 이름은 이쉬마엘이다…. 내 입가에 우울한 빛이 떠돌 때, 관을 쌓아두는 창고 앞에서 저절로 발길이 멈춰질 때, 즉 내 영혼에 축축하게 가랑비 오는 11월이 오면 나는 빨리 바다로 가야 한다는 것을 안다. (『백경』 서두)

소설 『백경』은 이렇게 시작하고 있다. '11월의 영혼,' 외롭게 방황하는 영혼이 느끼는 자살충동을 달래고 이쉬마엘은 영혼을 옥죄는 듯한 뭍을 떠나 자유의 세계 바다로 가고, 그곳에서 포경선 '피쿼드' 호를 탄다. '피쿼드' 호의 선장 에이헤브는 자기의 한쪽 다리를 앗아간 흰 고래 모비딕을 쫓아 오대양을 누빈다. 선원들에게도 백경에 대한 증오심을 불러일으켜 무슨 수를 써서라도 백

경을 포획할 것을 명하고, 오직 모비딕의 경로를 따라 배를 운항한다. 드디어 백경이 모습을 드러내고 에이헤브는 삼일 간의 사투 끝에 백경의 거대한 등 위에 작살을 내리꽂지만 결국 헴프줄에 엉켜 죽고, '피쿼드' 호는 바다의 소용돌이 속에 가라앉는다. 선원 전원이 배와 함께 가라앉고, 혼자 살아남은 이쉬마엘이 이 이야기를 전한다.

고래뼈 의족에 잘린 다리를 지탱한 채 복수심에 불타 광인처럼 백경을 쫓는 에이헤브는 자신이 모비딕을 쫓는 이유를 다음과 같이 천명한다.

> 이 세상에 보이는 모든 사물들은 마분지 가면일 뿐이다. 이 세상에서 일어나는 모든 사건 속에는 알 수 없는, 그렇지만 분명히 계획적인 어떤 힘이 그 무심한 가면 뒤에서 은밀히 움직인다. 죄수가 벽을 쳐부수지 않고 어떻게 자유로워질 수 있는가. 그 흰 고래는 나를 밀어붙이는 바로 그 벽이다. 그것이야말로 내가 증오하는 것이다. 내게 신성모독이라고 얘기하지 말라. 날 모욕한다면 태양이라도 쳐부수겠다! 진리에는 한계가 없다.

이렇듯 에이헤브의 적수는 자신의 다리를 앗아간 백경 자체라기보다는 백경이 상징하는 추상적인 힘이다. 인간을 비웃고, 얽매고, 그보다 더욱 두렵게는 인간에게 무관심해 보이는 그 모호한 존재의 정체를 밝히겠다는 것이다. 가면 속에 숨어 인간을 조롱하는 힘에 대항해 분연히 일어나는 에이헤브는 복종과 타협에 익숙한 우리에게는 영웅이다.

그래서 『백경』은 흰 고래와 에이헤브가 벌이는 한판 승부이다. 그러나 결국 이 소설은 이 승부를 관찰하고 해석해서 우리에게 전하는 1인칭 화자 이쉬마엘의 이야기라고 볼 수 있다. '11월의 영혼' 을 치유하기 위해 바다로 간 이쉬마엘은 한낱 미물같은 인간이기를 거부하고 알 수 없는 힘에 봉기하는 에이헤브에게 매력을 느끼지만, 포경선에서 새롭게 만난 퀴퀙이라는 인디안 친구와의 진정한 우정을 통해 다시 세상과의 다리를 놓는다.

찾을 수 없는 답을 찾고자 고뇌하는 에이헤브의 추구는 영웅적이지만 무모하고, 자기의 목적을 달성하기 위해 인간애까지 저버리는 그의 광적인 추구에 회의를 느끼기 때문이다. 책의 마지막에서 이제 잔잔해진 바다 위에 퀴퀙이 만들어 놓았던 관을 타고 살아남는 이쉬마엘은 더이상 '11월의 영혼' 에 대해 말하지 않는다. 그가 '피쿼드' 호에서 배운 것은 인간과 인간이 서로 맞잡는 손이야말로 그 어떤 추상적 진리보다 더 위대하고 궁극적 구원에 이르는 방편이라는 것이다.

『백경』은 결코 읽기 쉬운 작품이 아니다. 500여 페이지에 이르는 길이가 부담이 되고 통상적인 의미에서의 기승전결로 이루어진 줄거리가 없기 때문이다. 책 중간의 포경에 관한 부분은 줄거리와 상관없이 이쉬마엘이 추상적인 사고에서 현실감을 갖게 되는 시간적 추이를 위해 삽입되었을 뿐이라고 주장하는 비평가들도 있다. 그러므로 처음부터 책을 다 읽는 것이 부담이 된다면 일단 1, 3, 9, 10, 28, 29, 35, 36, 41, 42, 47, 48, 72, 85, 87, 94, 96, 99, 110, 114, 129, 132, 135장을 읽고 작품의 분위기나 의미를 파악하고 나서 다시 재독해 보는 것도 『백경』에 접근하는 한 가지 방법이 되겠다. 번역본으로 계몽사판('우리시대의 세계문학' 시리즈 21권, 1991)을 권한다.

장영희 (서강대 영문학)

029

악의 꽃

보들레르

무덤 뒤에 숨은 찬란함을 찾아서

샤를 보들레르(Charles Baudelaire)는 단 한 권의 운문시집으로 세계에 명성을 떨친다. 단 한 권의 운문시집이긴 하지만, 『악의 꽃*les Fleurs du mal*』(1857)은 1857년에 발표되기 이전부터 오랫동안 공들인 노력의 산물이자, 보들레르 생애 마지막까지 동반한 작품이다. 상징주의, 초현실주의 등 20세기 현대미학의 출발점으로 간주되는 『악의 꽃』은 발표 당시에는 정당한 평가를 받지 못했다. 오히려, 몇몇 시에 나타나는 노골적인 성적표현으로 인해서(「너무 쾌활한 여인에게」, 「레스보스」 등), 프랑스 법원의 유죄판결을 받고 벌금까지 지불해야 하는 아이러니컬한 상황을 겪어야 했다.

그러나 전화위복이라고나 할까? 보들레르가 작고하기 6년 전인 1861년에 제 2판이 출판되면서 『악의 꽃』은 더욱 견고한 구조로 재탄생한다. 총 130편의 시는 6부(우울과 이상, 파리 풍경, 술, 악의 꽃, 반항, 죽음)로 나뉜다. 상대적으로 많은 시들이 실려있는 「우울과 이상」 편에서 시인은 자신의 존재론적인 고뇌를 표출하고 있다. 일상과 이상, 현실과 초자연적 세계 사이에서 방황하고 좌절하면서 동시에 비상하고자 하는 열망을 「알바트로스l'Albatros」, 「상승Elévation」등에서 잘 그려내고 있다. 한편, 파르나스Parnasse 파의 대표시인인 테오필 고티에Théophile Gautier에게 이 시집이 헌사된 점에서 유추할 수 있듯이, 순수함과 아름다움에 대한 찬가도 있다(「아름다움에 바치는 찬가Hymne á la beauté」, 「저녁의 조화 Harmonie du soir」). 반면 술, 공포, 악마(「흡혈귀le Vampire」, 「악마의 연도les Litanies de Satan」, 「시체Une charogne」 등) 등, 일반적으로 혐오스럽고 괴기하다고 간주된 것에 매료되었던 보들레르, 그는 그의 삶에서 그러했듯이, 예술에서도 반항하는 자의 모습으로 부각된다. 『악의 꽃』이라는 제목 자체가 이를 시사한다.

악과 꽃, 도무지 어울리지 않는 두 명사가 불러일으키는 이미지의 충돌, 그 충돌의 의미는 무엇일까?

악의 꽃. 우선 조사 '의' 에 주목을 해보자. 꽃은 악으로부터 탄생한다. 그런데 무엇이 '악' 이고 '꽃' 일까? 보들레르가 그려낸 어둡고 참담한 현실? 권태롭고 단조로운 일상? 고통과 절망에 빠진 자아? 이 모든 것이 섞여 있고, 때로는 한쪽이 부각되면서 나타나는 지상의 암울한 스펙터클을 악으로 간주해 볼 때, 꽃은 이를 극복하려는 인간의 절규이고 노력이면서, 동시에 추한 것에서 아름다움을 드러내려는 예술적 행위이기도 하다. "우리의 넋이 무덤 뒤에 숨은 찬란함을 엿볼 수 있는 것은 음악과 시에 의해서, 그리고 음악과 시를 통해서" 라는 명문을 남겼듯이, 보들레르에게 있어 예술은 상반된 것들이 서로 연결되어 있다는 것을 인식하게 하는 형이상학적인 매체이다.

그런데 보들레르에게 있어서 '무덤 뒤에 숨은 찬란함' 은 무엇일까? 보여지는 악에서 숨겨져 있는 꽃을 추출할 수 있다는 말일까? 나아가서 지금 이 순간의 삶과 삶 너머의 다른 세계가 서로 연결되어 있다는 것을 말하는 것일까? 상징주의 시조로 간주되는 보들레르는 「교감Correspondances」에서, '자연은 하나의 사원이며, 인간은 상징의 숲을 가로질러 간다' 고 노래했다. 지상의 다양한 요소들의 유기적 연결만이 아니라, 보이는 세계와 보이지 않는 세계의 수직적인 교감, 이러한 교류를 포착함으로써 거듭나는 인간의 고양된 의식세계를 보들레르는 예술을 통해서 구현하고자 한다.

원래 하나의 물건이 둘로 쪼개졌다는 어원에서 파생한 상징은 지상과 천상, 악과 꽃은 원래 하나였는지도 모른다. 시집 전체 틀의 짜임과 각 부분의 연결, 반복해서 나타나는 이미지와 어휘의 특징을 살펴보면서 각 시의 운율을 음미해보자. 또한 『악의 꽃』에서 나타나는 상징의 의미가 무엇인지에 대해서, 존재와 운명에 관한 사고가 어떻게 나타나는지에 대해서 생각해 보자.

문학과지성사의 『악의 꽃』(윤영애 옮김, 2003)은 1861년에 출판된 것을 번역하였다. 아울러 금지되었던 6편의 시와 『악의 꽃』에 관한 여러 자료들이 수록되어 있기 때문에, 작품을 보다 잘 이해하는 데 도움이 될 것이다.

권현정 (서강대 불문학)

030

보바리 부인

플로베르

사실적 묘사로 그린 근대 여성의 욕망

『보바리 부인*Madame Bovary*』(1857)은 1856년 잡지 《라 르뷔 드 파리 La Revue de Paris》에 연재되었다가 1857년 단행본으로 출간된 귀스타브 플로베르(Gustave Flaubert, 1821~1880)의 소설이다. 프랑스 현대 소설의 모체로 평가받는 이 작품으로 플로베르는 일약 문단의 문제작가로 부각되었다.

이 소설의 줄거리는 의외로 매우 단순하다. 작은 시골에 개업하고 있는 의사인 샤를르 보바리와 결혼한 엠마는 결혼 전 얼마간 교육받았던 기숙학교에서 읽었던 소설류의 영향으로 결혼 생활에 대해 지극히 낭만적인 공상을 가득 가지고 있는 여자이다. 그러나 현실은 그녀가 꿈꾸었던 것과는 거리가 멀었다. 따분한 남편과 권태롭고 단조로운 시골의 삶에 싫증난 그녀는 차례로 다른 남자들의 정부가 되나, 그 누구에게서도 자신의 감정을 채워줄 대상을 찾지 못한다. 결국 엠마는 빚쟁이들에게 시달리고 또한 정부들에게도 버림받게 된다. 자신의 모든 환상이 사라져버렸음을 느낀 그녀는 자살로 자신의 삶을 마감한다.

단지 평범한 간통 소설이라고 이야기할 수 있는 이 소설에서 플로베르는 당시까지의 소설에서 유행했었던 이상주의적인 문학의 면모와 낭만주의적인 환상의 가면을 벗기려 하였는데, 이러한 면모가 새롭게 일어난 19세기 프랑스 사실주의 유파의 예술가들로 하여금 이 소설을 자신들의 예술 세계의 모범으로 여기게 하였다. 즉 작품에서 찾을 수 있는 평범한 현실에 대한 정밀한 관찰과 묘사, 그리고 현실을 과장되거나 아름답게 장식함 없이 객관적으로 있는 그대로 제시하는 것 등은 사실주의 유파의 가장 중요한 원칙이었기 때문이었다.

무엇보다도 이 소설이 유명하게 된 것은 이 작품이 풍기문란죄로 기소된 것이었다 (재미있는 것은 같은 해인 1857년 샤를르 보들레르(Charles-pieire Baudelaire)의 시집 『악의 꽃*Les Fleurs du mal*』이 같은 죄명으로 기소되었는데, 이 해는 프랑스 현대문학사에서 가장 중요한 해의 하나로 간주된다). 기소의 주된 내용은 간통이라는 이 소설의 주제보다는 소설 내에서 여주인공 엠마 보바리의 생각과 행동을 비판하는 어떠한 목소리도 발견할 수 없다는 점이었다. 플로베르는 이 소설을 통해 사실주의와 자연주의 소설가들이 주로 사용하게 될 소설기법을 체계화하였는데, 이는 소설에서 이야기하는 사람, 즉 서술자의 제거를 시도한 것이다. 이러한 목적으로 작가는 직접화법도 아니고 간접화법도 아닌 자유간접화법이라는 화법을 도입하였고, 이는 독자가 서술자의 개입 없이 주인공의 내면을 직접 읽을 수 있게 하였다. 그러므로 도덕적 판단을 내리는 서술자의 목소리를 찾을 수 없게 된 것이었다. 현대 소설사에서 가장 혁신적인 기법의 하나로 평가받는 이러한 서술방식은 당시에는 매우 생소한 것이었고 이 때문에 당시의 사람들은 이 소설을 비도덕적이라고 비난한 것이었다.

플로베르는 4년 반에 걸쳐 이 소설을 완성하였다. 그는 소설에 등장하는 시골의 여러 사건들을 면밀하게 조사하여 정확하게 서술하였고, 무엇보다도 소설의 형태와 단어의 사용에 대해서도 고통스러울 정도로 갈고 다듬었다. 그러므로 번역서보다는 원어로 이 소설을 읽는 것이 이 소설을 바로 접하는 길이라고 생각한다. 우리말 번역으로 많은 번역본이 있으나 김화영이 번역한 『마담 보바리』(민음사, 2000)를 권해주고 싶다.

전종호 (서강대 불문학)

031

사일러스 마너

조지 엘리엇

영국 산업화 시대의 몰인간성 해부

『사일러스 마너*Silas Marner*』(1861)는 매리 앤 에반스(Mary Ann Evans)가 '조지 엘리엇'(George Eliot)이라는 필명을 사용하여 쓴 소설로 1861년에 출판되었다. 당시 여류작가에 대한 편견 때문에 작가는 남자 이름의 필명을 사용한다. 소설의 주인공 마너는 이해할 수 없는 이유 때문에 철저하게 좌절당하는 19세기 말에 출판된 토마스 하디(Thomas Hardy)의 작품 『무명의 주드*Jude, the Obscure*』의 주인공인 주드가 아니다. 그런 점에서 여러 어려움을 겪지만 비교적 행복한 결말을 맺는다는 점에서 거의 같은 시기에 출판된 찰스 디킨스(Charles Dickens)의 『위대한 유산*Great Expectations*』에 등장한 핍에 더욱 가깝다. 당시 세계를 주도하던 대영 제국의 자신감이 반영된 긍정적인 면이 드러난다. 그러나 동시에 산업화 과정의 개발을 강조하던 사회 풍조에서 잃어버린 가치관과 소외된 계층을 대변하는 사회 비판적인 면도 보인다.

마너는 친구의 배반으로 교회의 돈을 훔쳤다는 누명을 쓰고 엎친 데 덮친 격으로 사랑하는 여인에게 버림받아 랜턴 야드에서 쫓겨난다. 결국 우정을 배반한 친구와 약혼을 파기한 여인이 결혼함으로써 마너의 인간에 대한 환멸은 극대화된다. 마너는 래블로로 이주하여 외롭게 일만 하면서 오로지 금화 모으는 낙으로 살아간다. 그러나 오랫동안 힘들게 모은 금화를 도난 당하면서 다시 좌절을 겪는다. 궁극적으로 잃어버린 금화 대신에 찾아온 금발의 미아 에피를 통하여 인간에 대한 신뢰와 사랑을 되찾는다. 이렇게 『사일러스 마너』는 우정, 사랑, 배신, 좌절, 희망같은 흥미를 야기하는 요소를 고루 갖추었기 때문에 세계적으로 매우 사랑받는 소설이 된다.

『사일러스 마너』는 당시 융성했던 대영제국의 시점에서 19세기 초의 영국을 되돌아보면서 쓴 소설이다. 그 당시 영국은 이미 산업화가 상당히 진전한 상태였다. 주인공인 마너는 산업화된 사회에서 쇠퇴해 가는 린넨 직조공이다. 소설은 방적기계가 점차 수공업을 대체하는 시절에 '상속권을 박탈당한 계층의 잔류자' 같은 매우 '창백하고 왜소한' 직조공을 주인공으로 등장시킨다. 마너는 소설 초반에 자신이 속해 있던 신앙 공동체에서 친구의 배신 때문에 출교당해 영국의 북부 공업 도시인 랜턴 야드에서 중부 시골인 래블로로 이주한다. 마너는 공업도시에서 상실했던 인간에 대한 신뢰와 종교에 대한 믿음을 결국 시골에서 회복하게 된다. 소설은 대영제국의 흥성이 상공업의 발달에 의해 가능하였지만 그 과정에서 발생한 산업화와 물질화로 인해 인간의 마음은 황폐해졌고, 그 마음을 회복한 곳은 '상공업' 과 관계없는 시골이었다는 점을 드러낸다.

상류층에 대한 비판은 19세기 영국에서 중요시되었던 '가족성' 과 연관지어 생각해 볼 수 있다. 18세기까지 영국은 귀족층 위주의 연줄에 의해 형성된 가문과 재산이 사회적 평가의 기준이었다. 이런 전통에서는 결혼도 상류층의 연줄을 구축하기 위한 도구로 전락하게 된다. 그런 까닭에 결혼하는 사람과 사랑하는 사람이 따로 있게 되는 모순된 상황이 빈번해진다. 19세기에 상류층의 연줄 위주의 전통에 대한 대안이 사랑에 근거한 집안의 '난로' 로 상징되는 중산층의 가정이었다. 상류층의 전통 때문에 고드프리는 하류층 여자인 몰리를 부인으로 받아들이지 못하고 결국 그들 사이에 출생한 아이를 자신의 딸로 인정하지 못하는 한계를 드러낸다. 이에 반하여 마너는 고아인 아이를 양녀로 받아들이고 그녀를 양육함으로써 피폐해졌던 인간관계를 회복하고 화목한 가정을 이루는 보상을 받는다. 결국 고드프리가 자신의 동생이 마너의 금괴를 훔쳤다는 사실을 뒤늦게 알게 되고 에피를 자신의 딸로 받아들이려 한다. 그러나 상류층의 생활을 제안 받음에도 불구하고 에피는 자신을 키워준 마너와 살기로 결정한다. 결과적으로 마너는 젊었을 때 받았던 인간적 배신을 늙었을 때 양녀의 충직함으로 보상받는다. 작가 엘리엇은 소설의 서두에 워즈워스의 시를 명문으로 인용한다. "쇠락하는 사람에게 대지가 줄 수 있는 / 그 어떤 선물보다 더한 아이, / 희망과 진취적인 생각을 가져다준다." 인용된 명문이 보여주듯이, 아이 에피의 순진함은 궁극적으로 산업화 과정에서 계층적으로 소외되고 물질적 욕망 때문에 인간적으로 좌절한 마너를 구원하는 역할을 한다.

국내에는 『싸일러스 마아너』(김승순 역, 창비, 1992) 이외에, 아동용 영한 대역으로 편집된 『사일러스 마너』(동신출판사, 2003)와 『사일러스 마너』(시사영어사, 2004) 등이 있다. 이 중 시사영어사 판을 추천한다.

박상기 (서강대 영문학)

032

위대한 유산

찰스 디킨스

신분 상승의 꿈과 근대 사회의 윤리

디킨스(Charles Dickens)는 대영제국이 융성하던 1861년에 『위대한 유산*Great Expectations*』(1861)을 출판한다. 사실 이 소설은 디킨스가 60년부터 연재했던 것을 모아 당시 유행했던 '3부작' 소설로 출판되었다. 디킨스는 매우 대중적으로 성공한 소설가의 전형을 이루고 『허영의 시장*Vanity Fair*』으로 유명한 윌리암 세커레이(William Thackeray)와 함께 연재소설을 정착시킨다. 1859년에 영국에서 그 시대를 대표하는 매우 중요한 저작이 여러 권 출판된다. 그 중에서 찰스 다윈(Charles Darwin)의 『종의 기원*The Origin of Species*』, 존 스튜어트 밀(John Stuart Mill)의 『자유론*On Liberty*』, 새뮤얼 스마일스(Samuel Smiles)의 『자조론*Self-help*』이 두드러진다. 스마일스의 작품은 다른 두 작품에 비해 지금은 별로 읽혀지 않지만 당시에는 성경 다음으로 많이 팔린 스테디셀러로 유명하다. 스마일스의 저서는 "하늘은 스스로 돕는 자를 돕는다."는 문장으로 시작되고 '즐거운 인내'로 역경을 이겨내는 사회 다방면의 성공담을 모은 것이다. 디킨스의 『위대한 유산』은 '성공의 시대'라 일컬을 수 있는 당시 시대상을 가장 잘 나타낸 스마일스의 『자조론』에 대한 그의 응답이라 할 수 있다.

소설은 번창한 19세기 중엽 영국의 시각에서 훨씬 살기 힘들었던 19세기 초 영국을 조망한다. 소설의 주인공 핍은 험악하고 가식적인 어른들에게 학대를 당하는 어린이로 그려진다. 살기 힘든 시대상황을 나타내듯이 부모는 물론이고 여러 형제를 잃은 고아가 주인공으로 등장한다. 이런 불안정한 존재는 유일하게 살아남은 혈육인 누이의 학대를 통하여 극대화된다. 또 매우 인상적인 첫 장면에서 공동묘지에 묻힌 얼굴도 기억하지 못하는 부모와 형제의 모습을 상상한 직후, 탈옥수에 의해 생명의 위협을 받는 것으로 어려운 생활 환경은 더욱 부각된다. 신사가 되는 수업을 받을 목적으로 핍은 자신을 돕기 위해 고용된 변호사 사무실에 간다. 그 사무실은 교수형을 받아 죽은 범죄자의 찡그린 얼굴상 같이 온통 고통과 죽음을 나타내는 물건으로 가득하다. 그 다음에 방문한 곳은 그리 심각한 범죄가 아님에도 쉽게 교수형에 처해지는 뉴게이트 감옥이다. 술 취한 간수는 그런 교수대가 있는 감옥을 구경시켜 주고 돈을 챙긴다. 핍에게 '유산'을 제공하는 일을 대행하는 유능한 변호사는 사람들을 협박하고 가짜 증인을 세우는 것을 마다하지 않는 사람이다. 그는 짓밟지 않으면 짓밟힌다는 생각을 가진 성공지상주의자이다. 유산 제공자 역시 그를 조정했던 사람은 가벼운 형을 받은 반면, 자신은 억울하게 중형을 언도받아 유배형에 처해졌던 사람이다. 이렇게 『위대한 유산』은 법이 있으나 정의가 없는 사회를 비판하는 '사회문제 소설'이다.

특히 『위대한 유산』은 모두 성공을 위하여 전력을 다하는 사회의 어두운 면을 매우 효과적으로 부각시킨다. 핍의 성공에 대한 욕망은 그의 하류층 생활을 경멸하는 상류층 여인처럼 보이는 에스텔라를 만나면서 신사가 되겠다는 꿈으로 구체화된다. 신사가 되려는 꿈은 우연히 받게 된 유산 때문에 실현되는 것처럼 보인다. 유산 소식을 전해주는 변호사는 하루 빨리 하류층 생활을 청산하고 상류층 생활에 맞는 교육을 받기를 권한다. 상류층 신사가 되기 위하여 핍은 그를 돌봐주던 비디나 조우와의 관계를 청산해야 한다. 그런 까닭에 유산에 관한 소식을 들은 가장 기쁜 날에 그는 자신의 일생에서 '가장 외로운' 밤을 보내게 된다. 결국 신사가 되려는 핍의 꿈은 전혀 예상치 않았던 반전을 통하여 허황된 꿈이었음이 드러난다. 그 꿈을 갖게 만들었던 상류층 부인과 같았던 에스텔라는 신사에 대한 복수를 위하여 가짜로 만들어진 여인이다. 그녀가 실제로 범죄자 맥위치와 몰리의 딸이라는 사실과 그 꿈을 실현할 수 있게 했던 은인이 유배된 범죄자라는 사실이 밝혀진다. 즉, 핍이 신사가 되려는 꿈은 일그러진 복수심과 가공된 허상에 근거한 것이라는 사실이 밝혀진다. 신사가 되는 꿈을 실현시키는 돈 또한 그리 고상하지 않은 유배자의 것으로 드러난다. 이런 부조리한 사회에서도 허버트는 핍이 보여주는 예절뿐만 아니라 드러내지 않는 심성을 갖춘 진정한 신사가 되도록 도와준다. 조우와 비디 또한 핍에 대한 변함없는 애정을 통하여 그에게 마음의 안식처를 제공한다. 이렇게 핍의 꿈은 차별에 근거한 상류층 신사에서 도덕성을 갖춘 중산층 신사로 변하면서 이루어진다. 이 새로운 꿈의 실현 중심에는 다른 사람을 기꺼이 도우려는 조우, 비디, 허버트 같은 인물이 있다. 디킨스는 당시 대중적 지지를 받았던 스마일스의 자조론에 대해 자신의 상부상조론을 소설에서 펼친 것이다.

국내에 『위대한 유산』을 번역한 책으로는 박성철 번역본(문학과 현실사, 1993), 김태희 번역본(혜원, 2001), 장은랑 번역(혜원, 2005), 왕은철 번역본(푸른숲, 2006) 등이 있다. 이 중 왕은철 번역본을 권한다.

박상기 (서강대 영문학)

033

안나 카레니나

톨스토이

✓

비합법적 사랑에 대한 냉혹한 비판

『안나 카레니나*Anna Karenina*』(1877)은 레프 니꼴라예비치 톨스토이(Tolstoi, Aleksei konstantinovich, 1828~1910)가 1873~1877년에 완성한 작품이다. 톨스토이는 이 작품을 쓰는 동안 지독히도 불행한 결혼 생활을 맞이하였다. 개인사적으로 보면 『안나 카레니나』는 톨스토이의 불행한 결혼 생활을 반영하고 있다. 톨스토이는 이 작품 말고도 가정과 결혼의 의미를 다룬 『크로이체 소나타*Kreytserova Sonata*』를 썼는데, 개인사적인 경험이 물씬 묻어 있어서 그런지 『안나 카레니나』가 더 잘 알려져 있다. 독일의 작가 토마스 만은 『안나 카레니나』를 두고 세계 문학에서 가장 위대한 사회 소설이라고 불렀다. 그러나 이 작품은 사회의 비정한 냉혹성을 비판했다는 점에서 반사회적인 소설이라고 부를 수 있다. 『안나 카레니나』의 내용은 다음과 같다. 뻬쩨르부르그에서 어린 나이에 결혼한 카레니나라는 여자가 모스끄바 여행을 갔다가 거기서 우연히 만난 브론스끼와 사랑에 빠져든다. 카레니나는 원래의 남편인 까레닌과 이혼 후 브론스끼와 처음에는 이탈리아에서 다음에는 중앙 아시아에서 공공연하게 비합법적인 사랑을 한다. 카레니나는 남편인 까레닌과 이혼한 후 사랑을 위해 모든 것을 바치고 자기에 대한 뻬쩨르부르그 사교계의 비난을 감수하려 하지만, 브론스끼의 애정은 식어가고 사회가 자신에게 퍼붓는 갖가지 비난을 견디지 못해 5월 어느 일요일 기차에 몸을 던져 자살한다. 브론스끼는 그때야 비로소 잃은 것이 크다는 것을 깨닫지만 이미 때는 늦은 터였다. 그는 1867년 러시아가 터키와 전쟁을 벌이자 의용군 부대를 이끌고 전선으로 나간다. 소설은 안나 카레니나와 브론스끼, 그리고 까레닌을 중심으로 하는 삼각관계를 다루고 있다. 그러나 톨스토이는 드라마나 영화에서 관습적으로 그려지는 삼각 관계를 넘어, 선과 악의 관계를 극단으로 몰고 가는 윤리적인 실험을 하고 있고 그 실험의 종교적인 의미를 파헤친다. 사회적으로 규정된 대로 카레니나와 브론스끼의 관계가 윤리적인 악이라면 그 반대 편에는 레빈과 끼찌의 사랑과 결혼 생활이 윤리적인 선으로 존재한다. 여기서 끼찌는 브론스끼에 의해 버림받은 여자고 레빈은 자신의 욕망만 채우는 브론스끼와 전혀 다른 부류의 인간이다. 톨스토이는 이러한 윤리적인 선과 악의 대비 위에 안나 카레니나의 오빠이자 아내 돌리를 임신 기계로 생각하는 향락주의자 오블론스끼의 형상을 그린다. 소설 『안나 카레니나』에는 이렇게 줄거리상 세 가지 층위가 존재한다.

톨스토이의 소설을 읽을 때 관심을 두어야 할 점은 브론스끼-안나 카레니나의 비합법적인 사랑과 레빈-끼찌의 합법적인 사랑이 대립되어 있고, 이러한 대립은 브론스끼와 안나 카레니나의 사랑의 파노라마가 펼쳐지는 공간적인 배경인 뻬쩨르부르그와 모스끄바가, 레빈과 끼찌의 행복한 결혼 생활이 펼쳐지는 목가적인 분위기의 시골과 대비되어 나타난다는 것이다. 여기서 시골은 구체적으로 톨스토이의 영지가 있었던 뚤라 지방의 야스나야 뽈랴나를 가리킨다. 두 번째, 소설 속에는 여러 주인공들이 나오는데 그 각각의 무수한 인물들의 심리를 깊이 이해하고, 사랑과 결혼, 그리고 종교에 대한 평가를 숙독하는 일이다. 그 많은 인물들 중에서 레빈은 톨스토이의 분신이라고 말해도 좋다. 레빈은 도덕적인 이상의 소유자로서 욕망의 화신인 브론스끼와 달리 양심의 화신이고 소설의 제 8부 19장에 예고되어 있듯이 사랑, 결혼, 가정 문제 등에 대해 정신적인 위기를 겪었던 톨스토이의 모습을 잘 보여주는 인물이다. 세 번째, 안나 카레니나로 대표되는 정념, 즉 브론스끼와의 사랑에 불을 질렀던 카레니나의 정념의 근원이 어디에 있는지 진지하게 감상하는 것이 중요하다. 소설 속에 등장하는 종교적인 담론, 철학적인 이야기를 참조하면 더욱 좋을 듯하다. 마지막으로 여성의 눈길로 브론스끼가 여자인 안나보다 비난을 덜 받는 문제, 아들에 대한 어머니의 모성과 여자라는 성 사이에서 번뇌하는 안나의 심리도 살펴봐야 할 대목이다. 번역본으로는 범우사에서 이철 번역(1995)으로 나온 것이 있다.

이득재 (대구카톨릭대 노문학)

034

인형의 집

입센

신여성과 인간의 권리

'근대연극(modern drama)의 아버지'로 불리는 헨릭 입센(Henrik Ibsen, 1828~1906)은 멜로드라마가 성행하던 19세기 중반에 '사실주의 연극'으로 근대 연극의 새로운 출발을 가져온 노르웨이의 극작가이다. 입센에게 국제적 명성을 불러온 것은 흔히 '문제극'(problem plays) 또는 '사상극'(drama of ideas)이라고 지칭되는, 사회문제를 다룬 그의 사실주의 연극들이다. 입센은 그 당시 감각적인 액션과 스펙타클로 무대를 채운 흥미위주의 상업적 연극에서 벗어나 연극이 인간 삶의 본질과 직결되어야 한다는 철학 아래 당시의 사회문제, 특히 '개인과 사회의 관계'에 대한 주제를 집중적으로 다루었다. 입센의 작품에서 사회는 인습과 획일성을 강조하는 제도로 개인의 존엄성과 자아성취를 억압하는 대상으로 그려진다.

입센에게 '사실주의 연극의 마스터'라는 명성을 준 작품이 『인형의 집』(1879)이다. 3막으로 구성된 이 사회극의 플롯은 간단하다. 아내를 '종달새,' '다람쥐' 등의 애칭으로 부르는 남편과 아이들에 대해서, 사랑과 헌신을 삶의 목표로 삼았던 여주인공 노라는 남편의 건강을 되찾기 위해서 위조 싸인으로 대출을 받았던 과거의 행적 때문에 남편의 사회적 위치와 경제적 안정이 위협을 받게 되는 상황에 처하게 된다. 노라는 자신의 행위가 비록 사회적으로는 불법행위로 간주되지만 그것이 남편을 살리고 가정을 지키고자 하는 사랑에서 나온 것이므로 오히려 성취감을 느끼며 자랑스럽게 여긴다. 그러나 자신을 전적으로 옹호해주리라고 믿었던 남편은 노라의 기대와는 달리 그녀를 비도덕적이고 위선적이며 아이들을 키울 자격도 없는 어머니라고 질책한다. 이에 충격을 받은 노라는 남편과의 관계와 인간으로서의 자신의 정체성에 대해 깊은 의문을 던진다. 그는 자신이 남편의 장난감 인형에 지나지 않았음을 통찰하고 남편이나 가족에 대한 의무감 이전에 스스로에 대한 의무감이 먼저라는 점을 깨닫는다. 노라는 아내와 어머니이기 전에 한 인간으로서의 가치와 존엄성을 찾을 수 있는 새로운 삶을 추구하기 위해 집을 나간다.

『인형의 집』은 '최초의 여성연극'으로, 노라는 가부장적인 남편에게서 벗어나 여성 · 인간으로서의 인권과 해방을 주장하는 '신여성'(new woman)으로 오랫동안 평가받아 왔다. 그러나 아이러니컬하게도 이 작품이 여성연극임을 부정한 사람은 작가 자신이었다. 그는 노르웨이 여성권리 연맹의 모임에서 이 작품의 페미니즘적 해석을 부인하고 이 연극은 인간의 권리와 존엄성에 대한 것이라고 말하였다. 이러한 입센의 주장은 노라의 대사에서도 드러난다. 노라는 인간으로서의 자신의 정체성을 추구하는 과정에서 가부장적인 남편뿐만 아니라 자신의 아버지도 자신을 인형으로 취급하였고, 심지어 노라 자신도 그의 아이들을 인형으로 취급하고 있음을 깨닫는다. 즉 모든 인물들이 사랑으로 맺어진 가정 안에서조차 타인과 사회적 상황에 의해 구속받고 있음을 깨닫고 노라는 모든 인간의 기본적 의무가 자신에게 있음을 깨닫는다. "사회가 옳은지 내가 옳은지 알아야겠다."는 노라의 결연한 대사는 이 연극이 한 가정, 개인의 문제를 뛰어넘어 사회를 고발하고 있음을 보여준다. 입센이 『인형의 집』이 여성연극이 아니라고 한 것은 이 작품이 여성의 인권과 정체성에만 한정되어 있는 것이 아니고 억압받고 있는 모든 사람들의 이야기, 즉 페미니즘이 곧 휴머니즘을 대변하고 있음을 말하고 있는 것이다. 『인형의 집』은 대비되는 다양한 인물구성을 통해 페미니즘 주제 외에도 실정법과 개인의 양심, 사회인습과 개인성, 삶과 죽음, 진실과 이상, 자아성취와 희생 등의 다양한 주제를 심도 있게 다루고 있다. 근 · 현대 연극의 대가들(쇼, 체홉, 피란델로, 오닐 등)로부터 찬사를 받은 입센의 작품은 오늘날까지도 세계 각국에서 공연되고 있다. 이는 그의 작품이 인류보편적인 주제를 다루고 있음을 대변해준다. 우리말로는 『인형의 집』(곽복록 옮김. 신원문화사, 1994)과 영한대역문고 판 『인형의 집』(시사영어사, 1994)을 권한다.

신숙원 (서강대 영문학)

035

카라마조프가의 형제들

도스토예프스키

신의 의지와 인간의 자유

인간은 태어나면서부터 일정한 제약과 조건들 속에 얽매이게 된다. 부모와 형제들로 구성된 가족, 이것이 확대된 형태로서의 사회와 국가, 이러한 조직과 체계를 지탱하는 제도와 규범, 그리고 시대적 배경과 역사적 상황 등이 그것이다. 인간은 이러한 그물망 속에 얽매이면서 하루하루를 살아가기 마련이다. 그런데 무엇보다 중요한 것은 이 모든 것을 가능하게 한 궁극적 원인, 즉 절대자인 신의 의지를 우리는 벗어날 수 없다. 그러나 역설적으로 신은 우리에게 이 모든 속박과 구속으로부터 벗어날 수 있는 자유를 주었다. 그렇다면 우리는 이 자유를 어떻게 행사할 것인가? 이 모든 질곡으로부터 벗어날 수 있는 방법은 무엇인가? 도스토예프스키는 『카라마조프가의 형제들*Brat' ya Karamazovy*』(1888)에서 하나의 답변을 제시하는데, 그것은 자유를 반납하고 신의 의지를 따름으로써 우리는 진정한 의미의 '자유'를 누릴 수 있다는 것이다.

이 책은 속물적이지만 열정적인 가부장 표드르 카라마조프와 그의 네 아들에 관한 이야기이다. 그들은 인간의 다양한 모습을 상징적으로 표출하고 있으며 그 유형에 따라 각기 다른 종류의 자유를 추구한다. 아버지를 가장 많이 닮은 장남 드미트리는 자유분방하게 세속적인 자유를 찾아 나서지만 아버지를 극복하려는 의지를 숨기지 않는다. 차남인 이반은 총명하고 이지적이어서 매사에 분석적이고 논리적인 태도를 보이는데, 특히 기독교적 신앙을 부정하고 아버지에게는 냉소적이며 때로는 세상에 대해 허무주의적인 경향이 있다. 셋째 아들인 알료샤는 '살아있는 성자' 라고 불리는 조시마 장로를 열렬히 추종하며 누구에게나 사랑을 받고 또 베푸는 독실한 신앙인이다. 사생아인 스메르차코프는 하인처럼 푸대접을 받고 사는 간질병 환자인데, 천박하고 간교한 성품을 지니고 있으며 그 누구보다도 아버지를 미워한다.

그런데 어느 날 아버지가 살해된다. 증오의 대상인 아버지가 사라지면 일차적으로 자유가 더 많이 확보될 것으로 믿지만 정작 형제들은 각기 다른 종류의 갈등과 억압 속에 함몰된다. 살인자의 혐의를 받는 드미트리는 자책감에 젖어 헤어나지 못한다. 신이 존재하지 않기 때문에 모든 것이 허용된다고 주장함으로써 스메르자코프의 범행에 영향을 미친 이반은 법정에서 마침내 이성을 잃고 발작한다. 스메르자코프는 자살하고 알료샤는 이 모든 것을 사랑의 이름으로 포용하고 희망의 빛을 보여주는 것으로 결말이 나지만 저자의 이야기는 여기서 끝나지 않는다.

도스토예프스키의 생애와 그의 작품 속에 면면히 흐르는 하나의 주제, 즉 자유의 갈구는 『카라마조프가의 형제들』에서 백미를 이루는 이른바 '대심판관의 전설' 에 잘 나타나 있는데, 이성에 의한 신비적 해탈과 신앙에 의한 종교적 구원의 대비가 우열을 가늠하기 어려울 정도로 심도 있게 묘사되어 있기 때문이다. 여기서 그리스도는 대심판관에게, "당신의 논변은 강하지만 나의 사랑은 더욱 강하다."라고 이야기하고 있는 것이다. 결국 도스토예프스키는 이성적 논증과 사변의 길, 그리고 신앙적 태도와 사랑의 길 중에 어느 것을 택할 것인지는 독자의 몫으로 남겨둔 셈이다. 그는 개인적으로 분명히 후자를 선호한다고 말할 수 있지만 그것은 역시 각자의 실존적 결단의 문제라고 볼 수 있는 것이다.

도스토예프스키의 삶만큼이나 이 작품은 복합적이고 난삽하며 혼란스러운 데가 있고 또한 심오하다. 그는 한 평생 심한 간질병으로 고통 받았으며 도박에서 헤어나지 못했고 가난과 배신, 반항과 투쟁, 그리고 유배와 투옥에 시달렸다. 그는 이러한 삶의 역경을 거치면서 급격하게 보수적인 성향을 드러냈다. 그러나 쉽사리 갈등을 극복할 수 없었고 마음의 평안을 얻을 수도 없었다. 이 작품에 등장하는 모든 인물들은 그의 분신이라고 할 수 있으며 19세기 중반에 탄생한 그들은 이 시대를 살아가는 현대인들의 자화상이라고 할 수도 있다. 그러한 의미로 이 책은 싸르트르의 표현처럼 '자유롭도록 저주받은' 현대인의 '묵시록'이라고 할 수 있다. 이 책이 당대의 근대인들보다도 오늘날 우리들에게 더욱 절박하고 구체적인 메시지를 주는 이유가 바로 여기에 있다.

이 책은 그 동안 여러 번역본이 있었으나, 가장 최근본은 도서출판 열린책들에서 발간된 도스토예프스키 전집 안에 『까마라조프씨네 형제들』(이대우 역, 2003)이란 제목으로 번역된 판본이다.

엄정식 (서강대 철학)

036

말테의 수기
릴케

낮은 목소리로 읊조리는 일상의 무게

제 1차 세계대전 전운이 감도는 유럽의 암울한 시대인 1910년에 발표된 릴케(Rilke, Rainer Maria)의 『말테의 수기*Die Aufzeichnungen des Malte Laurids Brigge*』(1910)는 일기체 형식의 소설 작품이다. 릴케 고유의 현실체험을 주관적으로 기록한 이 소설은 독일문학사에서 후고 폰 호프만슈탈(Hugo von Hofmannsthal)의 『챤도스 경의 편지*Brief des lord shandos*』와 더불어 '예술을 위한 예술' 정신을 본격적으로 구현한 작품으로 평가받고 있다. 이 작품은 획기적인 현대의 시적 언어로 현실 체험의 극복을 획기적으로 시도하였다. 또한 이 소설은 당시 세인의 주목을 끌며 문단을 지배했던 경험적 실증주의 법칙을 근간으로 진리 개념을 고수하는 사실주의 예술척도의 자리에 18세기 예술시대의 이상주의의 주관적 미적 예술규범을 다시 등장시킨 관념론적 유미주의 문학의 대표적 작품으로 간주되고 있다.

일인칭 화자인 말테는 작가의 길을 걷고 있는 덴마크 귀족 가문 출신의 28세 청년이다. 이 작품을 쓸 당시 릴케의 나이도 27세였으니 작품 속의 말테는 상당 부분 릴케 자신의 삶과 문제의식을 반영한다. 이 작품은 실제로 릴케가 처음 프랑스 파리에 머물던 시절(1902~1904) 자신이 체험한 내용들을 소재로 서간체 형식으로 형상화한 것이다. 일기는 시대의 변천과 더불어 몰락해 가는 귀족 가문의 자손인 화자가 청운의 꿈을 품고 대도시 파리에 도착하면서부터 시작된다. 천성적으로 예민한 감수성을 지닌 말테는 자신의 예술가적 욕망을 이곳 대도시 파리에서 펼치려는 꿈을 가진다. 그러나 대도시 파리에서 그의 눈에 제일 먼저 들어온 광경은 인간 군상들의 일상적이면서도 고달픈 삶의 적나라한 모습들이다. 병원, 거리, 빈민가 등 도시 곳곳에서 펼쳐지는 암울하고 고달프고 비참한 당대 삶의 모습들을 목격하면서 말테의 내면에는 인간 삶에 대한 알 수 없고 말할 수 없는 두려움, 공포, 슬픔 및 불안감이 솟구친다. 이때 말테는 가시적 외적 현실에서가 아니라, 사물의 외피 뒤에 숨겨져 있는 절대적 형이상학적 의미를 내면의 언어를 통해 탐구하면서 현실적 삶의 고뇌와 두려움의 실체를 파악하려고 노력한다. 말테는 집의 벽을 보면서 지나간 유년시절의 삶의 기억들을 회상한다. 그에게 미지의 두려움과 불안감을 주었던 유년시절의 기억들이 현재에 되살아나는 것은 필연적 귀결이다. 왜냐하면 절대적·초월적 존재의 의미를 추구하며 탐구하는 예술가 말테에게 일상적 외적 시간의 흐름과 개념은 중요하지 않기 때문이다. 따라서 이 소설은 인과적 사건을 중심으로 전개되는 전통적 소설형식이 아닌 현재와 과거 유년기의 삶의 단상, 기억, 회상, 상념들이 어지럽게 파편적으로 서술되는 형식을 취한다. 할아버지 브리게의 죽음, 젊은 나이에 죽은 어머니에 대한 회상, 이모 아벨로네에 대한 묘사와 사랑, 외할아버지 브라에 백작가의 방문 그리고 유년기의 독서체험, 말테가 읽고 커다란 감동을 받았던 가짜 황제와 역사 속 인물 카알 대공을 환기하면서 죽음의 의미를 관조하며 사변적으로 서술한다.

말테는 내면의 목소리에 끊임없이 귀를 기울이고 외적 삶의 운명으로부터 인간 존재의 고독한 이야기들을 풀어내면서 궁극적으로 외적 삶 뒤에 놓여 있는 신적, 절대적인 것에 대한 체험의 길에 접근한다. 작품의 마지막 부분에서 말테는 역사 속 여성 인물들의 위대한 사랑과 성경에 나오는 탕자의 비유에 새롭게 의미부여함으로써 궁극적으로 하나님, 신, 절대자와의 새로운 조우 가능성을 시도하고 있다.

19세기 말 유럽 시민사회의 산업화 및 근대화 과정에서 발생한 도시화, 대중화, 기계화, 빈곤화 등 인간의 실존적 삶을 위협하는 문제들을 의식하면서 이 작품을 읽는다면, 경험세계인 사물세계를 내면의 예술시학으로 표현하려고 한 릴케의 문제의식에 보다 더 가까이 다가갈 수 있을 것이다. 『말테의 수기』 한글 번역본은 다수가 있지만 최근 번역된 김용민의 『말테의 수기』(책세상, 2000)가 매끄럽게 다듬어진 우리말 번역으로 읽고 이해하기에 편하다.

장순란 (서강대 독문학)

037

스완네 집 쪽으로(잃어버린 시간을 찾아서 1부)

마르셀 프루스트

‘기억’의 내적 목소리를 따라서

1913년 출간된 마르셀 푸르스트(Marcel Proust, 1871~1922)의 「스완네 집 쪽으로Du Côté de chez Swann」(1913)는 20세기 프랑스문학의 새로운 장을 연 작품으로 평가된다. 이 작품에 나온 장황할 정도로 세밀한 묘사와 전지적인 1인칭 화자의 시점 등은 그때까지 지배적이었던 프랑스 사실주의 또는 자연주의 경향 소설과는 전혀 다른 것이었다. 이 소설은 총 7부 15권으로 이루어진 방대한 소설인 『잃어버린 시간을 찾아서*A la recherche du temps perdu*』의 첫 부로, 과거를 재구성하려는 화자의 출발점이 된다. 이러한 화자의 과거에 대한 탐구는 화자의 ‘의식의 흐름’에 따라 전개되고 마지막의 진정한 존재 이유인 예술, 특히 문학에 자신을 바치기로 한 결정으로 종식된다. 즉 화자가 자신의 과거 전체를 파악하고 책을 쓰기로 결심하면서 이 소설이 끝이 나는 것으로 화자가 자신의 책을 쓰기 시작할 때 작가는 그의 책을 완성하는 구조이다. 이러한 구조에서 작품의 줄거리를 엮어가는 것은 어쩌면 의미 없는 일일 수 있다. 왜냐하면 이 작품은 당시까지 소설의 경향인 어떤 이야기를 그럴듯하게 들려주겠다거나 일정한 주제를 다루겠다는 것이 목적이 아니라 작가의 ‘의식의 흐름'과 '내면의 목소리'에 따라 단지 세계가 작가의 마음에 어떻게 반영되었는지를 섬세하게 그린 것이기 때문이다.

「꽁브레Combray」, 「스완의 사랑Un Amour de Swann」, 「고장의 이름들Nom de pays : Noms」의 세 부분으로 구성된 「스완네 집 쪽으로」는 화자의 어린 시절에 대한 이야기이다 (비록 이 소설의 많은 에피소드들이 작가 개인의 것이나, 이 소설은 자서전이 아니므로 작가와 소설의 주인공을 섬세하게 구별할 수 있어야 한다). 여기에서 유명한 '뜻하지 않은 기억의 재생'이 일어난다. 즉 주인공이 마들렌느 과자를 차에 적셔 먹는 동안에 아득히 잊혔던 자신의 유년에 대한 생각이 되살아나고, 한 잔의 찻잔으로부터 어린 시절의 고향과 그곳을 배경으로 전개된 '나' 마르셀의 모든 체험에 대한 기억의 이야기가 시작되는 것이다. 여기서 마지막 부인 「되찾은 시간Le temps retrouvé」에서 남김없이 종결될 모든 이야기의 실마리가 펼쳐나가게 된다. 즉 「스완네 집 쪽으로」는 『잃어버린 시간을 찾아서』라는 작품의 입구가 된다. 이 작품을 분석한 질 들뢰즈의 말에 따르면 이 부분이 기호의 세계에 들어가는 입구가 되는 것이다. 그러나 이 작품은 단지 입구에 불과하다. 『잃어버린 시간을 찾아서』의 총체적인 내용은 이 입구에서 제시된 기호들을 분석하는 과정이 된다. 그리고 그 해답은 작품의 마지막에 와서야 명료해질 것이다.

가장 긴 문장이 무려 522개의 단어로 이루어졌을 정도로 이 작품의 문장은 길고 복잡하다. 수많은 관계대명사로 이루어졌으나 문법적으로는 완벽한 이 작품은 종종 프랑스 대학의 문법 시험에 문제로 등장할 정도이다. 관계대명사가 없는 한국어로 이 작품을 번역하는 것은 매우 어려운 작업이다. 아쉽지만 유일한 우리말 번역으로는 김창석이 번역한 『잃어버린 시간을 찾아서』(국일미디어, 1998)가 있다.

전종호 (서강대 프랑스문화학)

038

더블린 사람들

제임스 조이스

정치적 무기력과 우울한 환멸

아일랜드 출신의 작가 제임스 조이스(James Aloysius Joyce, 1882~1941)는 모더니즘의 난해함을 대표하는 예술가로 널리 알려져 있다. 현대 대중문화의 천박함과 척박함을 거부하고 개인의 의식을 속박하는 사회와 역사의 올가미를 벗어나 언어가 제시하는 풍요로운 유희와 가능성을 모색하며 예술의 세계에 귀의한 모더니스트라는 일반적인 명성에 걸맞게 그의 작품들은 읽기가 어렵다. 그의 대표작 『젊은 예술가의 초상』, 『율리시즈』와 『피네간의 경야』는 일반 독자에게는 물론 영미문학 전공자에게도 쉽게 읽히지 않는, 혹은 도저히 이해할 수 없는 난해한 작품으로 유명하다.

이런 맥락에서 조이스에 대한 지적 호기심은 있되 막상 조이스의 작품 읽기를 주저하는 독자들에게 조이스의 첫 작품이자 단편집인 『더블린 사람들 *Dubliners*』(1914)을 권할 만하다. 젊은 시절 노르웨이 출신의 극작가 헨릭 입센의 영향을 받은 조이스는 20세기 초엽의 더블린의 일상적인 삶의 다양한 양태들을 간결하고 절제된 언어로 지극히 사실주의적으로 묘사하면서도 조이스적인 언어의 아름다움과 깊이를 잃지 않는다. 조이스는 『더블린 사람들』에서 자신의 조국 아일랜드의 모습을 '잘 닦인 거울'에 비추듯 그려내고자 했다. 15편의 단편을 아우르는 단편집의 제목에서 잘 드러나듯이, 『더블린 사람들』은 15점의 더블린의 자화상을 제시한다. 15편의 단편은 제각기 독자적인 더블린의 소묘에 그치는 것이 아니라 반복과 병치, 재진술 등의 변주를 통하여 유기적으로 통일된 구성을 이룬다.

조이스가 그리는 당대의 아일랜드의 모습은 어둡고 음울하다. 『더블린 사람들』은 유년기 소년들의 꿈과 좌절, 청년기의 무기력한 삶, 빈곤과 폭력으로 비루해진 일상을 살아가는 이들의 모습을 비롯하여 정치, 경제, 문화적으로 침체되었을 뿐 아니라 정신적, 종교적으로 마비된 더블린의 모습을 다양하게, 또 정직하게 드러낸다. 『더블린 사람들』에 첫 번째로 수록된 「자매」는 전체 작품들을 아우르는 '마비'라는 주제를 가장 명시적으로 드러낸다. 「자매」와 더불어 유년기를 다루는 「어떤 만남」과 「애러비」는 순진무구하고 감수성이 예민한 어린 소년들의 낭만적인 환상과 사랑에 대한 동경을 다루지만 이들의 모험은 어른들의 무관심, 혹은 타락과 몰락으로 번번이 좌절되고 만다. 종교를 통해, 모험을 통해, 사랑을 통해 정신적, 육체적인 성장을 탐색하는 소년들은 아무도 이해하지 못하는 사제의 마비된 몸과 죽음, 하릴없이 들판을 서성이며 망측한 행동을 하는 늙은이, 젊은 남녀 간의 부질없는 희롱과 수작과 마주침으로써 현실에 대한 환멸과 분노를 느낀다.

청년기와 장년기를 다루는 단편들에서는 이미 마비의 증후를 보이며 쳇바퀴 돌듯 무기력한 삶을 살아가거나 자유로이 새로운 삶을 선택할 의지력을 잃은 다양한 계층의 젊은이들이 그려진다. 「이블린」에서 늘 술에 취해 아내와 아이들을 학대하던 아버지와 어린 동생들을 부양해온 이블린은 멋진 선원을 따라 외국으로 떠나고자 하지만 부둣가에서 주저앉고 말며, 「경주가 끝난 뒤」의 지미 도일은 정육업으로 돈을 모은 아버지의 뜻에 따라 공부에는 관심도 없지만 교우관계를 위해 케임브리지에서 유학하고 프랑스에서 온 부유한 친구의 사업에 끼기 위해 안달하며 밤새 외국인들과 벌인 도박판에 끼여 돈을 잃는다. 「두 건달」은 직업 없이 여자를 유혹하거나 하녀에게 기생하며 돈을 뜯어내는 코얼리와 그의 술친구 레너헌의 밤거리 배회를 추적함으로써 타락과 배신, 마비라는 암담한 더블린의 삶을 적나라하게 보여준다. 「작은 구름」과 「상응」에서는 아무 보람도, 의욕도 없이 반복되는 일상에 지친 두 남자가 각기 술집에서 친구를 부러워하며 허무맹랑한 꿈을 추구하거나 술기운에 자기만족에 도취한다. 현실에 대한 이들의 분노와 좌절은 끝내 집에 돌아와 아이들에게 고함을 지르거나 매질을 함으로써 폭발한다. 「진흙」과 「가슴 아픈 사건」은 각각 독신자로 살아가는 두 남녀의 메마른 삶을 그림으로써 사랑과 희망이 없는 불모의 삶을 제시한다.

이들 수많은 인물들의 일상에 찌든 삶과 실현되지 못하는 도피에의 열망은 개개인의 문제로만 남지 않는다. 사소하고 일상적인 더블린 사람들의 삶은 수 세기 동안 영국의 식민지로 있던 당대 아일랜드 도처에 스며있던 무기력과 갈망과 좌절을 대변한다. 「선거 사무실의 아이비 기념일」은 아일랜드 민족주의 지도자 파넬의 죽음 이후 민족당의 분열과 민족주의 세력의 와해가 가져온 아일랜드의 한심한 정치적 상황을, 「어떤 어머니」는 알맹이 없는 명분과 물질주의에 물든 아일랜드 문예부흥운동과 더블린 문화계를, 「은총」은 진정한 신앙심 없이 피상적인 참회와 기계적인 설교로 점철된 공허한 아일랜드 카톨릭계를 풍자한다.

정치적인 무기력과 경제 구조의 피폐, 편협한 민족주의 구호 아래 낙후된 문화계 등 어둡고 암울한 아일랜드의 식민지 상태를 조이스는 때로는 분노와 환멸 속에, 때로는 냉소적으로, 때로는 해학적으로 묘사한다. 조이스가 그린 더블린 사람들은 한결같이 생생하게 살아있으며 이들이 배회하는 더블린의 거리와 골목, 술집과 성당은 손에 잡힐듯이 실감난다. 마지막에 수록된 「죽은 사람들」은 아일랜드가 처한 복잡한 문화적 갈등 및 아일랜드 민족 특유의 낙천성과 전통에 대한 갈망을 배경으로 한 젊은 지식인이 겪는 갈등, 배신과 좌절, 환상과 갈망 등을 따듯한 시선으로 그리며 화해와 용서, 수용을 통한 새로운 삶의 가능성을 시적인 아름다움을 지닌 산문으로 제시한다. 『더블린 사람들』은 비록 암울하고 피폐한 일상이지만 조이스 자신이 살았던 아일랜드의 현실을 직시하고 정직한 애정을 지니고 그려낸 아일랜드의 자화상이다.

1914년에 출간된 『더블린 사람들』의 영역본은 1967년 펭귄판이 작품의 이해를 돕는 주석이 충실하며 번역본으로는 김종건 역 범우사 판(1997)과 김정환, 성은애 역 창작과비평사 판(1999)이 원문에 충실하며 잘 읽힌다.

김영주 (서강대 영문학)

039

스무 편의 사랑의 시와 한 편의 절망의 노래

파블로 네루다

사랑과 혁명의 은유

영화 「일 포스티노*Il Postino*」는 조국에서 추방당해 이탈리아의 작은 섬에서 망명 생활을 하는 한 노시인과 그를 위해 우편물을 배달하는 우편집배원 사이의 세대를 초월한 우정과 교감을 그린 작품이다. 순박하고 조금은 무지한 이 우편집배원은 세계적인 대시인과의 대화를 통해 시적 은유의 무한하고 매혹적인 세계에 눈을 뜨게 되고 이를 계기로 주변의 많은 어려움에도 불구하고 짝사랑하는 여인과의 사랑을 마침내 성취한다. 이 영화는 칠레의 노벨 문학상 수상 시인 파블로 네루다(Pablo Neruda, 1904~1973)의 실제 이야기를 바탕으로 제작하였다는 사실 때문에 많은 관심을 불러 모았다.

『스무 편의 사랑의 시와 한 편의 절망의 노래*Veinte poemas de amor y una canción desesperada*』(1924)는 바로 이 시인이 만 열 아홉 살의 나이에 발간한 시집이다. 낭만적이고 열정적인 사랑의 노래뿐만 아니라 역사적인 질곡과 정치적인 박해에 대해 적극적으로 저항하는 시를 쓰기도 하였던 그는, 생애 자체가 라틴 아메리카 역사의 한 축을 이룰 만큼 세계적으로 유명한 시인이자 정치가이고 민주 투사였다. 이 시집은 이러한 시인의 문학적이고 정치적인 열정을 생생한 언어의 힘에 기대어 표현하고 있다. 물론 이 시집이 발간되었을 때 처음부터 열렬한 환영을 받은 것은 아니었다. 이 시집의 첫 번째 시는 다음과 같이 시작한다. “한 여자의 육체, 흰 언덕들, 흰 넓적다리, / 네가 내맡길 때, 너는 세계처럼 벌렁 눕는다. / 야만인이며 시골사람인 내 몸은 너를 파들어 가고 / 땅 밑에서 아들 하나 뛰어오르게 한다.”(민음사 판, 정현종 번역) 당시의 도덕관에 도전하는 자극적이고 노골적인 성적 묘사 때문에 당혹감과 거부감을 느끼는 사람이 적지 않았다고 한다. 하지만 그러한 관능성 속에 담긴 정신 세계의 진정성과 순수성이 차츰 인정을 받으면서 그는 문단의 호평과 대중적인 인기를 동시에 누리게 된다. 특히 보통 사람의 상상력을 뛰어넘으며 다양하게 변주되는 환상적인 비유들은 시의 본령이 바로 은유라고 일깨워 주는 영화 「일 포스티노」 속의 시인을 연상하게 한다.

성욕과 같이 인간의 자연스러운 욕망을 죄악시하는 기존의 모든 도덕 체계는 인간의 순수한 영혼을 파괴시키는 괴물이라고 그는 이 시집에서 강조한다. 더욱이 이 시집의 남성 화자는 에로스에 탐닉하면서도 여성을 성적 대상으로 격하하거나 도구화시키지 않는다. “나는 그대의 남자였고, 그대는 나의 여자였어. 뭐가 더 남았지? / 사랑이 지나간 길에 우리는 함께 모퉁이 하나를 만들었던 거다.”(청하 판, 추원훈 번역). 관념적이고 제도적인 모든 억압 체계를 극복하기 위해 한 평생을 바쳐온 그의 혁명적 열정은 이 초기 시집에서부터 뚜렷하게 나타나고 있는 것이다. 그가 투옥과 망명이라는 온갖 고초를 겪으면서도 칠레의 정치 현실에 적극 참여하며 혁명을 꿈꾸었던 것은 바로 이러한 근원적인 열정이 뒷받침되었기 때문이다.

네루다의 시적 여정을 따라가 보면 1920년대 우리나라의 시인 이상화가 문득 떠오른다. 초기에 관능적이고 퇴폐적인 「나의 침실로」를 발표한 후에 참여적이고 저항적인 「빼앗긴 들에도 봄은 오는가」를 창작하기도 하였던 식민지 조선의 이상화의 열정과 네루다의 그것을 비교해 보는 것도 의미가 있으리라 생각한다.

이 시집의 우리말 번역본은 민음사 판(정현종 옮김, 1989)과 청하 판(추원훈 옮김, 1992)이 대표적이다. 비록 영역본의 일부를 중역한 것이라 아쉽기는 하지만 우리나라의 대표적인 시인인 정현종의 언어를 통해 네루다의 시를 우리말답게 접해보는 것도 반갑고, 스페인어 전공자인 추원훈의 번역으로 그의 시 전편을 원어에 가깝게 음미해 보는 것도 좋을 듯하다. 그밖에 네루다에 관해 더 알고 싶은 욕구가 생긴다면 『로르까에서 네루다까지』(민용태 지음, 창작과 비평사, 1995)와 『빠블로 네루다』(애덤 펜스타인 지음, 김현균 외 옮김, 생각의 나무, 2005) 등을 추천한다.

엄성원 (서강대 국문학)

040

황무지
T. S. 엘리엇

동서양 문화와 이미지의 꼴라쥬

『황무지*The Waste Land*』(1992)는 1922년에 T. S. 엘리엇(Thomas Stearns Eliot, 1888~1965)이 출판한 현대시를 대표하는 시다. 제목에서 나타나듯이 이 시는 제 1차 세계대전 후 황폐화된 서구문명에 관한 내용을 담고 있다. 20세기 초까지 가장 문명화되었다고 자부하던 서구문명은 역사상 처음으로 엄청난 규모의 세계대전에 휘말리어 황폐해진다. 이런 시대적 상황에서 엘리엇은 지금은 너무나 유명해진 "4월은 가장 잔인한 달이다."라는 문장으로 시작하여 유럽문명의 물질적 그리고 정신적 황폐화를 다룬 대작을 완성한다. 이 시에서 엘리엇은 희랍, 라틴, 프랑스, 이탈리아, 독일어 등 여러 유럽의 언어는 물론이고 마지막을 장식하는 산스크리트어를 번역도 하지 않은 채 직접 사용한다. 그런 의미에서 유럽 전체의 시대 상황을 고대 종교와 신화적 은유와 연관시켜 표현한 작품이다. 이를 위하여 엘리엇은 고대의 그리스, 로마 및 현대 유럽의 다양한 문학작품, 기독교, 불교, 힌두교의 경전 및 인류학 서적 등을 인용하여 시를 쓰고 있다. 이렇게 다양한 출전은 시에서 다양한 목소리의 혼재를 가능하게 한다.

시를 쓰는 과정에서도 엘리엇이 '더 훌륭한 장인' 이라 일컬은 에즈라 파운드 Ezra Pound의 조언에 따라 많은 부분을 첨삭하였다. 물론 19세기 말부터 등장했던 관점에 관한 논의와 인상주의 그리고 20세기 초에 나타난 입체주의 등 새로운 예술적 사고들이 다양하게 변하는 현상을 강조하였기 때문에 하나의 고정된 생각을 갖는 것이 더욱 어려워진다. 그런 예술적 경향을 반영하여 소설에서도 제임스 조이스는 여러 문학작품을 인용하여 『율리시즈*Ulysses*』 같은 현대적 작품을 쓴다. 이런 '모더니즘' 의 경향이 현대시를 대표하는 『황무지』에서 잘 나타난다. 매우 다양한 글을 인용하고 많은 암시를 사용하기 때문에 이 시를 간단히 소개한다는 것이 그리 쉽지 않다. 또한 다양한 관점을 강조하는 현대문학의 특성 때문에 한두 가지 주제로 이 시를 소개하는 것이 그리 바람직하지도 않다. 실제로 비평가들 사이에서도 『황무지』가 하나의 공통된 주제로 통합되어 설명될 수 있는지에 관한 논란이 있다. 심지어는 이 시에 관하여 엘리엇 자신이 제공한 설명이 시를 이해하는 데 도움이 되기보다 혼동을 일으킨다는 주장도 있다. 사실 엘리엇은 후에 자신이 『황무지』에 관한 설명을 첨부했던 것을 후회하였다.

어쨌든 시인이 제공한 설명에 따른다면 『황무지』는 무엇보다 제임스 프레이저의 『황금가지*The Golden Bough*』와 제시 웨스턴의 『전례에서 중세 기사도 무용담으로*From Ritual to Romance*』를 중요한 자료로 사용한다. 특히, 아서왕 전설에 나오는 성배 보관인Fisher King은 이 시를 이해하는 데 중요한 단서를 제공한다. 인류학 저서에서 설명하듯이 풍요의 신 숭배는 죽음을 상징하는 겨울과 생명을 상징하는 봄의 계절적 순환이 기독교에서 예수의 죽음과 부활로 변형된다. 성배 보관인의 생식력 상실은 대지의 생명력 상실을 의미하는 '황무지' 로 표현된다. 웨스턴에 의하면, 아서왕 전설에 나오는 성배와 창은 각각 여성과 남성의 생식력을 상징하기도 한다. 또한 시 전체의 구조는 각 부분이 고대 그리스 시대부터 내려오는 만물을 구성하는 기본 물질인 4원소, 즉 흙('매장'), 불('설교'), 물('죽음'), 공기('천둥')에 의하여 구성된다.

시 전반에 깔려 있는 비참한 현실에 대한 좌절은 궁극적으로 부활에 대한 갈망으로 이어진다. 비참한 현실에 대한 좌절과 고통은 시의 서두를 장식하는 명문에서 "시빌, 무엇을 원하는가?"라는 질문에 "죽고 싶다."고 대답한다. 이 여성 예언자는 아폴로에게 젊음을 요구하는 것을 잊어버려 영원한 생명을 부여받지만 영원히 늙은 상태로 남게 된다. 또한 현대 런던은 '환상적인 도시'로 표현되면서 단테의 『신곡*The Divine Comedy*』, 특히 「지옥편」에 관한 암시로 시대의 암울한 정조를 나타낸다. 시의 마지막 부분은 산스크리트어로 황무지에 내리게 될 단비의 천둥소리를 흉내 낸 소리로 끝을 맺는다. 힌두교 경전 『우파니샤드*The Upanishads*』를 인용하는 시에서 천둥소리는 성스러운 소리로서 천둥의 반복되는 소리(Da, Da, Da)가 각각 '자기절제'(Datta), '자선'(Dayadhvam), '연민'(Damyata)으로 들린다. 그리고 시에서 모든 것이 마침내 '이해를 초월하는 평화'(Shantih, shantih, shantih)로 끝을 맺는다. 이렇게 『황무지』는 다양한 출전을 인용하면서 만연한 참혹의 현실을 재현하고 힌두교에서 고대로부터 전하는 신비한 평화의 소리로 끝난다.

국내에 번역된 책으로는 황동규 번역 『황무지』(민음사, 1974)가 있다.

박상기 (서강대 영문학)

041

마의 산

토마스 만

시민문화의 종언과 미래의 휴머니티

『마의 산*Der Zauberberg*』(1924)은 토마스 만(Thomas Mann, 1875~1955)이 1924년에 발표한 작품으로 만이 11년 간의 각고 끝에 완성한 소설이다. 이 작품은 토마스 만의 작품 중에서 가장 사랑받고 있으며, 철학, 의학, 음악, 심리분석 등 여러 분야의 문제들을 광범위하게 다룬 심오한 지성적인 소설로 많은 찬사를 받았다. 이 작품은 일차 세계대전 전의 후기 시민 사회의 퇴폐적인 생활양식과 사고방식을 비판한 시대소설로, 젊은 주인공 한스 카스토르프가 수많은 감각적 · 정신적 경험과 성찰을 통하여 자기 고유의 휴머니즘적 입장을 정리하게 되는 교양 소설로, 그리고 전 유럽의 정치적 · 윤리적 문제에 대한 논쟁을 담은 지적 형이상학적 소설로 평가되고 있다. 또한 전체적인 내용면에서는 제 1차 세계대전 이전 유럽의 다양한 정신적 파노라마를 반영하고 있으며, 오랜 동안 유럽이 누려왔던 시민 문화의 종언에 대한 상징으로 이해되고 있다.

함부르크 양가 출신인 24세의 한스 카스토르프는 엔지니어로 일을 시작하기 전, 알프스의 다보스 요양소에서 폐결핵으로 요양 중인 조카 찜센을 방문한다. 그는 처음엔 요양소를 지배하고 있는 음울한 분위기에 낯설어 하지만, 시간과 의무가 존재하지 않는 이상한 요양소의 생활양식과 산 세계의 아름다움에 빠져들게 되고, 자기도 모르는 사이에 병이 들게 되어 질서와 원칙이 지배하는 저 '평지'의 시민적 삶의 세계로 돌아갈 생각을 접는다. 조카인 찜센은 한스 카스토르프에게 "이곳에서는 생각이 변한다."고 예고한다. 한스 카스토르프는 요양소 분위기에 휩쓸리면서 독서도 하고, 노래도 듣고, 요양소의 손님들과 정치적 · 윤리적 문제에 관하여 토론을 벌이기도 하며, '발푸르기스의 밤'을 연상케 하는 사육제를 즐기기도 하고, 사랑에 빠지기도 한다. 요양소의 인물들은 격변을 앞두고 몰락해 가는 문명시대의 상이한 대표자들을 상징하는데, 여기에는 휴머니스트이며 합리주의자이자 자유주의자인 이탈리아인 제템부리니, 광신적인 무정부주의자이자 테러리즘 이념을 대표하는 예수회 유대인 나프타, 자바의 농장주로 힘은 넘쳐 흐르지만 사고력이 부족한 홀랜드인 페퍼코른 그리고 죽을병에 걸린 퇴폐적이며 매혹적인 아름다움을 지닌 러시아 여인 쇼샤 부인 등이 속한다.

소박하고 꾸밈이 없는 건강한 청년 한스 카스토르프는 요양소의 퇴폐적이고 마력적인 분위기에 빠져든 채 7년을 보낸다. 그러는 동안 한스 카스토르프는 한편으로는 시민적인 유능함을 잃게 되지만, 다른 한편으로는 시민적 삶의 속박으로부터 자유로워짐으로써 많은 점에서 보다 높은 수준의 자유를 부여받게 된다. 그리하여 한스 카스토르프는 저 평지의 시민생활 속에서는 불가능한 자유로운 정신력을 얻게 되고, 요양소의 다양한 사람들과의 논쟁 속에서 여러 가지 모순된 생각들을 인도주의적 사상으로 통합할 수 있는 기회를 갖게 된다.

이 소설의 정점이 되는 6장 「눈(雪)」에서 한스 카스토르프는 스키를 타러 갔다가 길을 잃고 눈 속에서 잠이 든다. 그는 꿈을 통해서 지금까지 제템부리니와 나프타가 논쟁을 벌여 왔던 죽음과 삶, 병과 건강, 정신과 자연은 서로 모순 된 것이 아니라 서로 종합적인 것임을 재인식하게 된다. 그는 선한 마음씨와 따뜻한 인간애만이 허무한 인생을 구제할 수 있고 사랑만이 죽음을 극복할 수 있다고 확신하며, 이것들을 통해 이루어진 분별 있고 우애 있는 공동체와 아름다운 인간국가를 동경하게 된다. 그는 건전한 인생관과 모순 없는 원대한 통일적인 세계를 동경한다. 그는 "인간은 선과 사랑을 위해서 절대로 죽음에게 자신의 생각을 지배하도록 허락해서는 안 된다."라는 말을 되뇌이면서 다시 마법의 요양소 베르크호프로 돌아온다. 그가 꿈속에서 경험했던 비전은 마음속 깊이 새겨져 그에게 점차 '진실한 생'에 대한 의지를 키우게 한다. 마침내 세계대전이 발발하자, 그는 오래 전에 떠나왔던 저 평지의 현실세계로, 즉 전쟁의 소용돌이 속으로 과감히 뛰어든다. 그는 가곡 〈보리수〉를 부르며 전장의 혼란 속으로 사라져 간다.

이 소설의 끝에는 새로운 세계가 제시되어 있지 않다. 여기에는 "이 세계를 덮고 있는 죽음의 향연 속에서도... 언젠가는 사랑이 떠오를 것인가?" 라는 불확실한 질문에 담긴 희망이 존재할 뿐이다. 토마스 만의 말처럼 한스 카스토르프는 병과 죽음을 깊이 이해하며 그것을 통해서 미래의 휴머니티를 모색해 가는 과정의 인간이기 때문이다. 역서는 곽복록 역(신원문화사, 2005)을 추천한다.

이주동 (서강대 독문학)

042

소송/성

카프카

부조리한 세계와 실존의 변증법

소설 『소송*Der Proceß*』(1925)은 1914년과 1915년 사이에 씌어져 카프카(Kafka, Franz, 1883~1924) 사후인 1925년에 발간된 미완성 작품이다. 문학비평가들에 의해 종종 10대 세계문학의 하나로 손꼽히기도 하는 이 소설은 그 그로테스크하고 충격적인 이야기로 가장 '카프카다운'(kafkaesk) 특성을 지닌 작품으로 평가된다. 또한 문학은 '마음 속에 얼어붙은 바다를 내리치는 도끼여야 한다'고 했던 작가 자신의 의도처럼, 소설 『소송』은 익명의 법원(법)당국에 의해 적법한 절차도 없이 이유도 모르는 채 끌려가 처형당하는 주인공의 끔찍한 상황을 통하여 현실세계의 숨겨진 허상을 가차 없이 파괴하고 그 실상을 폭로하여 현대 인간의 부조리한 실존 상황을 드러낸 사실적인 작품이다.

은행대리인 요제프 K는 30세가 되는 생일날 아침에 침대에서 아무런 이유 없이 체포된다. 그는 처음엔 이 일을 직장 동료들의 장난쯤으로 생각한다. 그러나 이야기가 전개되면서 사건은 점차 미로로 빠져든다. 요제프 K는 끊임없는 노력에도 불구하고 자기의 죄가 무엇인지 그리고 자기가 도달하고자 하는 법원(법)의 의미가 무엇인지 밝혀내지 못한 채 두 명의 사형집행인들에 의해 '개처럼' 처형된다.

여기에서 세계의 토대가 되는 질서, 신뢰할 수 있는 질서로서의 법에 대한 의문이 제기된다. 즉, 적법성에 대한 인간의 신뢰가 그 근거를 잃게 되는 것이다. 알 수도 없고, 이유도 모르는 소송 과정, 법을 조율하고 집행하는 법원 관계자들의 부패와 타락한 행동 그리고 판결을 배후에서 조종하고 있는 파악할 수도, 접근할 수도 없는 권력과 그 조직, 그리고 이들 앞에 무력하게 고립되어 있는 주인공 요제프 K의 상황이 이를 대변해 준다.

이런 상황에서 요제프 K의 죄의 문제(법적인 문제이건 도덕적인 문제이건)가 밝혀질 수 있을까? 그것은 불가능하다. 왜냐하면 이 소설에는 무엇이 정당하고 부당한지, 무엇이 진실이고 거짓인지를 가늠할 수 있는 기준이 없기 때문이다. 물론 모든 소송사건을 주재하는 법(법원)이 존재하긴 하지만, 그것이 판단하고 처리하는 기준은 모호하고 모순적이어서 그것의 진의를 알 수가 없다. 주인공뿐만 아니라 그와 맞서 있는 심급조차도 그것이 지향해야 할 좌표를 상실하고 있어서, 전혀 예측하지 못한 돌발 상황에 서 있는 주인공은 물론이고 독자들까지도 모든 논리적 사고와 합리적 판단의 토대를 잃어버리고 부조리한 상황으로 이끌려가게 된다. 이렇게 인간의 기본 질서인 사회적 정의와 의무에 대한 신뢰성이 사라진다면, 개인의 사회적 유대관계는 해체되고, 그는 사회조직으로부터 고립되어 결국은 좌절하고 말 것이다. 카프카는 허위와 폭력과 권위로 위장된 조직체가 그것의 진면목을 감춘 채 어떻게 개인을 조작하고, 통제하고 그리고 처단할 수 있는지, 그 메커니즘의 작용을 그로테스크하고 비유적인 방식으로 묘사하고 있다. 이 위압적인 체제는 자신의 폭력적이고 권위적인 정당성을 개개인 모두에게 끊임없이 주지하고 전이시킴으로써 개인 의지와 자유로운 판단을 사전에 차단한다. 소설의 후반부에 나오는 교도소 신부가 들려주는 비유 설화 〈법 앞에서〉가 암시하듯이, 법의 진실을 캐려는 시골 남자는 문지기의 기괴한 모습과 기만적인 말과 태도에 압도되어 아무런 시도나 저항도 해보지 못한 채 모든 것을 포기한다. 왜냐하면 누구나 인정할 수 있고 신뢰할 수 있는 적법한 관계, 즉 질서원칙은 찾아볼 수 없고, 표면에 드러나는 것은 불합리하고 모순에 가득 찬 것뿐이어서, 요제프 K는 자신의 실존과 관계된 사건과 상황을 정확하게 평가하고 그것들에 영향을 미칠 수 있는 가능성을 전혀 발견할 수 없기 때문이다. 그 결과 주인공뿐만 아니라 독자의 판단들은 임의적인 것이 되고, 법의 규정들에 대한 해석 또한 모순적이 된다. 특히 주인공의 제한된 서술 시각에서 관찰되는 이러한 모순적인 것이 상대적인 서술 상황은 법체제의 구조 자체로부터 발생되는 모순들의 결과다. 이 불합리하고 모순적인 체제들은 개인으로서의 인간을 무가치한 존재로 만들어 짓밟아 버린다. 이러한 총체적 지배체제에 굴복하여 기능화 된 개인은 언제나 이유 없이 스스로 그 체재 앞에서 죄 지은 느낌을 갖게 된다. 그러므로 처형되는 순간 요제프 K는 자기 존재와 삶에 대해 심한 치욕을 느끼는 것이다. 이런 점에서 카프카의 소설 『소송』은 수수께끼 같은 제도적 폭력과 전횡 앞에 서 있는 무력한 현대 인간의 부조리한 실존 자체를 비유한 소설이라 하겠다.

그러나 이 소설의 중심 개념인 법(법원)을 어떻게 이해하느냐 하는 것은 독자에게 달려 있다. '구약성서에 나오는 처벌을 가하는 신' 으로 볼 것인가, 심리적인 의미의 '초-자아' 로, 존재론적 의미의 '존재' 로, '나치 테러에 대한 예언' 으로, 또는 '정치적 권력과 욕망' 으로 볼 것인가, 그것은 독자의 재량이다. 카프카의 작품은 어떤 관점에 서느냐에 따라 해석의 향방이 달라질 수 있기 때문이다. 추천 역서로는 필자가 번역한 『소송』(솔출판사, 2000)과 박환덕이 번역한 『소송』(서울대 출판부, 2006)을 추천한다.

『성(城)*Das schloss*』(1926)은 1922년에 씌어져 카프카 사후인 1926년에 발표된 미완성 소설이다. 이 작품은 다양한 해석의 가능성을 내포하고 있으나, 카프카 작품의 공통된 중심 주제에서 벗어나고 있지는 않다. 그것은 주인공이 자기 실존과 관계되어 있는 알 수 없는 심급의 의미를 밝히려고 수없이 노력하지만 끝내 좌절하고 만다는 점이다. 카프카는 이 작품에서도 비유 설화의 형식을 통해서 '익명의 체제와 권력' 이 진실과 의미를 추구하려는 인간과 그의 노력을 어떻게 조정하고 억누르고 파괴하는가를 그로테스크하게 서술하고 있다.

어느 겨울 저녁 K는 성에 속해 있는 마을에 도착한다. 성의 백작으로부터 측량사로 부름을 받은 그는 성으로 들어가고자 하지만 성공하지 못한다. 성으로 가는 길은 항상 눈으로 덮여있고 미로처럼 얽혀 있어서 성으로 접근할 수가 없다. 그리고 그에게는 체류 허가도, 아무런 임무도 주어지지 않는다. 모호한 태도와 비참한 모습을 한 마을 주민들에게 도움을 청해 보지만, 그들의 말과 행동은 언제나 이해할 수 없고 모순에 차 있다. K의 존재는 늘 주위의 방해가 되고, 그가 시도하는 일은 모두 모호하고도 미정의 것으로 취급될 뿐이다. 마을 사람들은 관리들에게는 한없는 경외감을 가지고 있지만 K에게는 거리감과 적대감만을 표시한다. 그들은 그를 처음에는 부랑자로 취급하다가 나중에는 측량사가 아닌 학교 사환으로 임명한다. K는 신분을 보장받고 측량사로서의 일을 정당하게 시작하기 위해서 성과 접촉하려고 부단히 노력한다. 마을의 헤렌호프 여관에 머물고 있는 성의 고위관리인 클람을 만나보기 위해 애쓰기도 하고, 클람의 애인인 프리다를 유혹하기도 하고, 성과 마을을 연결하는 사자 바르나바스와 접촉하기도 하지만, 일련의 모든 노력은 허사가 된다. 또한 우연한 기회에 성의 관리들이 K의 요청을 받아들이려고 하는 순간에 그는 피로에 지친 나머지 잠에 빠져들어 성과 접촉할 수 있는 기회를 놓치고 만다. 그러나 K는 잠들기 전 자신의 출현으로 관리들 간의 중요한 소통 체계인 서류 분배 과정에 일대 혼란이 벌어지는 기이한 현상을 목격하게 된다. 깊은 잠에서 깨어난 후 K는 마을의 일상으로 되돌아간다. K는 결국 성과 클람에게 접근하는 일이 불가능한 일임을 절감하게 된다. 여기서 소설은 중단되고 있다. (카프카 작품의 발행인이자 친구였던 막스 브로트에 따르면, 카프카는 이 소설을 K의 죽음으로 끝낼 생각이었으며, K가 죽기 직전 성으로부터 그의 체류 허가와 노동 허가가 전달되는 것으로 계획했었다고 한다.)

주인공 K는 마지막까지 포기하거나 굴복하지 않고 성과 접촉하기 위해 노력한다. 비록 결과가 무응답이고 모든 노력이 무의미해 보여도, K는 목표를 향해서, 존재하지 않는 의미를 얻기 위해서 질문과 저항을 계속한다. 비록 그의 고집과 끈기가 미련해 보이고 그가 외치는 소리가 미비해도, 그것은 마을 사람들에게 어느 순간 '성' 의 총체적 지배 체제가 숨기고 있는 권력구조의 부패와 이름뿐인 권위 그리고 냉혹한 폭력을 어렴풋이 깨닫게 하는 작은 희망을 선사한다. 비록 그는 한낱 미약한 존재지만 지금까지 부당하게 합법화되어 있는 '성'이라고 하는 지배 체제의 권력과 권위에 도전하는 유일한 아웃사이더다. 측량사 K라는 그의 이름의 익명성과 직업이 나타내주듯이 주인공은 우리와 같은 보통 사람이다. 그러나 그는 부당한 권력과 폭력을 행사하는 거대한 체재와 조직에 홀로 맞서 지쳐 죽을 때까지 물러서지 않는 집요하고도 용감한 인간이다.

소설 속의 '성'은 바로 겉으로 드러나지는 않지만 마치 신적인 심급처럼 숭배 받으며 인간의 자유를 억압하고 폭력을 행사하는 그로테스크한 이 세상의 권력 조직을 나타낸다. 성에 대한 경외심과 두려움 속에서 성의 억압적 지배를 받고 살아가는 마을 사람들은 아무것도 깨닫지 못한 채 지배 체제의 메커니즘 속에서 살아가야 하는 인간 실존의 부조리성을 보여주고 있다. 소설 속의 인물들은 어느 누구도 성의 제도와 권력의 메커니즘에서 벗어나지 못한다. 여기에서는 어떤 저항이나 자유에 대한 요구가 있을 수 없다. 그 대가는 바르나바스의 가족에게서 볼 수 있듯이 박해와 고립이 뒤따르기 때문이다.

많은 문학연구가들이 카프카를 20세기의 숨은 신화를 폭로하는 천재 작가라고 평가하고 있듯이, 카프카는 이 작품에서도 모든 인간에게 비밀리에 영향력을 행사하는 현대 사회의 막강한 권력 체제와 그 속에서 자신의 실존을 상실해 가면서도 거짓 신화에 자신을 내맡기고 있는 현대인들의 비극을 폭로하고 있다. 추천 역서는 오용록이 번역한 『성』(솔출판사, 2000)와 이유선이 번역한 『성』(서울대 출판부, 2002)을 추천한다.

이주동 (서강대 독문학)

043

자기만의 방

버지니아 울프

성의 정치학, 문학의 정치학

버지니아 울프(Adeline Virginia Woolf, 1882~1941)는 누구인가? 울프는 20세기 영국 모더니즘을 대표하는 작가로 의식의 흐름 기법을 도입하여 작중 인물들의 내면의식을 파편적인 서술기법으로 파헤치는 난해한 작품들을 저술한 작가인 동시에 현대 페미니즘의 대모로 알려져 있다. 또한 울프는 대중적이고 규범적인 삶과 의식과는 동떨어진 유미주의를 추구하는 당대의 지식인들의 모임으로 알려지기도 한 블룸스베리 그룹의 일원이기도 하며, 또한 수차례의 정신질환과 자살 기도 끝에 우즈강에 투신자살한 작가이기도 하다. 울프의 생과 작품에 대한 이러한 단편적인 지식은 종종 울프를 구체적이고 일상적인 사회와 역사와 괴리된 채 아무도 이해하지 못하는 자기만의 작품세계를 추구하는 작가로, 혹은 급진적이고 호전적인 페미니스트로, 또는 관념적이고 비현실적인 몽상가로, 또는 예술가적인 광기로 죽음을 선택한 작가로 신비화하게 한다. 그러나 울프는 편지와 일기, 에세이 등에서 뚜렷이 드러나듯이 매우 실제적이고 현실적인 사람이었으며 블룸스베리 그룹의 일원으로 사회, 예술, 비평, 경제 등 다양한 인문학 분야에 대한 해박한 이해를 갖춘 지식인인 동시에 여성의 삶을 억압하는 가부장제 사회와 역사를 모더니스트적인 문학적 상상력과 날카로운 풍자와 조소를 통해 비판하는 선구적 페미니스트이다.

1929년 발간된 울프의 『자기만의 방*A Room of One's Own*』(1929)은 이러한 울프의 복합적인 면모를 잘 드러내는 작품이다. '자기만의 방' 이라는 제목과 '연간 오백 파운드' 라는 구절로 가부장제 하에서의 여성의 경제적 독립이라는 명제를 부르짖는 페미니스트 평론서로 유명하지만 『자기만의 방』은 예술과 페미니즘의 관계에 대한 울프의 진지한 모색을 담고 있다. 실제로 『자기만의 방』 서두에서 밝히듯이 울프는 1928년 케임브리지 대학에 속해 있는 뉴넘과 거튼이라는 두 여자 대학에서 행한 '여성과 픽션' 이라는 주제의 강연문을 수정하여 이듬해인 1929년에 『자기만의 방』으로 출간했다. 『자기만의 방』에서 울프는 영국문학 전통을 비롯하여 지극히 남성중심적인 영국사회와 역사에 대한 냉철한 이해를 토대로 모더니스트적인 문학적 상상력을 빌어 때로는 구체적이고 실증적으로, 때로는 암시적으로, 때로는 장난스러운 유희로, 때로는 신랄한 아이러니를 통해 여성과 문학에 관한 다층적이고 다중적인 자신의 논의를 전개한다. 따라서 『자기만의 방』은 정치적이고 논쟁적인 페미니스트 에세이로만 읽히기보다는 성의 정치학과 문학의 정치학의 함수 관계를 풀어내는 울프의 고유한 글쓰기 방식으로 읽혀야 한다.

『자기만의 방』의 첫 장에서 울프는 종종 비현실적이고 몽상적인 것으로 여겨지는 문학적 상상력도 돈과 집, 건강과 같은 구체적이고 물질적인 것의 영향을 받는다고 전제한다. 이러한 견해를 뒷받침하기 위해 울프는 옥스브리지와 같은 남자 대학에서의 성대한 오찬과 뉴넘과 거튼과 같은 여자 대학에서의 초라한 정찬을 비교하면서 제대로 된 식사를 하지 못하면 생각도, 사랑도 할 수 없고 잠도 잘 잘 수 없다고 말한다. 그리고 남녀 대학의 설립 과정의 극명한 차이를 보여주며 1882년까지 재산권을 갖지 못한 영국 여성들의 경제적 빈곤의 역사를 드러낸다. 울프는 첫 장에서 "왜 여성은 가난하며 경제적 빈곤이 여성 작가에게 미치는 영향은 무엇인가."라는 질문을 제기하고 나머지 다섯 장에서 그 해답을 찾아간다.

제 2장에서 울프의 화자는 영국박물관을 찾아가 여성에 대한 수많은 남성들의 서로 다른 견해와 논쟁을 살펴보면서 남성들의 여성론은 공통적으로 남성의 우월함과 여성의 열등함을 강조하고 있음을 발견한다. 남성의 우월함을 확인하기 위해 여성은 열등하게 여겨지고 여성은 남성을 실제보다 더 크게 확대하여 반사하는 거울의 역할을 해왔다는 것이다. 제 3장에서는 실제 기록된 역사에서 여성의 부재를 인식하고 상상력을 동원하여 셰익스피어의 누이동생 쥬디스를 가상한다.

16세기 영국에서 윌리엄 셰익스피어에 필적하는 문학적 재능과 열정을 지닌 여성이 있었다고 하더라도 제도적 억압과 적대감으로 결국 파멸과 비극으로 점철된 삶을 살았으리라 상상한다. 제 4장과 5장은 17세기 이래 여성의 글쓰기 역사를 시대적으로 살펴보면서 귀족부인들을 비롯한 여성작가들이 시도한 글쓰기 방식과 이들에게 가해진 사회적 제약과 비판으로 인한 고통과 분노를 소개한다. 여성문학 전통의 부재와 여성의 경험을 여성 고유의 언어로 표출할 수 없는 어려움 속에서도 산출된 애프러 벤과 제인 오스틴과 같은 선구적인 여성 작가들을 기리며 제 5장과 6장에서 여성과 글쓰기의 현재를 가늠하고 방향을 제시한다.

제 5장에서 화자는 메리 카마이클이라는 가상의 작가와 그의 작품을 들어 이제 현대 여성의 글쓰기는 남성과의 관계 속에서 그려지는 여성이 아니라, 여성 그 자체로 혹은 다른 여성과의 관계에서 드러나는 여성, 또는 실제 여성들의 고유하고 복잡한 세계를 재현해야 한다고 주장한다.

이러한 여성의 참된 글쓰기는 역설적으로 작가가 여성이라는 자의식에서 벗어날 때에만 가능하다고 강조한다. 마지막 장에서 울프는 분노와 좌절, 두려움 없이 셰익스피어와 같은 양성적인 마음으로 글을 씀으로써, 즉 작가는 남성이던 여성이던 지나친 성적 자의식 없이, 자신의 성에 대해 아무런 걸림도 없이 글을 쓸 때 창조적으로 실재를 있는 그대로 구현할 수 있음을 역설하면서 끝맺는다. 즉 울프가 주창하는 자기만의 방은 가부장제하에서 여성이 남성처럼 글을 쓰기 위한 방이 아니라 가부장제 재현 체계망에 포섭되지 않는 여성 고유의 경험과 가치를 새로운 언어, 새로운 문장으로 표현해야 한다는 당위성에 대한 역설적인 지적이다.

울프의 『자기만의 방』의 영문본은 하코트판이 널리 읽히며 우리말본으로는 오진숙이 번역한 솔 출판사 간행본(1996)을 추천한다.

김영주 (서강대 영문학)

044

분노의 포도

존 스타인벡

대공황기의 저항과 희망

『분노의 포도*The Grapes of Wrath*』는 존 스타인벡(Steinbeck, John Ernst, 1902~1968)의 대표작일 뿐 아니라 미국 소설 중에는 매우 급진주의적인 의식을 담고 있는 작품이다. 미국 중부지역의 극심한 가뭄으로 거의 10년간 지속된 '더스트볼'(dust bowl)을 피하여 서부로 이주한 가난한 사람들의 애환을 조드 가족의 이야기로 소설화한 작품인데, 1939년에 출판되어 퓰리처상과 미국출판협회상을 받았다. 퓰리처상 수상이 작품의 중요성을 반영한 것이라면, 미국출판협회상 수상은 작품의 흥행을 반영한 것이라고 볼 수 있다. 이러한 흥행 때문에 1940년에 존 포드가 연출한 영화가 개봉되었고, 이 또한 크게 성공하였다.

『분노의 포도』(1939)와 같이 급진주의적인 작품이 이처럼 흥행할 수 있었다는 것은 당시의 미국의 사회적, 정치적 상황을 반영하는 것이기도 하다. 대공황에 더스트볼(dust bowl)까지 겹치면서 가난과 고통 속에서 살아가는 사람들이 많았고, 정치적으로는 루스벨트 대통령의 진보적인 뉴딜New Deal 정책이 호응을 얻고 있었다. 뉴딜 정책이 사람들에게 희망을 주었듯이, 〈이 땅은 너의 땅This Land Is Your Land〉 등의 곡으로 유명한 우디 거스리와 같은 급진주의적인 포크 가수들도 저항과 희망의 노래를 부르던 시대였다.

이러한 시대적 상황을 알면 『분노의 포도』의 대중적 인기를 이해할 수 있다. 그렇지만 이 작품은 공산주의적이라거나 지나치게 선동적이라는 비난을 받는 등 많은 논쟁을 일으킨 작품이기도 하다.

『분노의 포도』를 사회주의 리얼리즘의 예로 보는 비평가들도 있는가 하면, 매우 감상적인 소설로 보는 비평가들도 있다. 이처럼 엇갈리는 비평은 『분노의 포도』의 복합성을 반영하는 것이기도 하다. 스타인백은 독자에게 사회적, 역사적 현실을 이해시키는 동시에 독자가 등장인물들의 애환을 공감하고 느낄 수 있는 소설을 쓰고자 했다고 말하였다. 이를 위해 그는 시대적 상황을 소개하는 짧은 챕터들과 조드 가족의 이야기를 서술하는 챕터들이 번갈아 등장하는 형식을 선택하였다.

1930년대에 더스트볼(dust bowl)을 피하여 오클라호마에서 서부로 이주한 농민들을 '오키'(Okie)라고 불렀는데, 이러한 이주자들이 오클라호마 인구의 15%가 넘었다고 한다. 조드 가족 역시 오키들이다. 다른 가족들과 마찬가지로 그들은 캘리포니아에는 땅과 일자리가 아직도 많다는 광고를 보고 무작정 서부로 떠난다. 그러나 여행 중 할아버지, 할머니는 사망하고, 캘리포니아에서 그들을 기다리고 있는 것은 난민촌과 이주자들에 대한 편견, 착취, 탄압뿐이다. 당시에 농장 노동자들이 노동조합을 형성하려는 운동이 있었는데, 캘리포니아의 거대한, 기업화된 농장들은 모든 수단을 동원하여 이러한 운동을 저지하였다. 노조를 형성하여 파업하고 있는 농장에서 일하게 된 주인공 톰 조드는 폭력에 휘말리면서 살인을 하게 되고, 가족을 버리고 도망가게 된다. 떠나기 전에 그는 어머니에게 "나는 모든 곳에 있을 것"이라고 말한다. 굶주림에서 벗어나고자 투쟁을 하는 사람이 있는 곳에, 경찰에게 폭행당하는 사람이 있는 곳에, 분노에 외치는 사람이 있는 곳에, 식사를 기다리며 웃고 있는 배고픈 아이들이 있는 곳에, "내가 거기에 있을 것"이라고 톰은 말한다.

스타인백은 이 소설을 쓰기 위해 4년 넘게 자료를 수집했으며, 이주자들과 농장 노동자들에 대한 기사와 수필도 많이 썼다. 이러한 과정을 거쳐 완성한 『분노의 포도』는 대공황의 시대적 상황을 예리하게 보여주는 작품이며, 지금도 독자에게 공감하고 느낄 수 있는 경험을 제공한다. 우디 거스리는 1940년에 〈톰 조드Tom Joad〉라는 곡을 쓰기도 했고, 거스리의 저항정신을 이어받은 브루스 스프링스틴(Bruce Springsteen)은 1995년 앨범 제목을 〈톰 조드의 영혼The Ghost of Tom Joad〉이라고 지었다. 스타인벡은 자료를 수집하면서 만난 사람들의 목소리가 소설을 쓰는 동안 계속 들렸다고 말했는데, 그들을 대변하는 톰의 목소리는 지금까지도 들리고 있는 것이다.

번역판은 '홍신 엘리트 북스'에 포함된 것(맹후빈 옮김, 홍신문화사, 1993)과 범우 비평판 '세계 문학선'에 포함된 것(전형기 옮김, 범우사, 1993) 등이 있다. 그러나 원작에 가장 충실한 것은 물론 원작 자체이다. 상당히 길기는 하지만 읽기 쉬운 영어로 씌어진 대중적인 소설이기 때문에 도전해 볼 만하다.

노재호 (서강대 영문학)

045

이방인
카뮈

✓ 게임의 규칙을 거역하는 자의 죽음

1942년 알베르 카뮈(Camus, Albert, 1913~1960)는 『이방인 *L'Etranger*』(1942)를 출간하고 무명 작가에서 일약 세계적인 명성을 얻게 된다.

당시 프랑스의 식민지였던 알제리의 한 도시인 오랑에 사는 프랑스인 뫼르소는 다툼 끝에 한 젊은 아랍인을 살해한다. 그는 체포되었으며 재판 끝에 사형 선고를 받게 된다. 우리가 관심을 가지게 되는 것은 자신이 저지른 범죄에 대한 주인공의 노골적인 무관심이다. 이미 이 소설의 도입부에서 주인공은 자신의 어머니의 죽음을 아무런 슬픈 감정도 표하지 않고 냉담하게 이야기한다. 뫼르소는 그러면 일종의 괴물과 같은 사람인가? 카뮈는 이 주제에 대해 명확하게 이야기한다. 주인공은 위선적인 사회의 조직에 들어가지 않으려 하는 일종의 이방인이자, '게임의 규칙을 거역하는 자'란 것이다. 뫼르소는 거짓말을 하지 않고 위선적인 행동을 보이지 않는다. 그는 항상 자신이 느끼고 생각하는 바를 말할 뿐이다. 이러한 주인공의 무관심한 행동은 사회뿐만 아니라 종교에 대해서도 마찬가지이다. 그는 마지막 신부의 도움조차도 거절했던 것이다.

이 소설은 같은 해에 출간된 일종의 철학 에세이인 『시지프스의 신화』의 소설적인 구현으로 간주할 수 있다. 이 두 작품에서 카뮈는 자신의 '부조리의 철학'을 발전시킨다. 인습과 규칙, 의식과 이념으로 가득 찬 이 세계에서 인간은 진정한 삶의 의미를 찾을 수 없고 또한 이 세계를 이해할 수 없다. 그러나 인간이 이 세계가 부조리하다는 것을 인식하고 이를 숙명으로 받아들인다면 오히려 인간은 궁지에서 빠져나올 수 있다. 카뮈는 산 정상을 향해 끊임없이 바위를 되돌려 올려야 하는 형벌에 처한 시지프스에게서 이러한 현대인의 삶이 형상화되었다고 본다. 이 작품이 씌어진 시기가 2차 세계대전의 와중이었음을 감안한다면 이러한 사상은 당시 지식인의 세계에 대한 공포와 혐오가 반영된 것으로 볼 수 있다. 부조리한 세상에서 그리고 무의미한 사건들 사이에서 과연 삶은 살아갈 만한 가치가 있는가? 그는 인간적인 행위, 인간 상호간의 책임감의 추구가 필요함을 역설한다. 이러한 그의 도덕관은 1947년 발표된 『페스트』에서 보다 구체적으로 형상화된다.

『이방인』이 커다란 성공을 거둔 것은 소설이 내포한 이러한 철학적인 의미도 있지만 무엇보다도 그 문체의 독특함에 있다. 그는 전통적인 3인칭 시점과 단순과거의 화법을 버리고 1인칭 시점과 복합과거의 시점을 사용하였다. 이러한 작가의 선택은 우선 독자들이 이야기를 듣듯 친근하게 글을 읽을 수 있도록 하였다. 작가가 유독 짧고 이해하기 쉬운 문장으로 글을 쓴 것도 이러한 목적이라고 할 수 있다. 또한 복합과거의 화법의 사용은 사건의 시간과 서술의 시간 사이의 간격을 매우 가깝게 만들어, 마치 독자들이 매일 매일의 일기를 읽는 것 같은 효과를 주었다. 이는 이야기가 어떠한 정해진 결말을 향해 전개되는 것이 아니고 마치 알 수 없는 곳으로 진행되는 느낌을 갖게 한다. 이러한 독특한 문체의 사용이 이 소설이 내포한 철학적인 내용과 매우 합치하였던 것이다. 이 소설은 매우 많은 우리말 번역이 있다. 그 중 김화영이 번역한 『이방인』(책세상, 1987)을 권하고 싶다.

전종호 (서강대 프랑스문화학)

046

독사를 죽였어야 했는데

아샤르 케말

이슬람 가부장제의 악습과 비극

이슬람 여성을 상징하는 베일과 함께 명예살인은 이슬람 문화권에서 종교적 전통과 관습의 이념에 의해 여성에게 불평등하게 가해지는 폭력성의 실체를 드러내는 문화현상이다. 명예살인은 요르단 · 이집트 · 아프가니스탄 등의 이슬람 문화권에서 자행되어 온 관습으로, 여성이 성적 순결과 정조를 잃은 것을 가문의 명예를 훼손했다고 판단하여 그 여성을 가족과 친족의 남성 구성원들이 살해하는 것을 말한다. 여성의 자유로운 연애와 간통, 심지어는 강간의 경우에도 명예살인은 행해진다. 명예살인에 대한 사회적 인식은 관대한 편이어서 자신의 여동생, 누나 혹은 딸을 살해한 남성들은 법적으로 큰 처벌을 받지 않으며 때로는 영웅처럼 대우를 받기도 하기 때문에 오늘날까지도 많은 이슬람 국가에서 공공연하게 자행되고 있다. 1987년 노벨문학상 후보에 올랐던 터키의 작가 아샤르 케말(Yashar Kemal)의 『독사를 죽였어야 했는데』는 작가가 50년대에 교도소에 수감되었을 때 만난 소년의 실화를 바탕으로 명예살인을 소재로 한 소설로 어머니를 죽여야 하는 운명에 처한 어린 소년의 복잡한 심경과 그를 부추기는 주변 사람들의 모습을 생동감 있게 그려낸 작품이다.

터키의 한 시골 마을에서 아버지 없이 어머니와 함께 살고 있는 12살 남자아이 하산은 늘 할머니나 삼촌 등 집안 식구들로부터 자신이 머지않아 어머니 에스메를 명예살인해야 할 임무가 있음을 교육받는다. 왜 아들이 어머니를 죽여야 하는가? 하산의 아버지 할릴이 그의 아내 에스메의 옛 연인 압바스에 의해 살해당했기 때문에 아버지 가문의 대표 남성으로서 어머니에게 복수해야 하는 것이다. 에스메는 압바스와 과거 연인 관계였으나 그녀를 짝사랑한 할릴에 의해 납치당하여 그와 강제로 결혼하고 하산을 낳았다. 그러나 감옥에서 출옥한 압바스가 몰래 에스메를 찾아오고 결국 할릴을 죽임으로써 복수한다. 압바스는 곧 마을 사람들에게 붙잡혀 죽임을 당했지만, 마을 사람들은 문제의 근본 원인이 에스메에게 있으며 그녀가 명예살인을 당해야 마땅하다고 입을 모은다. 그녀를 죽이기 위해 하산의 삼촌들이 몇 번 나섰지만 성공하지는 못했다. 그녀를 죽일 경우 그녀의 친정 오빠들이 가만 있지 않을 것이라는 우려도 있지만, 무엇보다도 그녀의 너무나 아름다운 미모가 해치려 하는 상대방의 마음을 녹아 내리게 하기 때문이다. 결국 해결책은 에스메의 아들인 하산이 그녀를 살해하는 길뿐이다. 하산으로 하여금 자신의 어머니를 살해하게 하기 위해, 삼촌들과 할머니 그리고 마을 사람들 모두가 가세하여 어린 하산을 부추긴다. 친척들과 이웃의 비난으로부터 필사적으로 어머니를 보호하던 하산이지만, 끊임없이 계속되는 주변의 세뇌작업은 그의 마음을 흔들어 놓는다. 특히 어머니를 살해할 것을 애원하는 아버지의 원혼을 꿈에서 보게 되면서, 하산의 심적 혼란은 극으로 치닫는다. 집안의 명예를 위해 어머니를 살해해야 하는 의무와 어머니에 대한 사랑 사이에서 갈등하는 어린 하산은 과연 어떤 선택을 내릴 것인가?

소설은 단지 여성뿐만 아니라 모두를 피해자로 만드는, 가부장적 체제의 악습을 폭로함으로써 비단 이슬람 문화권 사람들뿐만 아니라 가부장적 사회 속에서 살아가는 우리 모두에게 반성을 촉구한다. 이슬람의 가부장적 체제 속에서 여성의 기본권이 무시되고 여성이 단지 남성의 가문을 종속시키기 위한 도구로 다루어지는 모습을 명예 살인은 가장 극단적인 형태로 예시한다. 이러한 사회에서 고통받는 것은 단지 여성들뿐만이 아니다. 명예살인은 아버지, 오빠 심지어 아들에게도 패륜의 멍에를 짊어지게 하며, 그 가족 전체를 복수와 저주의 연속적인 비극 속에서 평생 살게 한다. 우리말 번역본은 동덕여대 오은경이 번역하였고 문학과지성사(2005)에서 출간되었다. 터키에서 터키문학과에서 비교문학으로 박사학위를 받은 역자의 작품 해설에는 터키의 사회상과 아샤르 케말의 작품 세계에 대한 설명이 들어 있어 작품 이해에 도움을 준다.

김성례 (서강대 종교학)

047

불한당들의 세계사

보르헤스

반사실적인, 너무나 포스트모던한

인간의 역사가 시작되면서 이야기의 역사는 시작되었다. 이성이나 논리와 같은 로고스가 있기 이전, 누군지 모르게 만들어져 전해지는 이야기 즉 뮈토스가 있었다. 이야기는 구체적인 상황을 설정하고 그 안에서 일어나는 사건에 대해 말한다는 점에서 우리의 인생살이를 비추는 거울이 된다. 그래서 그런지 인간은 이야기를 거의 본능적으로 좋아한다.

이러한 이야기의 유구한 역사에 비한다면, 소설의 역사는 매우 짧은 편이다. 그럼에도 불구하고 소설이 오늘날 가장 강력한 형식으로 남아있는 까닭은 그것이 갖는 개방성과 유연성 때문이다. 소설은 다른 어떤 형태의 담론들도 수용하거나 차용할 수 있으며, 그래서 앞으로도 수많은 가능성을 갖고 있는 장르라 할 수 있다. 학자들은 소설의 절정이 위대한 사실주의 시대에 구현되었다고 말한다. 발자크, 스탕달, 도스토예프스키와 같은 소설의 거장들이 활약한 시대에 소설은 현실을 그럴듯하게 모사하여, 독자들에게 마치 그 현실 안에 있는 듯한 박진감있는 체험을 선사했다. 그러나 그것이 아무리 박진감 있다 한들, 현실 속에서 직접 체험하는 것만 같으랴. 20세기에 접어들면서 사실주의 소설은 차츰 그 힘을 잃기 시작한다.

보르헤 루이스 보르헤스(Borges, Jorge Luis, 1899~1986)의 『불한당들의 세계사*Historia Universial De La Infamia*』(1954)는 사실주의로 대변되는 소설적 모더니즘의 황혼을 보여준다. 그리고 새로운 시대 즉 포스트모더니즘 시대의 소설 형식이 어떤 모습이 될 것인지를 예측하게 해준다.

모더니즘 소설은 인간의 가치를 중시한다. 인간의 삶은 어떤 가치를 구현하기 위한 삶인데, 소설은 그러한 것을 추구하는 과정에서 생겨나는 고뇌와 고통을 진지하게 탐구한다. 이른바 휴머니즘을 바탕으로 하는 것이다. 그러나 불한당들이 난무하는 이 소설에서 인간은 그야말로 교활하고 잔인한 악행을 저지르다 무가치하게 죽어갈 뿐이다. 죄의식이니, 윤리니 하는 것이 있을 리 없는 반휴머니즘을 이 소설에서 읽을 수 있다.

이러한 불한당들에게 내면세계란 있을 리 없다. 그들은 권력이나 섹스와 같은 본능적인 욕구에 충실하며, 그들은 그것을 오직 행동으로만 보여준다. 그런 점에서 이들 주인공들은 구술로 전하는 민담의 주인공들을 닮았다. 다만 이들과 다른 점은 이들의 행동이 권선징악과 같은 틀에 의해 조종되지 않는다는 점인데, 그로 인해 이들의 행동의 무가치성은 더욱 절실하게 우리에게 다가온다. 이런 반심리주의적 경향 또한 오늘날 포스트모던적인 흐름의 하나라 할 수 있다.

이 소설은 모더니즘 소설이 갖는 일반적인 규칙이 무시된다. 우선 여러 인물들 각각의 이야기가 나열적으로 펼쳐지는 형식이 기존 소설의 형식과 다르다. 한 인물의 일대기를 다룬다는 점은 전통적인 전기 형식을 차용한 것으로 보인다. 단지 불한당이라는 점을 빼고는 그러한 인물들 간에는 시간적으로나 공간적으로나 아무런 연관성이 없다. 인물들이 펼치는 이야기 또한 고도로 계산된 인과성을 통해 그럴듯한 효과를 창출하는 모더니즘 소설의 일반적 문법에서 벗어나 있다. 더구나 제목에 붙은 '세계사' 라는 용어에서 드러나는 '역사' 의 함축도 이 소설에서는 찾을 수 없다. 어쩌면 이 소설은 모더니즘의 한 흐름으로서의 역사주의도 해체하고 있는지 모른다.

이 소설에서 가장 중요한 것은 사실주의에서 강조하는 '사실'의 해체다. 반사실주의 경향은 이 소설에서 드러나는 환상적인 소재 때문만은 아니다. 기존 텍스트들을 교묘하게 다시 쓰는 작업을 통해 이 소설이 지시하는 것이 사실의 세계가 아닌 언어의 세계임을 보여준다. 흔히 포스트모더니즘을 규정하는데 일반적으로 쓰이는 텍스트 간의 상호교차성(intertextuality)이 이 소설에서 구체적으로 실천된다.

이런 낯선 문법의 소설이 이제는 더 이상 낯설게 느껴지지 않는 것은 이미 포스트모더니즘의 문화적 흐름이 이 시대에 우리 삶의 보편성으로 받아들여진다는 뜻이 아닐까?

번역본으로 황병하가 옮긴 『불한당들의 세계사』(민음사, 1994)가 있다.

송효섭 (서강대 국문학)

048

닥터 지바고

빠스쩨르낙

혁명으로부터 탈주하는 사랑 이야기

『닥터 지바고*Docter Zhivago*』(1956)는 빠스쩨르낙(Boris Leonidovich Pasternak, 1890~1960)이 1945년부터 1956년까지 쓴 유일한 소설이다. 이 소설은 처음에 소설가의 조국에서 출간되지 못하고 1957년 이탈리아 밀라노에서 이탈리아어로 번역 소개되었다. 러시아에서 빠스쩨르낙의 소설이 공식적으로 출간된 것은 그 후 1988년의 일이다.

빠스쩨르낙은 원래 『나의 누이 — 삶』으로 문단의 주목을 받았던 시인이었지만 대중들에게는 이 한 편의 소설 때문에 소설가로 더 잘 알려져 있다. 소설 제목 중 '지바고'는 원래 러시아어로 '쥐바고'이며 쥐바고는 '살아있는', '생생한'이라는 뜻을 가진 형용사 '쥐보이'의 소유격 형태다. 그 의미는 1917년 러시아혁명 이전의 체제가 살아있다는 뜻이고 이런 맥락에서 당시에 '반혁명적인' 소설로 폄하되었던 작품이다.

현재 러시아의 수도 모스끄바에서 북쪽으로 교외선을 타고 가면 뻬레젤끼노라는 곳이 있고 이 곳에는 지금 빠스쩨르낙 박물관으로 쓰이는 건물이 있는데, 이 건물에서 빠스쩨르낙은 『닥터 지바고』를 썼다. 소설 『닥터 지바고』는 시인이자 의사인 유리 지바고라는 한 지식인이 러시아혁명 속에서 겪는 이야기이다. 즉, 혁명의 서사를 혁명의 와중에 만나게 된 라라와의 사랑 이야기를 씨줄 날줄로 엮은 것이다. 역사 속에서 개인의 운명을 엮는 소설의 씨줄은 다음과 같다.

소설의 주인공 유리 지바고는 글로메꼬 교수의 딸 또냐와 결혼한다. 제1차 세계대전이 터지면서 그는 군의관으로 종군한다. 전쟁터에서 지바고는 종군 간호원인 라라를 만나게 된다. 라라는 결혼 후 출전한 남편 빠샤를 찾아 전장에 왔던 것이다. 1917년 레닌의 러시아혁명이 일어나자 지바고는 전선에서 가족이 있는 모스끄바로 왔다가 처가의 영지가 있는 우랄 지방으로 떠난다. 우랄 지방의 유리아찐에서 지바고는 다시 라라를 만나게 되지만 그 곳에서 적군 유격대에 의해 지바고는 납치되고 시베리아로 강제 종군을 가게 된다. 유격대로부터 탈출한 지바고는 가족이 있는 유리아찐으로 돌아오지만 가족은 국외로 추방되었고 라라만이 지바고를 기다리고 있었다. 지바고처럼 유격대를 탈출한 꼬마롭스끼가 라라와 그녀의 딸, 지바고에게 백군 지역인 극동 지방으로 피신을 요구하지만 지바고는 다른 사람들을 모두 그 곳으로 보내고 혼자 남는다. 그러던 중 라라의 남편 빠샤가 찾아오고 반역자로 낙인찍힌 그는 권총 자살을 한다. 지바고는 모스끄바로 돌아 와 자기 집 하인의 딸을 아내로 맞아 만년을 보내다가 모스끄바 길거리에서 심장병으로 객사하고 만다.

소설 『닥터 지바고』에서 주목할 것은 이러한 씨줄에 얽혀 있는 날줄 즉 개인의 운명에 깊이 영향을 미친 러시아 혁명이라는 역사적인 사건이다. 또한 이 소설에서 지바고가 이야기하는 러시아 문학, 혹은 예술 일반에 대한 통찰을 살펴보는 것도 의미있는 일이 될 것이다. 빠스쩨르낙은 러시아 문학사에서 러시아 혁명 이후 숱한 다른 작가들과 달리 외국으로 망명을 떠나지 않고 러시아 안에서 혁명과 역사의 의미를 캐물었던 '내적 망명가'로 알려져 있다.

『닥터 지바고』는 줄거리의 전개가 우연에 의해 지배되는 탓 때문에 산만하다는 평가를 받아왔다. 그러나 이것은 빠스쩨르낙이 자기 소설에서 구사한 상징주의 기법을 제대로 이해하지 못한 것이다. 이 기법은 소설 안에서 비, 바다, 열려진 창문, 돌풍, 바람 등의 자연 이미지들을 통해 드러나는데, 이러한 이미지들은 우발성의 지배를 받고 있다. 이러한 자연의 이미지들과 마찬가지로 빠스쩨르낙에게 혁명은 홍수의 이미지로 비치는 것이며, 이러한 이미지는 혁명과 역사를 필연성으로 파악하는 관점을 비판하기 위해 동원된 것이다.

요컨대 개인의 운명이나 그것이 씨줄로서 얽혀 들어가 있는 역사의 과정도 우발점에서 펼쳐진다는 뜻이다. 역사가 혁명이라는 구심점을 향해 질주하는 것이라면, 개인은 유리 자바고가 탄 기차처럼 역사에서 탈주하는 원심운동을 하는 것이다. 빠스쩨르낙이 활동한 미래파 시인 모임 이름이 '원심분리기'였던 것처럼. 박형규 번역본이 열린 책들(2001)에서 나와 있다.

이득재 (대구카톨릭대 노문학)

049

양철북

권터 그라스

전후 사회의 위선을 폭로하는 북소리

1959년 『양철북*Die Blechtrommel*』(1959)이 출판되기 전, 귄터 그라스(G nter Grass)가 전후 독일 문인들의 모임 〈그룹 47〉에서 처음으로 이 소설을 낭독했을 때 격렬한 논쟁이 벌어졌다. 이 작품은 허무와 타락을 부추기는 퇴폐적 소설 또는 외설물, 포르노 소설 등의 혐의를 받았다. 그러나 그라스의 이 첫 번째 장편소설은 그때까지 시인, 극작가, 조각가로서의 무명의 그라스를 일약 전후 독일 문단을 대표하는 유명작가로 만들어 놓았다.

또한 이 소설은 제 2차 세계대전을 일으킨 패전국 전후 독일 문단의 입지 회복과 독일 문인들의 현실감각과 작가적 인식지평을 넓히는 데 결정적으로 공헌하였다. 그라스는 『양철북』에 이어 발표한 소설 『고양이와 쥐*Katz und Maus*』(1961), 『개들의 시절*Hundejahre*』(1963)을 한데 묶어 단치히의 삼부작으로 명명하였다. 이들 세 작품들은 모두 그라스의 고향 폴란드의 단치히를 배경으로 시대사를 소재로 다루었다는 점에서 공통적이다.

『양철북』의 주인공 화자인 '나'의 이름은 오스카이다. 그는 정신병원의 요양원에서 세상과 단절한 채 국외자, 은둔자의 입장에서 과거 자신이 살아온 삶의 이야기들을 회상하며 기록하고 있다.

이 소설의 시간적 공간은 현재와 과거이다. 소설 첫 부분에서 서로 교차되는 시간의 차원이 암시되고 있다. 오스카가 요양원을 찾아오는 방문객을 일체 거부하며 사회와 단절한 채 과거의 기록에 몰두하는 1952년에서 1954년의 시기가 시간의 한 차원이다. 이 시기는 종전 후 분단된 서독 지역이 경제복구에 전념하면서 독일재건을 추구하던 때이다.

이 소설의 또 다른 서술시간은 1899년에서 1952년까지의 과거이다. 그 속에서 오스카는 외할머니 이야기로부터 시작하여 자신의 출생, 두 아버지, 어머니의 불륜과 죽음 등 가족사를 아무런 여과 없이 상세하게 서술한다. 이어 나치 시대가 도래하여 그 속에서 적응하며 살아가는 가족, 자신 및 이웃 소시민들의 일상적 삶의 이야기들이 시대적 사건과 더불어 서술된다. 서로 다른 두 차원의 서술시간들은 전쟁이 끝난 후, 오스카가 의도적으로 전후 서독 사회와 철저하게 단절, 고립되어 과거를 회상하는 자신의 30회 생일에서 교차되면서 이 소설은 끝난다.

3부로 이루어진 총 46장의 비교적 독립된 이야기들로 구성된 이 대하소설에서 특히 주목을 요하는 것은 화자인 '나', 오스카의 역할이다. 오스카는 주변사람들의 삶을 마치 제 삼자, 아웃사이더의 입장으로 세밀하게 관찰하면서 이야기한다. 오스카는 세살 때 엄마에게 생일선물로 받은 북을 항상 목에 걸고 다니며 자신의 분신처럼 소중히 여긴다. 또한 그는 일찍이 눈뜬 성적 호기심으로 엄마의 불륜 장면을 목격하고 의도적으로 계단에서 추락하여 몸이 성장하지 않는 왜소증에 걸리게 된다. 오스카는 북을 치며 괴성을 질러 유리창을 깨뜨리는 초인적 능력 때문에 어렸을 적부터 학교생활에 적응을 못하거나 북을 두드려 나치 집회를 방해하는 등 언제나 주변부적 인물로 나타난다. 그는 또한 주변 사람들을 불행에 빠뜨리며 냉정하게 관찰하는 장본인이기도 하다. 엄마의 죽음을 무방비 상태로 지켜보며, 자신의 친아버지로 추정되는 얀을 폴란드 우체국을 방어하도록 유인함으로써 나치 독일인들에 의해 처형당하게 한다. 나치에 부역하던 아버지가 나치 표식물을 삼켜 질식사한 책임도 오스카에게 있다. 행위자로서의 주인공과 회상하는 자로서의 주인공 오스카에 대한 다차원적 이해가 작품 『양철북』 해석의 관건이 된다.

이 작품을 나치즘 독일 역사에 대한 전후 독일지식인들의 과거 극복 및 과거 청산 논의와 연결하여 읽는다면 작품 파악에 도움이 될 것이다. 왜냐하면 소시민들의 위선, 금기를 가차 없이 폭로하고 파괴하는 오스카는 1960년대 독일 문단의 '문학의 정치화' 를 선도한 그라스가 의도적으로 구상하여 작품에 투입시킨 그로테스크한 예술적 형상이기 때문이다.

우리말 번역으로 두 권의 책으로 출판된 『양철북』(장희창 역, 민음사, 1999)과 한 권의 책으로 출판된 『양철북』(박환덕 역, 범우사, 1999)이 있다.

장순란 (서강대 독문학)

050

백년의 고독

마르케스

탈식민 문화의 환상과 구원의 서사

'라틴 아메리카의 성서'라고 불리는 가브리엘 가르시아 마르케스(Gabriel García Márquez)의 『백년의 고독*Cien años de soledad*』(1967)은 서유럽의 식민지로 개발되면서 역사적으로 언어적으로 혼란을 겪은 라틴 아메리카의 전통과 현실을 '환상적 사실주의' 기법을 통해 심도 깊게 표현한 작품이다. 보르헤스와 더불어 쇠락해 가는 서구의 소설계에 새로운 소설적 상상력을 제공한 공을 인정받아, 서구 담론의 문화적 토대인 노벨 문학상을 통해서 전세계적인 주목을 받았다는 점은 한편으로는 탈식민 문화의 아이러니가 아닐 수 없다.

『백년의 고독』의 줄거리는 호세 아르카디오 부엔디아 가문의 6대에 걸친 흥망성쇠가 '마꼰도'라는 도시의 '건설 · 소멸'과 궤를 같이 하며 진행된다. 여러 세대를 거치면서 비슷한 이름과 비슷한 성격을 가진 부엔디아 가문의 사람들은 탐험가, 발명가가 되기도 하고, 반군지도자로 혁명을 주도하거나 귀금속 세공인이 되기도 하지만 모두 비극적 운명을 겪게 된다. 한편 외부인에 의해 세워지는 바나나 공장, 노동자들에 대한 착취, 노동자들의 집단 반란과 그들에 대한 홀로코스트로 이어지는 마꼰도의 역사는 제국주의 침략으로부터 고통받아야 했던 라틴 아메리카의 모습과 흡사하다. 그러한 역사적 비극을 인식하고 전유할 수 있는 상상력의 가능성이 독특한 환상적 사건과 현상 속에 담겨 있다. 이렇게 도시 마꼰도가 환상적 사건과 제국의 침략에 의해 낭만적이면서도 비극적인 공간이 된다면, 부엔디아 가문은 근친상간과 오래된 예언에 얽매여 망해간다. 근친상간의 강박적 공포로부터 자유롭지 못했던 부엔디아 가문은 '돼지 꼬리 달린 자식'이 개미떼에게 끌려가면서, 집시 멜키아데스의 '백년 동안의 예언'을 실현하며 몰락한다.

이 소설은 환상의 기능과 효과를 극대화함으로써 포스트모더니즘 소설의 전형을 보여주고 있다. 비처럼 하늘에서 밤새 쏟아지는 꽃비, 사람들의 대부분이 겪게되는 전염성 불면증과 그로 인한 기억 상실증, 나보코프의 나비떼, '언제나 3월이고 언제나 월요일인' 방, 모두의 목숨을 앗아가는 회오리 바람 등 일상화된 환상적 사건들이 아무런 망설임 없이 인물들에게 경험된다. 환상과 현실, 존재와 비존재, 과거·현재·미래가 뒤섞인 소설 속 세계는 생의 덧없음과 삶의 허구성에 대해 새로운 사실적 의미를 부과한다.

그리고 이 소설은 역사에 대해서 재해석하고 있다. 이때의 역사란 한 개인의 역사이면서, 한 민족의 역사이며, 인류 전체의 역사를 의미한다. 소설에서 부엔디아 가문의 번영을 이끄는 두 여성인 우르슐라와 뻴라르 떼르네는 '시간은 원을 그리며 되풀이 되'는 것이고, '고칠 수 없을 정도로 마모되지 않는다면 영원히 계속해서 회전하는 한 바퀴'라는 것을 깨닫는다. 비슷비슷한 이름과 성격을 가진 부엔디아 가문 사람들의 생과 사, 죽었으나 사라지지 않고 살았으나 존재하지 않는 사람들의 공존은 순환하는 우주적 질서 속에서 인간의 삶이란 '과정'이며 '계기적 사건'에 불과하다는 남미 특유의 우주론을 반영하고 있다.

그러나 마르케스가 인간에 대한 존재론적인 사유를 포기한 것은 아니다. 제목에 제시된 '고독'은 백년 동안의 기이하고 기묘한 사건들에 얽매여 살아가는 부엔디아 가문 사람들의 삶 그 자체다. 그들은 자본주의 사회의 욕망 대상인 근대적 '문화'와 '직업'을 추구한다. 특히 근친상간이라는 자폐적 성적 욕망은 부엔디아 사람들의 폐쇄성을 상징적으로 보여준다. 그러한 현실 속에서 예언과 침묵으로 서술된 부엔디아 사람들의 죽음은 결코 소유할 수 없는 욕망으로부터, 생의 '소외'로부터 그들을 구원한다. 즉 마르케스는 서구의 자본주의 문화와 주체성을 전유하며 포스트모던한 '환멸'과 '구원'의 환상 서사시를 쓰고 있다.

무엇보다 이 소설을 읽을 때 주의점이라면 낯설은 소설 문법을 견딜 만큼의 인내심일 것이다. 상투적으로 읽곤 했던 소설 내용과 형식에 대한 감각을 잠시 접어두고, 남미 특유의 환상적 사실성을 받아들이기 위해 노력한다면 인간과 문화, 그리고 국가에 대한 흥미로운 상상력과 지적 깨달음을 얻을 것이다.

『백년의 고독』은 문학적 형상화에 초점을 둔 안정효 번역본 『백년 동안의 고독』(문학사상사, 2005년 개정판)과 원문에 충실한 조구호 번역본 『백년의 고독』(민음사, 2000년) 중에서 조구호 번역본을 권한다.

오윤호 (서강대 국문학)

051

장미의 이름

움베르토 에코

중세를 가로지르는 웃음소리

움베르트 에코(Umberto Eco, 1932~)의 『장미의 이름 *Il nome della rosa*』(1980)은 1327년 11월 하순, 이탈리아 북부 지방 어느 베네딕토 수도원에서 연쇄적으로 일어난 수도사들의 죽음에 관한 이야기를 담고 있다. 윌리암 수사의 노력으로 결국 사건의 전모가 밝혀지는데, 그 사건 배후에는 호르헤란 수도사가 있다. 호르헤는 일종의 엄숙주의자로 현재는 소실된 것으로 추정되는 아리스토텔레스의 『시학』 2부, 희극에 관한 책의 독서를 금지하려 한다. 그래서 그는 접근하는 사람을 죽이기 위해 그 책에 독을 바른다. 그 책을 읽을 때 침을 묻혀 책장을 넘겨본 사람은 중독되어 죽는다. 호르헤는 웃음을 거부한다. 진리는 웃음을 통해서 전달될 수 없다고 생각한다. "정신은 오직 진리를 묵상하고 성취하는 선을 기뻐할 때만 평온한 겁니다. 그리고 진리와 선은 웃음의 대상이 아니죠. 그래서 그리스도가 웃지 않았다고 하는 겁니다. 웃음은 회의를 낳습니다."는 호르헤의 말에 대해서 윌리암은 "당신이 악마입니다. 당신은 속은 겁니다. 악마는 물질의 왕자가 아닙니다. 악마란 정신의 오만, 웃음이 없는 신앙, 한번도 의심을 받지 않은 진리입니다."라고 응수한다.

『장미의 이름』은 학자가 쓴 소설로는 드물게 성공한 작품이다. 이 소설의 성공에는 에코의 뛰어난 이야기꾼으로서의 솜씨가 크게 기여했다. 현대의 작가들은 대개 선형적(線型的) 내러티브 구조를 혐오하지만 에코는 처음부터 끝까지 마치 물 흐르듯 순조롭게 진행하는 이야기를 만들어 놓았다. 성당과 숙소, 도서관과 부엌, 식물원과 마구간 등이 동일한 공간 속에 배치된 수도원을 중심으로 모든 사건이 진행되면서 마치 영화를 보는 듯 소설을 읽을 수 있는 것은 이 책의 재미를 더해 준다. 더욱이 탐정 소설이란 형식을 통해 에코의 이야기 솜씨는 한결 살아난다. 수도원 안에서 의문의 죽음이 잇달아 일어나고 바스커빌의 윌리암 수도사는 조수 아드소를 데리고 범인을 찾아 나서고 흔적읽기, 암호풀이, 미로찾기 등을 통해 결국 범인을 찾아낸다.

『장미의 이름』은 중세의 역사, 사상, 사회의 모습에 대해 풍부한 지식을 전해준다. 중세 사회와 문화, 중세인의 세계관이 탁월하게 드러난다. 1314년 프랑크푸르트에서 있었던 신성 로마제국의 황제(루이) 선출, 2년 뒤 까호르의 자끄의 아비뇽에서의 교황(요한 22세) 즉위, 1322년 페루지아의 프란치스코 수도회 총회, 1322년 프란치스코를 배경하는 요한의 칙령(제반 낭설에 관하여) 등이 이 소설의 배경이 된다. 프란치스코회가 교황청에 등을 돌리고 황제파를 옹호하게 된 소지가 되었던 그리스도의 가난에 관한 논쟁이 다섯째 날 수도원 마당에서 벌어진다. 가난한 자를 옹호한 돌치노파도 역사적 배경으로 중요한 역할을 한다. 결국 이단으로 몰려 수도원 마당에서 화형된 레미지오와 살바또레는 프라 돌치노의 추종자들이었다. 중세 교회와 정치, 사랑, 삶과 죽음, 수도원 생활, 중세인의 세계관에 관한 지적 호기심을 이 책은 만족 시켜준다.

『장미의 이름』은 하나의 사상소설이다. 소설 속에는 보편과 개체, 실재와 이름, 기호와 의미, 지식과 권력, 열정과 테로리즘에 관한 논의가 수없이 나타난다. 현재의 문화 상황과 정치 상황에 비춰 보더라도 현실성이 전혀 떨어지지 않을 만큼 팽팽하고 긴장된 어조가 담겨 있다. 추리소설이 대개 그렇듯 사건을 추적하고 해결하는 일에 이 소설의 관심이 있지 않다. 자신의 전공인 기호학을 통해 현 시대 문제를 중세라는 배경을 통해 해학적으로 보여주고자 한 것이

에코의 의도가 아니었는가 생각할 정도로 『장미의 이름』은 학자의 소설이고, 학자의 사상적 편력과 관심이 반영된 사상소설이다. 사상소설이기 때문에 우리의 시대와 우리의 문화에 대해 다시 한번 반성할 수 있는 계기를 주는가 하면, 역사소설이기 때문에 중세라는 시대의 문화와 사회를 눈앞에 그려볼 수 있고, 탐정소설이기 때문에 그것이 주는 긴장으로 인해 오히려 긴장을 해소할 수 있다. 도서출판 열린책들에서 이윤기 번역으로 상, 하권(1986)이 나와 있다.

강영안 (서강대 철학)

052

참을 수 없는 존재의 가벼움

밀란 쿤데라

역사와 존재에 대한 무거움

"[…]인생의 첫 번째 리허설이 인생 그 자체라면, 인생이란 과연 무슨 의미가 있을까? 그렇기에 삶은 항상 초벌그림 같은 것이다. 그런데 '초벌그림'이란 용어도 정확하지 않은 것이, 초벌그림은 항상 무엇인가에 대한 밑그림, 한 작품의 준비작업인데 비해, 우리 인생이란 초벌그림은 완성작 없는 밑그림, 무용한 초벌그림이다."(제 1부, 「가벼움과 무거움」 중에서)

지금 이 순간이 탄생이자 죽음이라면, 인생은 매번 타버린 잿더미에서 새롭게 태어나는 발전적인 형태를 띠는 것인가? 아니면 오늘 이 순간이 과거 어느 순간에 존재했고, 미래 어느 순간에 다시 재현되는 끝없이 돌고 도는 원형으로 파악해야 할 것인가? 시간의 직선적인 흐름과 순환적인 성격, 논리성과 형이상학성, 완성과 미완성, 숙명과 우연, 진실과 거짓, 행운과 불운, 고귀함과 비천함, '그래야만 한다'와 자유의지 등, 삶의 양극단을 나누는 경계선이 얼마나 취약하고, 부조리한 것인지를 밀란 쿤데라(Milan Kundera, 1929~)는 『참을 수 없는 존재의 가벼움 *L'insoutenable légèreté de l'être*』(1984)에서 말하고 있다. 화폭의 테마가 바뀌듯이 반복 없이 바람처럼 스쳐 지나가는 삶, 이러한 삶의 놀이에 기꺼이 동참하는 화가 사비나와 반복되는 수술처럼 '지상에 머무르는 육체를 메스로 개봉하고자 하는' 외과의사 토마스, 사랑하는 사람의 시선에 의해 존재 가치를 확인하려 하는 테레사와 프란츠. 언뜻 보기에 이들 네 사람이 만들어내는 4중주는 한 쪽에서는 유쾌한 고음으로, 다른 한 쪽에서는 어두운 저음으로 연주된다. 그러나 이 소설이 매력적인 것은 가벼운 삶의 놀이 속에 무거움으로 짓눌리고, 무거움 속에 가벼움으로 몸서리치는 네 사람의 인생이 교묘하게 짜여져 있기 때문일 것이다. 특히 시간의 직선적인 흐름이 이야기의 '전진과 후퇴', '후퇴와 전진' 으로 지속적으로 단절되면서, 삶의 '원형회귀' 와 반복 없는 선적인 특징에 대해서 독자가 스스로 질문을 던지고, 절단된 부분을 연결하고 상상하도록 유도하고 있다. 소설에서 이야기를 전달하는 자는 3인칭으로 등장인물의 심리(죽음으로 향하는 강아지, 카레인의 심리까지도)와 내면상태 그리고 이들의 삶에 대한 관점을 담담하게 적어나간다. 그러나 때로는 이들을 사랑하고 염려하는 '나' 로 등장하면서 소설 읽는 묘미를 더해준다. 또한 소설 속의 화자는 1968년 '프라하의 봄' 의 좌절 속에서 개인의 삶이 어떻게 초토화되었는지를, 공산주의가 야기했던 여러 문제점을 때로는 수필식으로, 때로는 등장인물의 사고체계를 통해서 말하고 있다. 역사의 수레바퀴 안에서 앞서 언급한 인간존재의 이분법적인 틀의 무용성 및 이러한 경계 자체가 얼마나 허망하고 가벼운 것인지에 대한 끊임없는 질문을 제기한다.

언뜻 보기에 사랑을 다룬 소설인 것 같지만, 삶과 인간과 역사에 대한 질문과 사고를 전개하는 수필의 성격을 띤 소설이다. 쿤데라가 선택한 반복서술, 반복서술이 독자에게 유도하는 꼴라주 기법, 그리고 에세소설(roman-essai)의 성격을 한껏 음미하면서, 작품이 던지는 의미에 대해서 생각해 본다면 한층 즐거운 독서가 될 것이다. 밀란 쿤데라가 유일한 정본으로 인정한 갈리마르(Gallimard) 판의 *L'insoutenable légèreté de l'être* 를 번역한 민음사(이재룡 역, 1990)에서 나온 책을 추천한다.

권현정 (서강대 불문학)

072 방법서설

073 팡세

074 국부론

075 도덕의 계보

076 프로테스탄트 윤리와 자본주의 정신

077 쾌락원칙을 넘어서

078 호모 루덴스

079 자유로부터의 도피

080 국화와 칼

081 죽음의 수용소에서

082 서양미술사

083 옥중서간

084 역사란 무엇인가

085 대지의 저주받은 사람들

Ⅱ부

인문 · 사회

053 논어
054 도덕경
055 아함경
056 소크라테스의 변론
057 니코마코스윤리학
058 맹자
059 장자
060 사기
061 의무론
062 성경
063 명상록
064 고백록
065 꾸란
066 삼국유사
067 우신예찬
068 유토피아
069 그리스도인의 자유
070 성학십도

053

논어

공자

✓
사람다움의 길을 알려주는 동양의 영원한 고전

나는 어떻게 살아야 하는가? 어떻게 사는 것이 인간답게 사는 길인가? 도대체 인간이란 어떤 존재인가? 이렇게 묻다가 보면 우리는 고전에서 영원히 마르지 않는 샘물을 마시게 되는데 고전중의 고전이며 우리문화와 사상의 기층을 형성한 『논어(論語)』를 만나게 된다. 공자(孔子, BC 551~479)와 그의 제자들의 대화를 모아놓은 『논어』는 휴머니즘(humanism)의 보물 창고라고 할 수 있는 인간다움에 관한 언급이 그 중심을 이루고 있다. 인간다움이란 바로 우리가 늘 들어서 잘 아는 인(仁)이다. 그래서 논어는 인학(仁學), 즉 휴머니즘의 보물창고라고 말한다.

인(仁)자를 분석해 보면 사람(人)이 둘(二)이란 말이다. 인간은 태어나자마자 이미 관계(최소 두 사람) 속에 놓이게 된다. 부모 자녀가 바로 그 첫 번째로 만나는 관계이다. 인간은 부모라는 자연(nature)의 품에서 태어났지만 부모가 가지고 있는 문화전통을 배우며 길러지는 존재(nurture)이기도 하다. 다시 말해 교양을 쌓아가는 존재(Bildung)인 것이다. 따라서 논어는 첫 구절부터 배움(學)을 강조하고 있다. 인간은 완성된 존재가 아니라 부단히 배우고 익힘을 통하여 성숙하게 되는 것이다. 이 성숙한 인격을 가진 이를 군자(君子)라고 불렀다. 군자는 원래 임금(君)

의 아들(子)을 의미하였다. 그들은 귀족의 자제로서 그들이 지켜야 할 규범인 예(禮)를 어렸을 때부터 배우고 익힌 사람들이었다.

그러나 공자가 살던 춘추시대(BC 770~403)는 예악(禮樂)의 질서가 무너지고 정치적인 이해관계에 의하여 신하가 자기 임금을 시해하는(臣弑其君) 지경에까지 이르러 극도의 혼란 속에 빠져 있었다. 예(禮)는 형식화 되고 고정화 되어 아무런 생명력이 없는 허례허식이 되고 말았다. 군자는 교양이 아니라 자기의 세력을 확충하는데 힘을 쏟고 물리적 힘으로 백성을 통치하는 방법을 배우는 자제들에 불과하였다. 공자는 이처럼 무너져 가는 고대문화의 전통을 새롭게 다시 해석하여 귀족뿐 아니라 일반 백성(民)까지고 실천할 수 있는 예악의 문화를 다시 일으키려고 하였다. 그것은 사랑과 생명력이 서로 감통하는 사회였다.

그러기에 제자 번지(樊遲)가 인에 대하여 질문하였을 때 공자는 남을 사랑하는 것(愛人)이라고 대답하였고 안연(顔淵)이 인을 물었을 때 극기복례(克己復禮)라고 대답하였다. 자기(己)는 늘 남(人)과의 관계 속에서 살고 있는데 자기 야심을 이루려하거나 자기의 사욕만을 채우려고 한다면 사회질서(禮)는 무너지고 야수끼리 싸우는 전쟁터가 될 것이다. 이러한 자기만의 욕심을 극복하고 인간다운 질서(禮)를 회복하는 것이 바로 인간답게 사는 것(仁)이다. 공자는 군자를 이러한 인간다움이 몸에 밴 인격을 갖춘 어진 사람으로 재해석한 것이다. 공자가 말하는 학습(學習)은 오늘날처럼 머리로 외우는 것이 아니라 온 몸으로 따라서 해보고 그것을 잘 할 때 까지 반복하여 익혀 몸에 구조화를 시키는 것이다. 아직 돌이 안 된 외손자가 몇 번씩 넘어 지다가 한두 발짝 띠고서 빙그레 미소를 지었을 때 나는 "이 또한 기쁘지 아니한가?"(不亦說乎)의 첫 구절이 떠올랐다. 이러한 인격을 가지고 있는 벗들이 찾아와 함께 배운 것을 서로 확인 해보는 것이야 말로 즐거운 일이 아닐 수 없을 것이다.

한글 번역본으로는 이야자키 이치시다가 해석을 하고 박영철이 옮긴 『논어』(이산, 2005)와 유교문화연구소에서 옮긴 『논어』(성균관대출판부, 2006)가 추천할 만하다.

정인재 (서강대 철학)

054

도덕경

노자

자연의 존재 형식과 인간 삶의 형식

생명력 넘치는 인간의 삶을 보장할 수 있는 진정한 문명이란 무엇일까? 인간의 내면적 본성에 기반을 둔 어떤 가치를 모두 함께 지키는 문명이면 되지 않을까? 그러나 노자는 이런 가치론적 문명을 반대한다. 노자는 인간의 내적 본성을 근거로 한 인위적 문화 체계가 인간의 자율성과 자유를 억압할 뿐 아니라 사회의 건강한 발전까지도 저해한다고 보고, 인위적 문화 체계의 숭배보다는 자연의 존재 형식과 운행 원칙을 모델로 하는 문명을 건설하고, 그런 대원칙에 순응하는 삶을 살아야 한다고 지적한다.

이 말은 무슨 뜻인가? 노자는 어떤 가치 체계를 이상으로 상정하고, 그것을 추종하고 부단히 학습해야 성숙한 인간 내지는 바람직한 사회를 이룰 수 있다고 주장하는 공자에 대해서, 만일 그렇게 하면 바람직한 것으로 합의된 가치를 정점으로 인간군이 차별화 되고, 그 차별화 안에서 극심한 경쟁과 갈등이 야기되며, 그 가치가 결국은 권력으로 작용하여 그 가치에 편입되지 못한 부류를 배제하고 억압하면서 사회는 혼란해지고 인간 본연의 모습을 해치게 된다고 경고한다. 그래서 노자는 "세상 사람들이 모두 아름답다고 하는 것을 아름다운 것으로 알면 이는 추할 뿐이며, 세상 사람들이 모두 좋다고 하는 것을 좋은 것으로 알면 이는 좋지 않을 뿐이다"(『도덕경(道德經)』 제2장)라고 한다. 특정 가치를 향한 집중과 통일을 부정하는 것으로서, 바로 무엇인가를 축적하는 상향식의 문명 체계를 비판하는 것이다. 인간의 문명이 특정한 체계를 향해 나아가도록 하는 것으로 형성되면, 그 체계가 기준으로 작용하여 똑똑한 사람과 똑똑하지 못한 사람으로 나뉘고, 그 기준을 근거로 욕심낼 만한 물건이 드러나서 도적이 생기게 되는 지경에 이르게 된다고 경고한다. 그래서 똑똑한 사람을 숭상하지 않는 문명 체계를 가지면 백성들은 경쟁을 하지 않고, 욕심 낼만한 물건이 분명히 드러나기 어려운 문명 체계를 가지면 백성들은 심란해지지 않게 된다는 것이다.(『도덕경』 제3장)

노자가 보기에 인간이 인위적으로 형성한 문화 체계는 이런 집중과 통일의 강제를 피할 수 없다. 이런 집중과 통일의 체계에서는 '구분'과 '배제'와 '억압'이 필연적으로 나타나 궁극적으로는 사회 혼란의 원인으로 작용해 버리기 때문에, 이런 구분, 배제 그리고 억압의 기능이 자리할 수 없는 어떤 시스템을 구축해야 한다는 것이 노자의 생각인데, 노자가 보기에 그런 시스템은 인위적 문화 체계에는 있을 수 없고 오직 '자연'에만 있다. 그래서 노자는 '자연'의 존재 형식과 운행 원칙을 '도(道)'라는 말로 기호화해서 사람들로 하여금 인간 중심적인 '전통'의 체계가 아니라 모든 것이 대립 면들의 관계 속에서 꼬여 있다고 하는 원칙, 즉 '도'를 추종하고 모델로 할 것을 요구하는 것이다. 이런 의미에서 노자는 "가장 훌륭한 행위나 삶은 도를 따르는 것이다"(『도덕경』 제21장)는 선언적 주장을 하기에 이른다. 노자에게서 인간은 자연의 존재 형식과 운행 원칙을 따라가야 하는 존재이지, 자신 내부에 본성으로 자리 잡고 있는 특정한 내용을 키워나가는 존재여서는 안 되는 것이다.

여기서 노자는 가치론을 핵심으로 하는 유가와 달라진다. 즉 노자에게서는 인간이 문명의 모델로 삼아야 할 것이 인간이 건립한 인위적 전통이 아니라, 바로 인위성이 배제된 '자연'이기 때문이다. 그래서 노자는 인간이 따라야 할 자연의 모습이란 것은 어떻게 되어 있을까가 대답되어야 할 가장 근원적인 문제가 된다. 노자에게 있어서 '자연'은 어떤 근원을 가지고 있으면서 그 근원에서 시작되어 발생한 것도 아니고, 불변하는 어떤 실체에 기반을 두고 거기에 의존해 있는 것도 아니다. 자연은 대립 면의 꼬임으로 되어 있을 뿐이다. 즉 높다는 것은 낮은 무엇과의 관계 속에서만 높은 것이 되고, 낮은 무엇인가는 높은 것과의 관계가 설정되어야만 비로소 낮은 것으로 인정된다. 이 처럼 이 세계의 모든 것은 대립 면과의 '관계' 속에 수용될 때만이 존재로 드러나는 것이지, 타자의 존재 없이 독립적으로 존재하는 것이라고는 하나도 없다. 노자는 우리에게 '관계' 속에서만 존재로 드러날 수 있는 자연의 바로 이런 존재 형식을 우리의 삶의 형식으로 받아들일 것을 요구하는 것이다. 노자의 한글판 번역으로는 소나무 출판사에서 나온 『노자의 목소리로 듣는 도덕경』(2001)을 권할 수 있다.

최진석 (서강대 철학)

055

아함경

석가세존

독화살을 맞았을 때 가장 먼저 할 일은?

『아함경(阿含經)』은 우리에게 석가세존(釋迦世尊)으로 널리 알려진, 고타마 싯다르타(BC 563?~483?)가 일상 속에서 자연스럽게 제자들의 소질과 문제, 때로는 그 장소와 시기에 따라 비유나 우화를 인용하며 거기에 적절하게 말씀하신 가르침을 집성한 것으로 그 자체가 하나의 경이라고는 할 수 없다. 한문으로 번역된 아함부 경전은 장편의 30경을 모은 장아함(長阿含), 중편의 222경으로 구성된 중아함(中阿含), 단편의 1362경으로 이루어진 잡아함(雜阿含), 472가지의 경으로 구성된 증일아함(增一阿含)의 네 종류가 있다.

이와 같이 길고 짧은 수많은 소경(小經)으로 구성되어 있기 때문에 아함의 내용은 실로 복잡다단하여 한마디로 표현할 수 없다. 하지만 세밀히 살펴보면 이들 아함부 경전을 통해 의외로 정연하고 단순한 원리에 의해 일관되게 설해지고 있는 핵심은 보리수 밑에서 깨달으신 진리인 원시불교의 근본사상인 사성제(四聖諦)와 팔정도(八正道) 및 십이인연(十二因緣)으로 집약할 수 있다. 한편 세존의 친설(親說)에 가장 가까운 이러한 아함경의 가르침은 결코 공리공론에 흐르지 않으면서도 매우 실질적인 가르침이어서 우리들의 일상생활의 도덕적인 규범으로서도 손색이 없다. 참고로 이 한역 경전에 해당하는 팔리어로 된 다섯 종류의 '니까야' 라고 불리는 경전도 전해지고 있다.

필자의 경우 의사였던 아버지와 이웃과 정을 나누며 화목한 가정을 이루셨던 어머니 슬하에서 2대 독자로서 부모님 사랑을 독차지하며 아무런 부족함 없이 성장했다. 그후 막연히 과학자의 길을 가기 위해 본교 물리학과에 들어갔다. 그런데 나는 입학 후 '우물 안 개구리 식' 의 사고방식을 벗어나지 못하고, 단지 성적에만 집착하며 학부 1학년 1학기를 보내고 나니, 학문과 삶에 관한 가치관이 뿌리째 흔들리면서 모든 일에 강한 회의가 밀려왔다.

그 후 1년 간 혼돈 속에서 몹시 괴로워하며 지내던 나는 학부 2학년 여름방학이 끝나갈 무렵 법정 스님이 번역한 『숫타니파타』(정음사, 1975)라는 경전을 읽고 인간 석가에 매료되면서 답답하던 마음이 시원해짐을 느꼈으며, 방학이 끝나갈 무렵 중아함 전유경(箭喩經)에 담긴 '독화살의 비유' , 즉 독화살을 맞은 사람이 해야 할 가장 시급한 일은 무엇인가? 먼저 독화살을 뽑고 건강을 회복하는 일이며, 그러고 나면 누가, 왜 나를 죽이려고 했는지를 알려고 하면 언제든지 알아낼 수 있으나, 순서를 바꾸면 독이 온몸에 퍼져 죽고 말 것이라는 가르침을 접하면서, 하루하루 대학생으로서의 일상사(日常事)인 학업에 전념할 것을 결심하는 전기가 되었다.

이렇게 나의 방황기는 막을 내리고 삶의 참뜻을 바르게 새김과 동시에 학문에 관한 뚜렷한 가치관을 확립해 나아간 결과 더불어 함께 하는 삶에 투신하며 오늘에 이르고 있다. 사실 '독화살의 비유' 는 예를 들면 이 세계는 영원한 것인가 유한한 것인가?, 영혼과 육체는 동일한가 별개인가?, 인간은 사후에 존재하는가 존재하지 않는가? 등의 형이상학적 문제들을 상징하는데 이에 얽매이지 말고, 사성제의 실천을 통해 지금 있는 그 자리에서 각자 자기의 시급한 문제를 해결하라는 실용적인 가르침이다.

끝으로 아함경 한글 번역본은 완역본까지 출간되어 있으며, 필자가 처음 접한 축약본 아함경은 마스터니 후미오의 『아함경』(현암사, 1976, 2001)으로 저자는 아함부 경전 가운데 수십 개의 요긴한 경들을 취사선택해 도처에서 너무나 인간적인 석가세존의 모습을 드러낸다. 또한 저자는 공리공론을 배척하고 어디까지나 사람에 따라, 문제에 따라 세존의 설법을 전달함으로써, 즉 눈높이 교육을 통해 사람들이 현실생활 속에서 핵심을 파악할 수 있게 함으로써 이 경전이 갖는 인생의 교사로서의 장점을 크게 부각시키고 있다.

첫 장에서는 깨닫기 전후의 세존의 삶을 담은 '그 사람'을, 다음 장에서는 그의 깨달은 바를 담고 있는 '그 사상'을, 그리고 마지막 장에서는 그 사상의 핵심인 사성제의 실천에 필수적인 팔정도를 '착한 벗(善友)'이란 제목과 관련지으며 '그 실천' 편을 풀어가기 시작하는데, 무한 경쟁시대를 살아갈 대학생 여러분들이 깊이 성찰해봐야만 하는 우정에 관한 핵심 주제라 판단된다.

박영재 (서강대 물리학)

056

소크라테스의 변론

플라톤

지혜를 사랑하는 자의 무지의 고백

철학자의 삶은 어떠해야 하며, 철학자의 임무는 무엇인가? 플라톤의 『소크라테스의 변론*Apology*』을 통해서 우리는 비록 그것이 바람직한 유일한 형태는 아닐지 모르지만, 적어도 하나의 모범적이고 전형적인 철학자의 삶의 양태를 접할 수 있다. 플라톤의 초기 저작에 속하는 이 대화편에서 소크라테스(Socrates, BC 470?~399) 는 국가의 신을 믿지 않으며, 아테네의 젊은이들을 타락시킨다는 등의 이유로 자신을 기소한 멜레토스의 주장들을 하나하나 논박하는 과정에서 지혜를 사랑하는 자로서의 자세와 과제를 토로하고 있다.

'지혜를 사랑하는 자' (philosophos), 즉 철학자는 이미 지혜를 소유하고 있는 사람이 아니라 오히려 자신은 최소한의 지혜만을 가지고 있다는 것을 깨닫는 사람, 즉 자신이 무지하다는 것을 알고 있는 사람이라고 소크라테스는 이 책에서 갈파한다. 그리고 바로 그러한 점에서 철학자 소크라테스는 실제로는 지혜를 갖고 있지 않으면서도 스스로가 지혜롭다고 주장하는 다른 사람들과 구별되며, 무지의 지를 가지고 있는 한에서 다른 누구보다도 지혜롭다고 할 수 있다. 소크라테스에 따르면 철학의 출발은 무지의 지를 통해서 근거 없는 자기

확신이나 자기기만으로부터 벗어나는데 있다.

철학자는 그러한 지혜를 개인의 차원에만 국한시키지 않는다. 소크라테스는 자신의 지혜를 바탕으로 지혜로운 체하는 사람들의 사실상의 무지와 그것이 내포하고 있는 위험성을 폭로하고 있다. 그는 자신을 비둔하고 움직이기 싫어하는 게으른 말을 각성시키는 등에로 비유하면서, 철학자로서 사회에 대한 자신의 역할을 정신적으로 게으른 사람들에게 일침을 가하는 것으로 여겼다. 소크라테스는 수동적이고 무비판적인 삶, 따져보지 않은 삶은 가치가 없다고 주장한다. 이러한 확신에서 소크라테스는 소피스트, 정치가, 시인 및 장인 등 당대의 아테네 사회의 지도층인사들을 찾아다니면서 그들의 지혜에 대한 주장을 대화를 통해서 음미하고 논박하면서, 그들의 허위를 공개적으로 폭로하였다.

자신의 지혜에 자부심을 갖고 있는 사람들에게 그 자부심이 근거 없는 것임을 지적하는 일은 목숨을 내놓을 만큼 위험한 일이었고, 소크라테스는 실제로 바로 그러한 이유 때문에 기소되었고 사형언도를 받게 된다. 물론 소크라테스 자신도 이를 잘 알고 있었지만, 진실의 호도에 직면해서 그것을 밝히지 않고 회피하는 것은 지혜롭지 못하면서 지혜로운 체 하는 것만큼이나 옳은 일이 아니라고 생각했다. 그는 죽음이 나쁜 것이라고 단정할 수 없으며, 그렇기 때문에 그것이 어떠한 것인지를 알지 못하면서 죽음을 두려워하는 것보다는 오히려 부정하거나 불경스러움을 저지르는 일을 더 두려워해야 한다고 말한다.

철학자는 사람들로 하여금 자신의 영혼을 돌보게 하면서 보수를 바라지 않는다. 오히려 철학자는 자신의 일 때문에 사적인 일이나 자기 집안의 일들, 부의 추구 혹은 공적인 삶에서의 출세 등과 같이 사람들이 일반적으로 성취하고자 하는 것들을 등한시하고 포기하게 된다고 소크라테스는 말한다. 그것은 지혜를 사랑하는 사람들의 양심에 속하는 일이다. 소크라테스는 이 책에서 자신이 행한 일들이 옳지 못한 일을 하는 것을 금지하는 '다이몬의 소리', 내면에서 울리는 양심의 소리에 따른 것임을 밝히고 있다.

『소크라테스의 변론』은 짧지만 함축적인 글이다. 이 대화편은 『크리톤』

과 『파이돈』을 함께 읽는 것이 좋다. 죽음 앞에서도 굳건히 자신의 신념을 견지하고 원칙에 위배되는 어떠한 타협도 거부하는 모습에서 소크라테스의 사상이 실천적인 삶과 결코 분리되지 않았다는 것을 알 수 있게 해준다.

이 대화편은 단행본으로 뿐 아니라 여러 형태의 전집류에 포함되어 『소크라테스의 변론』 혹은 『소크라테스의 변명』이라는 제목으로 여기에서 일일이 다 소개하기 어려울 만큼 많이 번역 되었다. 여러 번역들 중에서 희랍어로부터 직접 옮긴 『에우티프론, 소크라테스의 변론, 크리톤, 파이돈』(박종현 역주, 서광사)에 실린 번역이 주석도 풍부하고 원문번역의 충실성이나 가독성 등이 좋다.

이상섭 (서강대 철학)

057

니코마코스윤리학

아리스토텔레스

덕(德)과 행복

무엇이 인간을 위해 좋은 것인가, 어떠한 삶이 인간에게 행복한 삶인가? 우리는 『니코마코스윤리학*Nicomachean Ethics*』에서 이 문제에 대한 아리스토텔레스(Aristoteles, BC 384~322)와 고대 그리스 철학의 견해를 엿볼 수 있다. 아리스토텔레스의 아들 니코마코스에게 헌정된 책으로 추정되는 이 책은 서양철학사에서 가장 오래된 윤리학에 대한 체계적 저술인 만큼 우리는 여기에서 현대인이 추구하는 웰-빙과는 확연히 구별되는 좋은 삶에 대한 독특한 표상을 만날 수 있다. 이 책을 이끌어가는 중심개념은 행복이다. 그런데 덕에 대한 논의가 전체 10권으로 구성된 이 책의 많은 부분을 차지하고 있다. 그래서 이 책을 이해하기 위한 첫걸음은 행복과 덕, 즉 인간의 특정한 품성의 상태가 어떻게 연결되는지 이해하는 것이다.

아리스토텔레스는 선(좋음)의 위계관계를 구분하면서 이 책을 시작한다. 그는 다른 것을 얻기 위한 수단이 되지 않으면서 그 자체를 위해서 추구되는 최고의 선이 있다고 말하면서 행복이야말로 바로 그러한 것이라고 주장한다. 행복은 사람들이 그것 자체를 위해서 추구하는 자족적인 선이고 목적이라는 것이다. 그런데 그에 따르면 좋음은 사물의 고유한 기능과 관계가 있다. 일반적으로 어떤 사물이든지 그 사물의 고유한 기능이 잘 수행되었을 경우에 그것이 좋다(선하다)고 말하는 것처럼 인간의 선은 인간의 고유한 기능이 잘 발휘되는데 있다는 것이다. 덕이란 자신의 고유한 기능을 탁월하게 발휘할 수 있게 하는 품성의 상태를 말하는 것이고, 그래서 인간이 추구하는 최고선인 행복은 바로 덕에 따르는 영혼의 활동으로 정의된다.

아리스토텔레스는 덕을 통해 행복을 정의함으로써 우리를 여러 종류의 덕들에 관한 본격적인 논의로 이끈다. 그는 덕을 품성의 덕(윤리적 덕)과 이성적 덕으로 구분하고, 궁극적으로 인간의 행복은 관조적 활동에 있다고 주장하지만 이 책의 많은 부분은 윤리적 덕에 관한 내용들로 채워져 있다. 그는 윤리적 덕을 일종의 중용으로 설명한다. 탁월하지 못한 기능의 발휘, 즉 악덕은 주로 지나침과 모자람에 기인하는 것이기 때문에 아리스토텔레스는 윤리적 덕은 지나침과 모자람의 중간적 상태인 중용에 있다고 주장한다. 예를 들어 용기라는 덕은 무모함과 비겁함의 중간적인 상태이다. 물론 여기에서 말하는 중용은 기계적 중간이 아니라 행위자인 우리와의 관계에서의 중용, 즉 개인차와 상황이 고려되는 중용이다.

이 책이 윤리학사에서 기여한 중요한 공로 중의 하나가 윤리적 행위의 영역에서 의지의 역할을 강조한 것이다. 이 책에 따르면 어떤 행위가 칭찬이나 비난의 대상이 되는 이유는 그것이 행위자에 의해 강제 없이 의식을 갖고 자유롭게 선택되었기 때문이다. 이러한 맥락에서 아리스토텔레스는 이 책에서 여러 가지 행위의 유형들(자발적 행위-비자발적 행위-제3의 유형)을 구별하고 책임의 문제를 깊이 있게 다룬다. 이와 함께 아리스토텔레스는 어느 누구도 나쁜 일인지 알면서도 자발적으로 악을 행하지 않는다는 소크라테스의 덕론을 비판하고 앎에 반하는, 의지의 허약함에서 비롯되는 행동이 있을 수 있다는 것을 인정한다. 이 책은 완결된 형태를 갖추고 있기 때문에 저자의 다른 저작들에 비하면 상대적으로 읽기 쉬운 책에 속한다. 아리스토텔레스는 주제와 관련된 여러 가지 견해들과 경험적 현상들을 폭넓고 깊이 있게 다루고 있는데 이것이 이 책의 장점이면서 또한 이 책의 어려움이기도 하다. 아리스토텔레스 자신이 말하고 있듯이 이것들을 제대로 이해하기 위해서는 인생 및 인간의 여러 행위와 상황들에 대한 풍부한 경험의 축적이 요구되기 때문이다. 그러나 역으로 독자들은 이 책을 읽으면서 간접적으로 경험의 축적을 이룰 수 있을 것이다.

우리말 번역으로는 80년대에 나온 『니코마코스윤리학』(최명관 옮김, 서광사)과 2006년 말에 나온 『니코마코스윤리학』(이창우 외 옮김, EJB)이 있다. 후자의 책은 희랍어로부터 직접 번역되어 원문에 충실하고 현재의 언어감각으로 읽을 수 있다.

이상섭 (서강대 철학)

058

맹자

맹자

인륜을 밝히는 것이 만사의 근본

맹자는 백성이 가장 귀하고 그 다음 사직이고 군주는 가장 가볍게 볼 인물이라고 생각하였다. 이러한 사상을 담은 『맹자』는 명 태조처럼 독재자들이 가장 싫어하는 '민본주의'의 고전이다. 독재주의(totalitarianism)를 싫어하는 것은 인간의 본성일 것이다. 맹자(BC 371~289)는 폭력이 난무하던 중국의 일곱 개의 강대한 국가들이 부국강병의 기치 하에 자기이익의 확장을 위하여 전쟁을 하던 전국시대의 인물이다. 『맹자(孟子)』 첫머리에 "어르신께서 천리를 멀다 생각하지 않으시고 오셨으니 장차 어떻게 나의 나라를 이롭게 하실 것입니까?"라고 질문한 양혜왕에게 맹자는 "하필 이익을 말씀하십니까? 오직 인의(仁義)가 있을 뿐입니다"라고 대답하였다. 인의는 현대용어로 바꾸면 사랑과 정의라고 할 수 있다. 이익과 인의 양자는 서로 화해할 수 없는 상반된 것인가? 맹자는 권력을 가진 통치자가 이익만을 따지면 위아래 모두가 혼란에 빠질 것이라고 경고하면서 이를 근본적으로 해결할 길은 도덕적인 인의 밖에 없다고 하였다.

맹자는 폭력정치에 시달리는 백성의 입장에서 당시의 위정자들에게 인의를 바탕으로 하는 어진정치(仁政)를 할 것을 적극 권고하였다. 인정이란 폭력의 사용을 정당화 하는 패도(覇道) 정치와 차원이 다른, 백성이 마음속으로 기꺼이 따라가는 왕도(王道) 정치를 말한다. 인정의 기본목표는 경제적으로 백성의 기본생업을 보장해주는 것(養民)과 백성을 인간답게 살도록 가르치는 것(教民)이다. 맹자는 백성은 항산(恒産)이 없으면 항심(恒心)이 없다고 하였는데 이것은 경제적 기반이 마련되어 있지 않은 사회는 윤리적으로 성숙된 사회를 만들이 어렵다는 사실을 말한 것이다.

그러나 백성을 부유하게 한 뒤에 꼭 잊지 말아야 할 것은 바로 교육이었다. 경제적 발전과 더불어 병행해야 할 것이 바로 윤리교육이다. 부유한 사람을 가르치지 않으면 동물처럼 본능적 행동을 하기 쉽다는 것이다. 이것을 방지하기 위하여 맹자는 "상서 학교를 설립하여 그들을 가르친다. 이것은 모두 인륜을 밝히기 위한 것이다"라고 하였다. 인륜(人倫)이란 인간과 인간의 관계를 말한다. 사회질서를 유지하기 위한 가장 기본적인 인간관계는 무엇인가? 맹자는 오륜(五倫) 즉 부자유친(父子有親), 군신유의(君臣有義), 부부유별(夫婦有別) 장유유서(長幼有序) 붕우유신(朋友有信)이라고 하였다. 이것은 한(漢)대의 중앙 집권 체제를 강화하기 위하여 만들어진 삼강(三綱)과는 본질적으로 다른 것임에도 불구하고 역사적으로는 늘 삼강오륜이 결합되어 유가의 근본정신이 왜곡되었다. 삼강은 수직적 일방적인 명령의 관계인데 반하여 오륜은 쌍방이 모두 지켜야 할 쌍무적인 대화의 관계이다. 전자가 전제주의의 산물이라면 후자는 민본주의의 소산이다. 서양의 정치 윤리사상에서 개인의 천부적인 권리를 중시하는 개인주의가 근대에 등장하였다. 맹자는 개인보다도 인륜을 더 중시한다. 여기서는 부자관계에서 친근함(親), 군신관계에서 올바름(義)에서 보이듯이 권리보다는 쌍방의 의무가 더 중시 된다. 『맹자』는 『논어』에서 밝혀지지 않았던 인륜 문제를 구체적으로 언명한 유가의 고전이다.

인륜은 인간만이 가지고 있는 것이다. 이러한 인간의 관계 속에서 인간의 본성이 발휘된다고 본 것이다. 인간 본성에 관한 논의는 맹자 이전에는 거의 보이지 않았다. 맹자는 고자(告子)와 네 차례에 걸친 논변을 통하여 인간의 본성에는 인의(仁義)가 내재해 있으므로 본성은 선하다는 성선설을 주장하였다. 이것은 동서양을 막론하고 도덕의 근원을 인간본성에서 찾은 유일한 학설이며 동양 전통 철학의 중심적 사고를 형성하였다. 본성이 선하다면 왜 우리가 사는 이 세상에 폭력이 난무하는가? 그것은 인간의 본성이 저절로 선해지는 것이 아니라, 인간이 본래 가지고 있는 인의예지의 사단(四端)을 간직하고 확충시켜야 선해지는 것이기 때문이다. 맹자는 이렇게 하여 폭력사회를 도덕사회로 바꿀 수 있다고 보았다.

맹자가 지은 『맹자』는 모두 7편으로 구성되어 있다. 그 내용은 〈양혜왕 상하〉, 〈공손추 상하〉, 〈등문공 상하〉, 〈이루 상하〉, 〈만장 상하〉, 〈고자 상하〉, 〈진심 상하〉이다. 맹자에 관한 주석과 판본은 무수히 많은데 3가지가 대표적이다. 1)한대 조기가 주석한 『맹자주』, 2)송대 주자의 『맹자집주』, 3)청대 초순의 『맹자정의』이다. 우리나라에서는 율곡의 『맹자언해』, 이익의 『맹자질서』, 정약용의 『맹자요의』가 대표적이다. 현재 번역서로서는 여러 가지가 있으나 박경환의 『맹자』(홍익출판사 2005년 개정판 2쇄)가 권장할 만하다.

정인재 (서강대 철학)

059

장자

장자

그토록 짧은 인생 속에서 의미와 자유를 찾는 길

인간에게 삶의 진정한 의미는 무엇인가? 우리는 무엇을 통해서 우리가 진정으로 살아 있다고 할 수 있는가? 어느 누구에게나 눈 깜짝하는 것과 같은 짧은 인생 속에서 자신의 존재 의미를 묻는 것은 당연하지만, 여전히 모호하다. 하지만 우리는 장자라는 사람의 이야기가 적힌 『장자(莊子)』 속에서 이런 문제에 대한 아주 개성적인 하나의 힌트를 얻을 수 있다.

장자는 인간이 딛고 있는 모든 유한성을 넓은 범위에서 꿰뚫어 보고 호방하고도 자유로운 보폭으로 그것을 넘어서면서 인간이 도달할 수 있는 성숙의 높이가 어디까지여야 하는가를 알려준 가장 개성적인 철학자이다. 누가 장자만큼 자유로울 수 있으며 누가 장자처럼 그윽할 수 있으며 그 누가 덧없는 세월을 장자처럼 의연하게 흐를 수 있겠는가. 삶의 과정 속에서 정작 삶의 의미를 잊어버리고, 행복하기 위해서 하는 일들에 빠져서 오히려 행복을 놓쳐 버리는 자그마한 우리는 장자의 옆에 서 있기가 부담스럽기도 하지만, 마치 빈 배마냥 그냥 물 위에 떠서 자신이 장식해 온 모든 무게를 포기해 버리기만 한다면, 오히려 자기가 왜 거기에 있는지 선명해지면서, 최소한 장자가 누렸던 만큼의 "소요" 즉 자유를 경험할 수 있을 것이다.

장자는 비좁고 지저분한 뒷골목에 살았었고 형색은 버썩 마른 몸에 누리끼리한 얼굴이었으니 그 궁색한 살림살이가 눈에 선하고 퀴퀴한 방 냄새가 코끝을 스치는 것 같지만, 이런 궁색한 살림 속에서도 그는 높은 품격을 유지하려 하였고 더없이 자유롭고 싶어 하였다. 일상적으로 정해진 가치에 매몰되지 않는 개성적인 자유를 구가하려는 자유로운 지식인의 형상으로 살고 싶어 하였던 것이다.

권력에 아부하면서 개인적 영달을 추구하는 천박한 지식인을 비난하는 대목에 이르면 이런 장자의 특징이 더욱 선명하다. 송(宋)나라 사신의 자격으로 진(秦)나라에 갔다가 진나라 왕의 인정을 받고서 수레 수 백 대를 받아 돌아온 조상(曹商)이라는 사람이 장자를 찾아와서는 비좁고 지저분한 뒷골목에서 짚신이나 삼으면서 살아가는 초라한 몰골의 장자를 비웃으면서 그 정도 지식으로 왜 자기처럼 하지 못하는가 하는 투의 말을 하다 장자의 꾸지람을 듣는 대목이 있다. "진나라 왕은 병이 나서 의사를 불렀을 때, 종기를 터뜨려 고름을 빼주면 수레 한 대를 주고, 치질을 핥아서 고쳐주면 수레 다섯 대를 준다더군. 치료하는 곳이 더러우면 더러울수록 수레를 많이 준다는 거야. 자네도 치질이나 고쳐준 것 아니야? 왜 받아온 수레가 그렇게 많은가? 그냥 물러가 주시게."

세속적 가치의 절정인 권력에 빌붙어서 삶의 진정한 가치와 주체의 자유를 망각한 모습을 통렬하게 비판하는 것이다. 장자가 아내의 죽음 앞에서 보인 태도는 장자가 도달한 수준을 우리에게 잘 보여준다. 삶과 죽음의 차이가 장자 앞에서는 무력해져서 그에게 아무런 동요도 불러오지 못한다. 장자의 아내가 죽어서 친구인 혜시가 문상을 갔는데, 장자는 마침 두 다리를 뻗고 앉아 질그릇을 두드리며 노래를 부르고 있었다. 혜시가 너무 심하지 않느냐고 힐난하자 장자는 말한다. "근원을 자세히 따져보면 삶이란 본래 없었던 것이오. 본래 삶이 없었을 뿐 아니라 본래는 형체도 없었소. 형체가 없었을 뿐 아니라 본래는 기(氣)도 없었소. 흐릿하고 어두운 속에 섞여 있다가 변해서 기가 생기고, 기가 변해서 형체가 생기며, 형체가 변해서 삶이 있게 된 것이오. 이제 다시 변해서 죽음이 된 것인데, 이것은 춘하추동 사계절의 운행과 같은 격이요. 제 아내는 지금 커다란 방에 편안히 누워 있는데, 내가 소란스럽게 따라가며 운다면, 내가 생각해도 운명에 통달하지 못한 꼴이니 그래서 울지 않는 것이오."

장자는 자신의 높은 학식으로 당대의 체계 구축적인 가치론에 정면으로 저항하면서도 자연계에 대한 자신의 이해를 바탕으로 삶과 죽음에 대해서 자신만의 인문적 통찰을 가질 수 있었다. 한 인간이 삶과 죽음에 대해서 자신만의 통찰을 갖는다는 것은 모든 수준의 종점일 것이 분명하다. 그런데 이런 통찰이 편협한 지식을 딛고 서 있는 맹목적 신념이 아니라 주체와 객체에 대한 전면적 인식과 당시 모든 학문에 대한 비판적 반성을 토대로 하고 있다는 점에서 장자만의 설득력을 갖게 된 것이다.

우리말로 번역된 것 가운데 편하게 읽을 수 있는 것으로 안동림의 『장자』(현암사)를 추천하고 싶다.

최진석 (서강대 철학)

060

사기

사마천

동아시아 역사 서술의 전범

흔히 서양에서는 역사 철학이 발달하고 동양에서는 역사 서술이 발전하였다고 한다. 그러나 좀더 정확하게 말한다면, 동양에서는 역사 철학이 역사 서술을 통해 표현되었다고 할 수 있다. 역사 철학과 역사 서술이 하나의 체제 안에서 혼연일체 되는 동양 역사학의 독특한 전통을 『사기(史記)』에서 가장 잘 볼 수 있다. 근현대에 이르러 서양의 역사학자들은 역사란 무엇인가, 역사적 인식은 어떻게 이루어지고, 역사는 어떻게 서술되어야 하는가 등 역사학의 본질에 대해 고민하였고, 그 결과 고급한 수준의 역사 철학을 체계화할 수 있었다. 그러나 이와 같은 고민은 근현대 서양 역사학자들의 독점물은 아니었으니, 2천 수백 년 전에 동양에서 출현한 『사기』에도 역사의 본질에 대한 질의와 답변이 역사 서술의 과정을 통해 고스란히 표현되어 있다.

『사기』의 저자는 스스로 "천인(天人)의 관계와 고금(古今)의 변화를 통찰하기 위해" 『사기』를 지었다고 밝혔는데, 바로 이 말 가운데에 동양, 정확히 말하면 동아시아 역사학의 전통적 특성이 모두 함축되어 있다. '사기' (史記)란 '사(史)의 기록' 이란 뜻이고, '사' (史)란 동아시아에서 국가가 발생한 초기의 단계부터 '천인의 관계와 고금의 변화를 통찰하기 위해' 설치한 독특한 관직의 명칭이었다. 이로 인해 고대 동아시아의 '사관'(史官)은 천(天)의 변화, 즉 천문(天文)을 살피고, 고금의 변화, 즉 역사(歷史)를 기록하여, 천과 인간의 관계를 구명하는 역할을 수행하였는데, 『사기』의 저자인 사마천(司馬遷, BC 145?~86?)도 사관이었기 때문에 천문을 살펴 「태초력」(太初曆)이라는 달력을 만드는 한편, 역사의 기록을 수집, 정리하여 『사기』라는 '사관의 기록'을 남길 수 있었던 것이다.

사마천이 말하는 '천'(天)이란 하늘이라는 자연이나 하느님이라는 인격신을 가리키기보다는 우주만물의 시 · 공간을 포괄적으로 표현하는 말이었다. 따라서 그가 천문을 관찰하고 역사적 기록을 정리한 궁극적 목적은 바로 인간의 역사를 규정하는 우주의 기본 원리와 같은 것을 발견하려는 데 있었다. 한 예로서 그는 「열전(列傳)」의 첫 페이지와 마지막 페이지에서, 백이(伯夷)같은 현인이 비참하게 살다가 죽어간 까닭이라든가 사마천 자신이 친구를 위해 변명해 주다가 억울하게 궁형(宮刑)을 당한 까닭처럼, 상식으로는 도저히 이해할 수 없는 인간의 역사를 '천'(天)의 원리에서 발견하려 시도하였다. 그러나 사마천은 직설적 논법으로 역사의 해답을 직접 설명하지는 않았다. 오직 눈치 빠른 독자만이 『사기』의 서술과 그 독특한 체재를 통해 자신이 찾은 해답을 간접적으로 간파할 수 있게 하였을 뿐이다.

『사기』는 통사(通史)다. 역사가 시작된 시기부터 저자가 집필하고 있었던 시기까지, 서술 가능한 모든 시기를 서술의 시간적 범위로 삼았다. 그리고 『사기』는 세계사다. 중국의 역사뿐만 아니라 당시 세계를 구성하는 모든 공간적 범위를 서술의 내용에 포함시켰다. 또한 『사기』는 총합사다. 역사의 정치적 요소뿐만 아니라 사회, 경제, 문화 등 여러 분야를 모두 서술하였다. 이를 위해 사마천은 매우 독특한 서술 체제를 창안하였다. 『사기』는 다섯 가지 부분으로 구성되었는데, 「본기(本紀)」와 「세가(世家)」, 「서(書)」, 「열전(列傳)」, 「표(表)」 등이 그것이다. 이 가운데서 「본기」와 「세가」는 '천하' 즉 세계의 중심인 제왕의 역사를 시간 순서대로 서술한 연대기이고, 「서」는 사회와 경제, 문화, 제도

등 여러 분야의 역사를 분야별로 따로 서술한 것이며, 「열전」은 중요한 인물과 그 가문의 역사를 인물별로 서술한 것이다. 흔히 「본기」와 같은 연대기 서술 방식을 편년체(編年體)라 부르고 「열전」과 같은 서술 방식을 전기체(傳記體)라고 부르기 때문에, 이 두 가지 양식의 서술 방식을 통합한 『사기』와 같은 서술 체재를 기전체(紀傳體)라고 한다. 서양에서는 볼 수 없는 이 독특한 역사 서술 방식은 역사가 시, 공간적으로 쪼개어 접근할 수 없을 뿐만 아니라 분야별로 나누어 이해할 수도 없다는 사마천 특유의 총합사적 역사관을 효과적으로 나타낸다.

서양의 근현대 역사가들이 가장 고심한 문제는 역사학의 본질, 즉 역사학이 문학이나 철학과는 어떻게 다른가 하는 정체성의 문제였다. 이에 대해 서양의 역사가들은 문학이 직관, 철학이 논리라는 방법을 갖고 있다면 역사학은 통찰이라는 고유한 방법으로 사물의 본질에 접근한다는 해법을 제시하였는데, 일찍이 사마천도 '고금의 변화에 대한 통찰'의 결과를 『사기』로 표현하려 하였으니, 『사기』를 읽는 독자들은 사마천이 선택한 통찰이라는 인식 방식에 대해 특히 유의해야 할 것이다.

『사기』의 기전체는 이미 2천 1백 년 전에 저작되어 이후 전통시대 전 시기를 통해 동아시아 역사 서술의 전범이 되었다. 『사기』는 역사를 신화사와 정치사의 영역에서 해방시켜, 다양한 인간 집단, 특히 그 때까지 역사에서 소외되어온 집단들을 역사 주체의 범위 안으로 끌어들였다. 그 무엇보다도, 『사기』에서는 문학적 감수성과 합리적 정신의 바탕 위에서 통찰된 역사적 사상(事象)들이 독특한 체재를 통해 표현되어 있으니, 이 책을 읽는 독자들은 저자의 직접적 논설보다는 이 책에서 서술된 역사적 내용과 체재의 형식에서 고대 동아시아인들의 독특한 역사관과 세계관을 읽어낼 마음의 준비를 갖추고 있어야 한다.

김한규 (서강대 사학)

061

의무론

키케로

✓ 로마인의 실천적 윤리 규범

키케로(Cicero, BC 106~43)는 흔히 스토아철학자로 알려져 있지만 사실은 에피쿠로스학파, 소요학파, 아카데미 회의학파 등의 철학을 받아들인 절충주의 철학자라고 할 수 있다. 그는 정치 · 법률 · 철학 · 윤리에 관한 많은 저작을 남겼는데 그 중에서도 윤리 · 도덕에 관한 저술로 유명한 것이 『윤리론*De Finibus*』(BC 45)과 『의무론*De Officiis*』(BC 44)이다. 전자는 스토아학파, 에피쿠로스학파, 소요학파의 윤리관을 비교 · 검토한 책이고, 후자는 스토아철학에 입각한 실천윤리를 다룬 것이다.

키케로의 작품들은 대부분 대화형식으로 되어 있지만 『의무론』은 아테네에 유학하여 철학을 공부하고 있는 아들 마르쿠스에게 보내는 편지 형식으로 서술되어 있다. 이 책은 3권으로 구성되었다. 제1권은 '도덕적 선'(honestum)을 논하고 제2권은 '공리'(utilitas) 또는 '유익함'에 대해 논한다. 제3권은 '도덕적 선'과 '유익함'의 상충에 관한 것이다. 제1권과 제2권의 내용은 주로 스토아학파의 파나이티우스의 주장을 수용한 것이지만 제3권의 내용은 키케로의 독자적 견해를 담고 있다.

키케로에 의하면 참된 행복은 도덕적 선으로부터 유래하며 도덕적 선은 덕, 특히 4주덕(主德)에서 비롯된다. 4주덕의 첫째는 진리를 탐구하고 이해하는 지식 또는 지혜를 의미한다. 둘째는 정의이다. 그것은 사회를 유지하고 각자의 것은 각자에게 나누어 주며 계약에 대한 신의를 엄수하는 덕을 뜻한다. 셋째는 불굴의 정신을 가리키는 용기이며 넷째는 절도와 인내, 관용과 온건의 미덕인 절제를 말한다.

이 같은 덕들로부터 의무의 본질과 중요성 그리고 우선순위가 정해진다. 키케로는 공동체와 관련된 의무가 가장 중요한 의무라고 생각하였다. 따라서 인간의 결속과 공동체 유지와 관련된 정의에 관한 의무들이 사변적 지식추구에 대한 의무들보다 더 높게 평가되어야 한다는 것이다. 마찬가지로 아무리 용기의 덕이 중요하다 하더라도 그것이 사회와 유리된 것이라면 야만적 만용에 불과하다고 보고 있다. 공동체와 관련된 의무에도 등급이 있고 그 등급은 공리와 효용, 유익과 편의에 의해 결정된다.

키케로는 제2권에서 유익한 것과 유익하지 않은 것은 무엇이고 유익한 것 중 더 유익한 것과 가장 유익한 것은 무엇인가를 묻고 있다. 이에 대해 키케로는 자연에 따라 덕과 일치되는 행위는 선하고 유익한 것이고 자연에 반하는 것은 유익하지 않은, 나쁜 행위라고 주장한다. 나쁜 행위는 자신의 편익을 도모하기 위해 타인을 해치는 행위이며 나아가 공동선과 인간의 사회적 결속을 깨뜨리는 행위이다. 이런 행위를 하는 자는 선하지도 정의롭지도 않다. 오히려 그는 교활하고 남을 잘 속이는 사악한 자이다. 여기에서 우리는 도덕적 선으로 보이는 것을 따를 것인가, 아니면 나쁜 줄 알면서도 물질적 이익을 좇을 것인가로 고민하게 된다. 도덕적 선과 유익함이 상충할 때, 어느 쪽을 택할 것인가의 문제가 바로 『의무론』 제3권의 주제이다.

인생은 선과 악, 명예와 공리, 행복과 쾌락 중 어느 한 쪽을 불가피하게 선택할 수밖에 없는 양자택일의 과정이다. 키케로는 다양한 일화와 고사를 통해 서로 상충되거나 갈등을 빚는 사례들을 풍부하게 제시해 주고 있다. 그러나 다양한 유형의 사례들을 검토한 후 그가 내린 결론은 도덕적 선과 유익함은 절대로 상충될 수 없는 동전의 양면과 같다는 것이다. 왜냐하면 도덕적으로 선한 것은 모두 유익하고 유익한 것은 모두 선하기 때문이다. 그러므로 정의롭고 용기 있고 정직한 사람은 모두 도덕적으로 선한 사람인 것이다.

『의무론』은 아리스토텔레스의 『니코마코스 윤리학』과 함께 서양사상에 큰 영향을 끼친 책이다. 이 책은 로마시대에서 19세기에 이르기까지 윤리 · 도덕의 고전으로서 많은 독자층을 확보하였다. 국내 번역본으로 추천할 수 있는 것은 라틴어 원전에서 번역한, 서광사에서 나온 『키케로의 의무론』(허승일 옮김)이다.

김영한 (서강대 사학)

062

성경

하느님과의 계약

오늘날 대학교육을 받은 사람들이라면 전공에 관계없이 어느 정도의 지식을 갖고 있어야 하는 분야들이 있다. 인문학 분야에서는 아마도 성경과 그리스 신화가 가장 대표적인 분야일 것이다. 이 둘은 우리가 알아야 할 진리세계를 하나는 신화를 통해서 하나는 종교를 통해서 전달하고 있고, 2000년 서구 역사의 사상적 기초를 놓았기 때문이다.

성경은 그리스도인들의 경전이다. 대다수의 종교가 자기 종교 메시지를 전달하는 고유 경전을 갖고 있듯이 그리스도인들도 경전을 갖고 있다. 성경(聖經)이라 함은 거룩한(聖) 경전(經)이란 말이다.

방금 성경은 그리스도인들의 경전이라 하였지만, 엄밀하게 얘기하면 틀린 말이다. 유대교 신앙을 가진 이들도 성경의 앞부분에 해당되는 부분(일명 구약이라 부름)을 그들의 경전으로 간주하고 있기 때문이다.

성경은 구약성경과 신약성경으로 나뉘어 있는데, 우선 구약(舊約) 신약(新約)할 때 약(約) 자는 계약을 가리키는 말이다. 그러니 구약은 '옛 계약' 이란 뜻이고, 신약은 '새 계약' 이란 뜻이다. 계약이란 용어는 하느님과 인간들과의 관계 설립에 쓰인 단어다. 하느님께서 당신이 선택한 인간들에게 어느 정도 특권과 의무를 부여하면서 그 인간들과 더불어 구원역사를 이끌어 가는데 이것이 계약을 통해서 이뤄진다.

구약이란 하느님이 이스라엘과 맺은 계약이다. 이 계약은 기원전 2000년 전 하느님이 성조 아브라함을 선택하면서 처음 맺어졌고, 그 후 세기를 거듭하며 여러 번에 걸쳐 갱신되었다. 기원전 1300년 전 하느님은 모세를 통해 이스라엘 백성을 이집트에서 탈출시킨 다음 시나이 산에서 계약 갱신을 하게 되고, 그 후 이스라엘 종교 지도자들을 통해서 하느님은 또 계약을 갱신하게 된다.

신약이란 그전에 이루어졌던 계약의 갱신과는 그 질을 달리하는 계약이다. 신약이란 말이 내포하고 있듯이 신약은 구약을 대치시키거나 완성시키는 새로운 계약이다. 신약은 하느님과 이스라엘 사이의 계약을 대신하는 것으로서, 하느님의 아들로서 세상에 강림하신 예수 그리스도에 의해서 이루어진 계약이다. 그런데 우리가 유념해야 할 것은 유대교인들에게 있어서 그들의 성경은 그냥 성경이지 결코 구약성경으로 알려져 있지 않다는 점이다. 구약성경이란 말은 그리스도인들이 붙인 말이다.

지금까지 구약성경과 신약성경을 계약이란 관점에서 설명했지만, 두 성경 안에는 계약 말고도 여러 가지 가르침들이 들어가 있다. 구약성경 안에는 하느님과 이스라엘 사이의 관계 설정에서 핵심이 되는 율법이 들어가 있다. 율법은 하느님이 이스라엘 백성에게 준 것으로서 이스라엘 백성이 어떻게 살아야 할지 그 구체적 삶을 결정해주고, 백성들끼리 이뤄지는 모든 법적 관계들을 담고 있다. 율법 밖에서 살아가는 이는 그 누구도 하느님의 축복을 받을 수 없다. 신약성경 안에는 복음서들 그리고 사도행전과 서간들이 있다. 복음서는 예수 그리스도의 공생활, 죽음, 부활사건을 담고 있고, 사도행전과 서간들은 예수 그리스도가 부활하신 다음 초대 교회의 발전을 보여주고 있다.

성경을 읽을 때 주의할 점은 가톨릭교와 개신교의 성경이 약간의 차이를 갖는다는 점이다. 신약성경은 둘 다 같지만, 구약성경의 경우 가톨릭에서는 '토

비트, 유딧, 에스델서의 일부, 지혜서, 집회서, 바룩, 다니엘서의 일부, 마카베오 상 · 하'를 갖고 있다. 이러한 책들은 일명 제2경전 또는 외경이라 불리는데 개신교 구약성경 안에는 없는 책들이다. 제2 경전 책들은 팔레스타인 밖에서 기록된 것들로서 그리스어 번역본 구약성경인 70인역(the Septuagint) 성경 안에 들어가 있는 것이다. 가톨릭이 이러한 책들을 받아들인 것은 초대교회 신자들이 받아들였기 때문이다.

구약성경의 대부분은 본래 히브리말로 쓰였고 신약성경은 그리스말로 쓰였다. 그러니 원문에 충실해서 잘 번역된 현대어 성경을 읽을 필요가 있다. 영어 번역본 중에서 가장 많이 쓰이고 있는 성경은 *The New American Bible*(가톨릭에서 기본적으로 쓰이는 번역본), *The New International Version*(보수파 개신교에서 선호하는 번역본), *The Good News Bible*, *The New English Bible*, *The Jerusalem Bible*, *The Revised Standard Version* 등이다. 한국어 번역본 중에서 가장 많이 쓰이고 있는 성경은 가톨릭의 경우 『성경』과 『200주년 성경』(신약성경)이다. 개신교의 경우는 『새번역 성경』이 가장 원문에 가까운 성경이라 할 수 있지만 교파에 따라 용어에 대한 문제 제기가 있어 내놓고 추천하기는 어렵다.

송봉모 (서강대 신학)

063

명상록

아우렐리우스

로마 황제의 철학적 자기성찰

고대 그리스 철학자 플라톤은 『국가론』에서 한 나라의 가장 이상적인 통치자의 덕목을 철학함으로부터 찾은 바 있다. 인류 역사 안에서 실제로 이를 구현한 인물을 꼽으라면 스토아학파의 철학자요 로마 제국의 16대 황제이자 5현제 가운데 한 사람으로 칭송받고 있는 『명상록*Meditations*』의 저자 마르쿠스 아우렐리우스(Marcus Aurelius, 121~180)가 단연 첫손가락에 꼽힐 것이다. 사회를 이끄는 지도자의 덕목이 절실히 요구되는 오늘의 현실에 철인 통치자로서 그가 남긴 사상을 되새겨 봄은 의미 있는 일이라 생각된다.

『명상록』은 짐작하기에 원래 라틴어로 쓰였을 것 같지만 사실은 그렇지 않다. 그리스의 우수한 사상과 문화를 존중하고 받아들인 로마의 지식인이 쓴 철학 서적답게 『명상록』은 그리스어로 쓰인 우주와 신과 인간(인생)에 관한 사상서이다. '명상록' 이라는 제목은 후대에 붙여진 이름이고 원래 제목은 그리스어 'ta eis heauton', 라틴어 'ad se ipsum' 이 있다. 직역하자면 '자기 자신에게' 라는 뜻이 된다. 이것을 미루어보면 『명상록』은 자기 성찰적인 수기 형식의 비망록이라 할 수 있다. 내용적으로도 그렇다.

『명상록』은 총 12권으로 구성되어 있으며, 1권은 현재의 자신의 인격과 배움에 영향을 준 사람들을 간략하게 소개하고 있으며, 2권부터 12권은 그때그때 떠오르는 인생의 문제들과 철학적 주제들에 대한 여러 경구들과 단상들로 구성되어 있다. 『명상록』은 아우렐리우스가 황제로서 로마 제국을 통치하고, 변방의 국가들과 전쟁을 수행하는 바쁜 업무 가운데 머리에 떠오르는 단상들을 틈틈이 기록한 책이다. 우리는 이 책이 갖는 이런 특성을 "철학하기에 인생의 어떤 다른 상황도 네가 지금 처해 있는 상황만큼 적합하지 않다"(11권)고 고백하는 아우렐리우스 글에서 어느 정도 짐작해 볼 수 있다. 『명상록』은 체계적으로 쓰인 짜임새 있는 철학서가 결코 아니다. 따라서 독자가 『명상록』을 통하여 잘 구성된 체계적인 철학 사상을 접하고자 한다면 십중팔구 실망하게 될 것이다. 그보다는 단편의 글들을 읽으면서 아우렐리우스와 함께 깊이 사색해 보는 것이 이 책을 읽는 묘미가 될 것 같다.

『명상록』을 제대로 읽는 방법은 우선 스토아 철학자로서의 아우렐리우스를 정확하게 이해하는 데서 시작한다. 아우렐리우스는 세네카(Lucius Annaeus Seneca, BC 4~AD 65)와 에픽테토스(Epiktetos, 55~135?)와 함께 후기 스토아 철학을 대표하는 철학자 가운데 한 사람이다. 스토아 철학은 우주의 이치와 인간과 자연의 본성에 관한 철학의 기본 물음에 충실하면서도 윤리적 엄격주의를 표방한 고대 그리스 철학의 한 분파이다. 후기에 접어들어 스토아 철학은 윤리적 문제에 치중하게 되며, 용기와 절제와 정의에 입각한 엄격한 도덕적 수양을 통하여 개인의 자아 완성과 내적 깨달음, 진정한 행복과 마음의 평정(apatheia)을 이루는 일 등의 실천적 지혜에 보다 많은 관심을 기울이게 된다.

『명상록』은 이러한 사상적 배경 아래서 쓰인 스토아 철학의 대표적 저서이다. 우주의 질서 원리는 신적 이성이며, 인간은 이성적 영혼을 통하여 본성적으로 신적 이성에 참여한다. 그러나 육체로부터 오는 감각적이며 충동적인 경향성은 이를 방해하며, 이것이 인간을 불행하게 하며, 마음의 평정을 잃게 하는 원인이 된다. 이를 극복하는 유일한 방법은 이성에 순응하며 일상의 수양을 통해서 나를 속박하는 육체의 격정과 충동과 싸워 이기는 일이다. 그럼으로써 인간은 진정으로 자유로운 존재로 거듭날 수 있다. 그리고 이 자유는 그 누구도 빼앗아 갈 수 없는 이성적 인간의 고유한 본성 가운데 하나이다.

『명상록』에는 인간의 육체를 경시하고 이성을 중시하는 플라톤적인 사유가 짙게 깔려 있다. 그러면서도 간간히 운명에 순응하고자 하는 고대 그리스인 특유의 사상도 함께 내비친다. 유한한 인간이 영원한 시간 앞에서의 덧없음을 깨닫고 신의 섭리에 순응하고 "모든 것이 죽기 위해서 태어나듯"(9권) 죽음에 초연하고자 함은 이런 사상과 무관하지 않다. 『명상록』의 한글 번역본은 여럿 있는데 그리스 원본에 충실한 천병희의 번역본(숲, 2005)이 추천할 만하다.

박병준 (서강대 철학)

064

고백록

아우구스티누스

하느님께 대한 자서전적 신앙 고백

'나'는 누구이며, 인간의 궁극 목적은 무엇인가? 자기 이해의 실존적 물음은 인류 정신사에 있어서 역사가 깊은 주요 물음 가운데 하나이다. 삶의 책임 있는 주체로서 자기를 발견하고 이해하고 실현하는 일은 의미 있는 삶을 위해서 무엇보다도 중요하다. 그렇다면 우리는 어디서 이러한 삶의 궁극 의미를 발견할 것인가? 중세 교부 철학자 아우구스티누스(Aurelius Augustinus, 354~430)의 『고백록*Confessiones*』(401)은 이에 대한 답을 우리에게 제시한다.

라틴어 '고백'(confessio)이라는 말은 일차적으로 진리와 선의 근원이신 하느님 앞에서 자신의 잘못과 죄를 뉘우쳐 깊이 통회하고 회심하는 것을 의미한다. 한걸음 나아가서 '고백'은 자신의 잘못과 죄에 대한 깊은 통회와 회심을 통하여 상처 받은 영혼을 치유하고, 궁극적으로 화해와 용서 그리고 사랑으로써 치유의 은총을 주시는 하느님께 대해 감사한다는 의미도 함께 가지고 있다. 가톨릭교회는 전통적으로 하느님 앞에서 행하는 이러한 신앙 행위를 '고해성사'라 명명하고 제도적으로 신앙생활의 중심에 놓아 왔다.

아우구스티누스의 『고백록』은 고백에 대한 이런 가톨릭교회의 전통을 배경으로 하고 있다. 젊은 시절에 욕정의 방탕한 생활과 사상적인 방황 속에 깊이 빠져 있던 아우구스티누스는 밀라노의 주교 암브로시우스의 설교에 감화되어 마니교에서 가톨릭교로 개종하였다. 그는 힙뽀(Hippo)의 주교 발레리우스의 권유로 391년 로마 가톨릭 교회의 사제가 되었으며, 발레리우스가 죽은 후 그의 뒤를 이어서 396년 힙뽀의 주교가 되었다. 『고백록』은 그가 주교가 된지 일 년 후인 397년에 쓴 것으로 가톨릭 신앙을 갖기 이전의 유년과 청년 시절에 대한 참회와 회심, 하느님께 대한 감사와 찬미와 기림의 자서전적 신앙 고백서라 할 수 있다.

『고백록』은 총 13권으로 구성되어 있으며, 1권부터 10권은 아우구스티누스 자신에 대한 고백으로서 유년 시절과 청년 시절에 대한 회심의 고백(1-9권)과 힙뽀의 주교로서 집필 시기인 당시의 자기 영혼의 상태에 대한 고백(10권)이며, 나머지 3권은 창조주로서의 영원하시고 전능하신 하느님의 놀라운 업적과 능력에 대한 찬미와 기림의 내용이다. 『고백록』의 전체 주제는 인간은 하느님 앞에서 죄인이며, 그렇기에 하느님의 사랑과 구원이 필요한 존재라는 점이다. 이런 이유로 『고백록』은 1권 1장에서 다음의 고백으로 시작한다. “하느님, 당신께서는 당신을 위하여 우리를 창조하시었기에 당신 안에 쉬기까지는 우리의 마음이 평안하지 않습니다.” 인간은 근본적으로 하느님을 향하여 창조되었다. 그렇기 때문에 하느님을 거슬러 있는 동안 마음의 평화와 안식을 얻을 수 없으며, 삶의 궁극적 의미 또한 발견할 수가 없다. 인간이 죄스러움에 빠지는 것도 역시 인간이 하느님을 향하여 창조되었다는 사실을 이해하지 못하고, 또 그분께로 향하지 않음에서 비롯된다. 진리요 선이신 하느님을 알지 못하고 오히려 그분을 거슬러 죄를 범하는 것은 물론 인간이 근본적으로 자유로운 존재이기 때문에 그렇다. 전능하신 하느님의 예지와 관련하여 인간의 자유의지에 관한 것은 그의 작품 『자유 의지론』에 잘 나타나 있다.

『고백록』은 죄의 원인과 결과를 인간인 자기 자신으로부터 찾음으로써 행위의 책임 있는 주체로서의 ‘나’의 의미를 최대한 부각시키고 있으며, 하느님과의 관계 설정에 있어서 1인칭의 주체인 '나'를 전면에 등장시킴으로써 실존주의적 신앙의 정수를 보여준다. 『고백록』은 형식적으로 자신의 과거를 기억하고 회상하는 자서전적 고백문의 형식을 취하고 있지만, 결코 자기 독백의 자서전이 아니다. 오히려 『고백록』은 실존적으로 하느님을 대면하는 가운데 깊이 참회하며 그분을 찬미하고 기리고자 하는 '나'와 하느님과의 내면의 대화록이요, 신앙 고백서라 할 수 있다. 또한 우리는 『고백록』을 통해서 체계적이지는 않지만 신의 본성, 악의 본질, 자유의지, 시간과 영원, 무로부터의 창조 등 철학적, 신학적 주요 주제들에 관한 아우구스티누스의 기본 사상을 엿볼 수 있다.

『고백록』은 원본이 라틴어로 써졌으며, 한글 번역본은 여럿이 있으나 가톨릭 측에서는 최민순이 옮긴 것(바오로딸, 1991)이, 개신교 측에서는 선한용이 옮긴 것(대한기독교서회, 2003)이 대표적인 번역이라 할 수 있다.

박병준 (서강대 철학)

065

꾸란

이슬람 종교 전통 · 학문 · 문화의 구심점

아랍어로 '낭송'이라는 뜻을 지닌 꾸란은 이슬람교 경전으로 지난 1400여 년 동안 인종과 언어의 장벽을 뛰어 넘어 무슬림(이슬람교 신자)들을 하나로 묶어 온 구심점이자 이슬람 종교 전통, 학문, 문화의 핵심이요 마르지 않는 종교적 감정의 샘이다. 10억에 이르는 전 세계 무슬림들은 꾸란을 유일신(아랍어로 알라)이 천사 가브리엘을 통하여 예언자 무함마드(?~632)에게 지금의 사우디아라비아 메카와 메디나에서 아랍어로 직접 내린, 인위적으로 가공되지 않은 영원한 말씀이라고 믿는다. 신은 인류를 창조한 이래 아담, 노아, 아브라함, 모세, 예수 등을 예언자로 보내고 이들을 통해 히브리 성경, 신약성경 등을 내려 올바른 길을 항상 제시하였는데 인간은 이를 어기고 늘 방황하였기에 최후의 예언자 무함마드를 선택하여 최후의 계시인 꾸란을 다시금 인류에게 주었다고 한다. 신의 말씀은 무함마드가 기대하지 않은 상황에서 갑자기 시작하여 상황에 따라 조금씩 내려왔는데 그가 죽은 후 구전으로 암송되고 동물의 어깨뼈나 돌 등에 쓴 것이 모여 약 651년경 오늘날 우리가 지니고 있는 형태의 책으로 완성되었다. 문장 형태로 보면 운율 있는 산문체인데, 시간적 순서와 상관없이 총 114장 중 첫 장을 제외하고는 대체적으로 앞부분에 긴 계시, 뒷부분에 짧은 계시가 실려 있다. 경전 전체의 두께는 그리스도교 신약성경만 하다.

꾸란은 천사를 비롯한 영적인 존재와 인간, 그리고 우주 만물을 만든 전지전능한 창조주이자 종말에 모든 죽은 이를 부활시켜 공과 허물을 심판하는 신을 늘 믿고 의식하면서 현세를 올바르고 경건하며 정의롭게 살아야 한다고 가르친다. 신은 모든 것을 뜻대로 이끌지만 인간에게 스스로 행동할 의지도 주었다. 꾸란은 예언자와 계시를 통해 신이 제시한 바른 길을 걷는 사람에게 내리는 축복과 그렇지 못한 자들에게 드리우는 고통을 생생하고도 강렬하게 묘사한다. 단식, 예배, 순례, 결혼, 이혼 등과 같이 무함마드가 이끈 신앙 공동체에 내린 구체적인 삶의 규범이 실려 있기도 하다. 히브리 성경, 하가다, 그리스도교 성경과 외경에 관련된 이야기도 있기에 서로 비교해서 읽으면 더 흥미롭다. 성경과 내용상 차이점이 있을 경우 무슬림은 꾸란이 옳다고 믿는다. 성경과 달리 꾸란은 신의 직접 계시로 인위적 편집과 왜곡 과정을 거치지 않았다고 믿기 때문이다. 꾸란은 종교문헌으로서뿐만 아니라 역사적 자료로도 매우 중요하다. 7세기 아라비아 역사를 증거하는 유일한 동시대 사료로서 아랍 다신교 사회의 풍습, 유대-그리스도교와 이슬람교의 관계를 비교해 볼 수 있기 때문이다. 그러나 꾸란은 읽기에 무척 어렵다. 같은 내용을 자주 반복하고, 생략된 내용이 있으며, 인명, 지명, 시간적 배경 등에 대해 침묵, 구체적 문맥을 잘 드러내지 않고 암시하는 경우가 많기 때문이다.

무슬림의 꾸란 사랑은 지극하다. 신의 말씀이 책으로 된 것이니 만큼 한 점 한 획 틀림없다고 믿고, 사람 손이 쉬이 닿지 않는 높고 깨끗한 곳에 보관하며, 읽을 때는 반드시 입 맞추며 경의를 표한다. 아프가니스탄 탈레반 정권의 경우 행여 실수로 찢겨 나간 꾸란이 재활용 종이에 포함되어 있을지도 모른다는 두려움 때문에 종이 재활용을 금지한 적이 있을 정도다. 꾸란은 원뜻 그대로 낭송을 하기 위한 것이어서, 무슬림들은 꾸란 전체 암송을 중요한 종교적 사명으로 삼고 있으며, 내용 왜곡을 방지하고 오묘한 뜻과 분위기를 잃지 않게 하기 위하여 아랍어 꾸란만 사용한다.

우리말 번역으로 읽기 좋은 것은 명문당에서 나온『코란 (꾸란)』(김용선 옮김)이다. 사우디 아라비아 파하드 국왕 성 꾸란 출판청에서 펴낸『성 꾸란』(최영길 옮김)이 아랍어 원문에는 더 충실하나 우리말 표현은 세련되지 못해 오히려 읽기 힘들다. 전체를 한 번에 다 읽기보다는 조금씩, 그리고 뒷부분의 짧은 계시부터 읽는 것이 효과적이다. 꾸란에 대한 일반적 소개서로는 동문선에서 나온 마이클 쿡의『코란이란 무엇인가』(이강훈 옮김)가 뛰어나다.

박현도 (서강대 종교학)

066

삼국유사

일연

✓
한민족의 유구한 역사에 대한 생생한 기록

우리가 흔히 역사적 사실이라고 말하는 것들은 대개 기록을 통해 전해온다. 그러나 그 기록이 정확하게 사실을 말하고 있다고 단정해서는 안 된다. 기록하는 과정에서 여러 가지 변형이나 왜곡이 있을 수 있다. 역사학자들은 이러한 변형과 왜곡 이전의 사실을 찾아내려 한다. 그러나 때에 따라서는 언어화되는 과정에서 생겨나는 변형이나 왜곡이 더 가치가 있을 수도 있다. 고전 특히 사실을 기록한 역사적 의도를 담은 책을 읽을 때, 이러한 두 가지 상반되는 관점을 고려하는 것은 고전이 갖는 다양한 의미를 포착하는 데 매우 유용하다.

『삼국유사(三國遺事)』(1281~1283)에는 수많은 이야기들이 기록되어 있다. 아마도 일연이 당시에 구술로 전승되는 이야기나 아니면 문헌에 남아있던 이야기들을 그 나름의 체제를 갖추어 기록했을 것이다. 그리고 『삼국유사』라는 제목을 붙였다. 흔히 『삼국유사』를 『삼국사기』와 대비하여 말한다. '사기' (史記)라는 말에 정통적인 역사를 기록한다는 의식이 담겨 있는 반면, '유사' (遺事)라는 말에는 '남겨진 일들' 즉 주변적인 사건들을 모아놓았다는 의식이 엿보인다. 그러나 보니, 그 기술 체제가 보다 자유롭고, 사건에 대한 기술도 구체적이다. 추상적인 역사의식의 틀에 얽매여 이야기를 기록한 것이라기보다는, 인간적인 성정이나 감성에 충실하여 이야기를 기록함으로써, 시대를 초월한 감동과 재미를 느낄 수 있는 책이 바로 『삼국유사』다.

이 책도 나름의 구성을 갖고 있다. 중국과 삼국의 세계(世系)와 연대가 기록된 왕력편에 이어, 삼국의 여러 신이한 일들을 기록한 기이편이 이어진다. 기이편에는 우리가 알고 있는 단군, 주몽, 혁거세, 수로 등과 같은 여러 시조들의 이야기나, 처용이나 수로부인, 거타지나 비형랑과 같은 전설적인 인물들의 일화들이 실려 있다. 이러한 이야기들은 '신이한 것' 이기는 하지만, 일연이 기이편의 서문에 쓴 것처럼 '괴이한 것'(怪)은 아니다. 그 시대에도 보편성을 갖는 일들인 것이다. 그 다음 이어지는 편들에서는 주로 불교적인 일화들을 기록한다. 흥법편에서는 불교가 삼국에서 시작된 유래에 대해 말하고, 탑상편에서는 불교의 성스러운 흔적들에 대해 말한다. 의해 편에서는 교리의 해석을 여러 고승들의 행적을 통해 말하고, 신주편에서는 불교의 주술적 힘을, 감통편에서는 신앙을 통한 감응을, 피은편에서는 고승들의 숨고 드러나는 처신을, 효선편에서는 효를 통한 선행을 말한다. 이런 불교적인 내용들이라고 해서, 불교의 포교를 위해 쓴 것으로만 해석해서는 안 된다. 이런 구체적인 이야기들에는 불교에 관한 교조적인 내용보다는 인간적인 차원에서 한 인간이 겪는 삶에 대한 고뇌와 그에 따른 행동들이 그려져 있다.

이 책에서 우리가 눈여겨보아야 할 것은, 이 책의 담론이 드러내는 다양한 형상들이다. 불교적인가 하면 유교적이고, 성스러운가하면 지극히 세속적이기도 하다. 민족주의적인가 하면 중국 보편주의에서 벗어나지 못한 점도 눈에 띈다. 엄격한 실증성을 추구하는가 하면 낭만적인 상상의 나래가 펼쳐지기도 한다. 한문으로 쓰인 책이지만, 이두로 쓰인 향가도 있어, 고대 한국어의 실상을 비쳐주기도 한다. 향가뿐만 아니라 게송이나 한시도 실려 있으며, 이런 다양한 형식의 노래들이 산문 안에 어우러져 다양한 형상의 세계를 펼쳐낸다. 수많은 작가와 시인들이 왜 『삼국유사』를 통해 문학적인 상상력을 불러일으켰는지 충분히 알 만 하다. 이런 다양성을 읽어내기 위해서는 독자들 역시 무한

한 상상력을 발휘해야 한다. 그것이 바로 『삼국유사』를 읽는 재미이기도 하다.

이 책은 여러 번역본이 나와 있다. 그 중에서도 쉽게 접근할 수 있는 번역본으로는 『삼국유사』(이재호 옮김, 솔), 『삼국유사』 (고운기 옮김, 홍익출판사), 『사진과 함께 읽는 삼국유사』(리상호 옮김, 까치), 『삼국유사』(김원중 옮김, 을유문화사), 『삼국유사』(이가원 허경진 옮김, 한길사)가 있다.

송효섭 (서강대 국문학)

067

우신예찬

에라스무스

어리석음을 찬양함

세상 돌아가는 모습을 보면 이성이나 논리는 무관한 듯 하다. 이성보다는 이익이, 논리보다는 감정이, 실질적인 것보다는 허영과 명예가, 공정한 마음이나 지혜보다는 욕심과 어리석음이 사람들을 움직이는 힘이 아닌가 하는 생각이 든다. 진실과 사랑, 지혜와 숙고 따위는 교과서적인 용어가 되어버렸다. 인간사의 이러한 면을 에라스무스(Erasmus of Rotterdam, 1469~1536)는 『우신예찬*Ecomium moriae id est Laus stultitiae*』(1509)이란 책에 담았다. 이 책 제목을 조금 더 풀어쓰자면 '어리석음을 찬양함' 정도가 될 것이다. 에라스무스에 따르면 어리석음은 '생명의 씨앗이자 샘'이다. 어리석음 없이 어찌 남녀가 몸을 섞고 어리석음 없이 어찌 해산의 고통을 치른 뒤 또다시 아이를 가질 수 있는가. 어리석음을 통해 생명이 태어나고 어리석음 때문에 삶이 유지된다. 어리석고 미칠수록 사람은 즐겁고 어리석을수록 다른 사람들과 잘 어울린다. 어리석음 때문에 근심과 걱정에서 벗어나고 어리석음 때문에 죽음을 두려워하지 않고 삶을 즐긴다. 어리석음은 짧고 유한한 삶을 견딜 수 있게 해 준다.

두 번째 종류의 어리석음은 똑똑한 척하는 자들의 어리석음이다. 아내가 수많은 정부를 가졌는데도 마치 정숙한 것처럼 생각하는 남편들, 사냥에 미쳐 날뛰는 귀족들, 노름꾼들, 거짓말쟁이들, 기적을 바라는 사람들, 자기가 저지른 죄에 대해 면죄부를 받았다고 즐거워하는 사람들, 성인 숭배자들, 8품사에 매달린 문법학자들, 자기사랑과 아첨에 사로잡힌 시인들, 문필가들, 법률 조문만 쌓아올리는 법률학자들, 논리학자들, 수사학자들, 보통 사람들이 알아듣지도 못하는 개념을 입에 담는 철학자들과 신학자들, 삭발의 넓이와 수면 시간에 집착하는 수도사들, 군주와 제후들, 교황과 추기경, 주교들, 이 모두들이 똑똑하면서 어리석은 자들의 부류에 들어간다.

에라스무스가 찬양한 어리석음은 진정한 겸손과 사랑에 바탕을 둔 복음적 어리석음이다. 예수 그리스도가 세상에서 지혜 있는 자들이나 힘 있는 자들, 가진 자를 가까이 하지 않고 여자들과 어부들을 가까이 한 것, 짐승 중에서도 가장 어리석은 당나귀를 고르신 것, 성령이 독수리의 모습이 아니라 비둘기의 모습으로 내려 온 것, 자신을 따르는 사람들을 양이라고 부른 것, 그리고 심지어 자신을 어린양이라고 부르게 한 것은 어리석음과 연약함을 높이 인정한 것이다. 십자가의 도는 멸망하는 자들에게는 어리석은 것이지만 구원을 받는 사람에게는 하나님의 능력이라는 것도 참된 지혜는 세상 사람들에게 어리석게 보이는 데 있다는 것을 보여준다.

이 책을 읽을 때 주의할 점은 어리석음이 여러 가지 의미로 쓰인다는 것이다. 똑똑한 사람들의 어리석음이 있는가 하면, 우리 삶에 그것이 없이는 삶이 도무지 불가능한 어리석음이 있고, '십자가의 가르침'과 같은 믿음을 가진 사람들에게는 하나님의 능력과 지혜이나 세상 사람들에게는 어리석게 보이는 어리석음이 있다. 책 서두에 나타난 '어리석음의 여신'(이 여신을 한자어로 '우신'이라 한 것이다)의 우스꽝스러운 모습에서부터 복음에 따른 단순한 삶을 설파하는 끝 부분까지 자유자재로 전개된 에라스무스의 풍자를 오늘의 삶을 비춰 보는 거울로 삼아 읽으면 매우 유익한 독서가 될 것이다.

에라스무스의 전기를 쓴 네덜란드의 사학자 요한 하의징아는 『우신예찬』에 대해서 이렇게 말한다. "학문적으로나 경건한 면에서나 이 보다 훨씬 더 좋은 작품이 있지만 그것들은 모두 제 때가 있었다. 하지만 『우신예찬』은 불후의 작품으로 남을 것이다. 에라스무스는 유머가 넘칠 때 그 때 그 특유의 깊이를 보여준다. 이 책을 통해 에라스무스는 그가 아니면 누구도 줄 수 없는 것을 세상에 주고 갔다.” 우리말 번역으로는 을유문화사를 통해 나온 『광우예찬(狂愚禮讚)』(정기수 옮김)이 유일하다. 다행스럽게도 아직 서점에서 구해 볼 수 있다. 라틴어 원본을 바탕으로 한 번역이 나와야 하겠지만 아쉬운 대로 에라스무스의 의도를 이해하는 데는 별 무리가 없다.

강영안 (서강대 철학)

068

유토피아

토마스 모어

그리스도교 인문주의자의 이상사회

'유토피아' (Utopia)라는 말은 16세기 영국의 인문주의자, 토마스 모어(Thomas More, 1478~1535)가 만든 말이다. 그 뜻은 이 세상에 '없는 곳' (no-place)이지만 그러나 '좋은 곳' (good-place)이라는 이중의 의미를 내포한다. 이 세상에 없다는 점에서 그것은 가공적이다. 그러나 특정한 사회와 국가에 대한 구체적 상을 제시한다는 점에서 그것은 단순한 공상이나 픽션과 다르다.

유토피아는 이상사회에 대한 묘사이다. 그것은 마땅히 그래야 할 당위의 세계이며 규범의 세계이다. 그것은 현실에 대한 반대상(像)으로서 그 자체에 현실에 대한 비판과 부정의 의미가 들어 있다. 그러므로 유토피아는 현실비판이라는 부정의 원리와 규범의 제시라는 긍정의 원리를 갖고 있다. 부정의 원리는 현실의 모순과 부조리를 고발하여 사회개혁정신을 고취하고 긍정의 원리는 이상사회의 목표와 방향을 제시해 줌으로써 역사적 진보와 창조를 촉진한다. 이 같은 원칙에 따라 『유토피아*Utopia*』(1516)는 두 권으로 구성되었다. 1권은 풍자를 통해 당시 영국사회의 제도적 모순과 부정부패를 비판한 것이고 2권은 이에 대한 대안으로 유토피아 사회에 관한 구체적 내용을 기술한 것이다.

유토피아 사회에는 평등의 원칙이 지배한다. 공직자는 대부분 선거로 선출되며 임기는 1년이다. 다만 군주의 임기는 종신이며 폭정을 할 경우에는 축출된다. 모든 것이 공유이므로 부자와 빈자가 없다. 매일 6시간씩 노동을 하며 나머지 시간은 여가생활에 쓰인다. 2년마다 도시인과 농민이 교체되며 주택도 10년마다 추첨으로 교환한다. 모든 사람이 평등한 교육을 받고 공동식탁에서 식사를 한다. 거의 모두가 똑같은 의복을 입고 똑같은 주택에서 산다. 이와 같이 유토피아 사회는 인간의 물질생활과 정신생활 전반에 걸쳐 평등을 추구한다.

그러나 노예제, 종신군주제, 성직자의 노동면제 등은 평등의 원칙에 어긋나며 가족제도 역시 공유제 정신에 맞지 않는다. 모어는 사회의 모순과 부조리를 논리적 차원이 아니라 현실적 차원에서 해결하고자 하였다. 따라서 공유제 사회의 문제점이 되는 인간의 자발적 의욕의 저하, 나태심 조장, 권위부재 등을 해결하기 위해 고심하였다. 모어는 그리스도교 인문주의자답게 악의 원천이 사회제도보다는 인간의 본성에 더 깊이 박혀 있다고 생각하였다. 그는 인간 본성에 내재한 근절하기 어려운 3대 악은 나태, 탐욕, 교만이라고 보았다. 나태는 노동을 기피하고 사치와 낭비, 도박과 음주를 유발한다. 탐욕은 빈부격차, 갈등과 분쟁, 강도와 살인의 근원이다. 교만은 남과 차별짓기 위해 뽐내려는 욕망에서 비롯된다. 그것은 일종의 허영 형태로서 헛된 명예심에서 일어난다. 나태와 탐욕과 교만의 표본은 유럽의 군주와 귀족들이다. 그들은 수벌처럼 노동하지 않으면서 사치한 생활을 하고 쓸데없는 명성을 위해 전쟁을 일으킨다. 그래서 유토피아 사회에서는 나태를 막기 위해 의무노동제를, 탐욕을 막기 위해 공유제를 채택하였다. 교만의 근원이 되는 인위적 차별을 막기 위해 모든 사람이 공동식사를 하고 공통된 의복을 입고 공통된 주택에서 산다.

모어는 한 사회가 갖는 재화의 총화는 일정하다고 생각했다. 따라서 모든 사람이 각자의 탐욕과 이기심만을 추구한다면 부의 편재와 빈부의 격차가 필연적으로 발생한다. 그러므로 근대적 생산기술이 도입되지 않은 사회에서 모든 사람이 어느 정도 자기만족을 얻을 수 있는 길은 인간의 욕구와 수요를 억제하고 생산과 분배를 통제하는 것이라고 믿었다. 『유토피아』를 번역한 책은 여러 종류가 있다. 그러나 추천하고 싶은 책은 박영사에서 나온 『유토피아』(나종일 옮김)와 삼성출판사의 『유토피아』(노재봉 옮김)이다. 전자는 1551년에 처음 출판된 로빈슨(Ralph Robinson)의 영역본을 번역한 것이고, 후자는 1964년에 나온 셔츠(Edward Surtz, S.J.)의 영역본을 번역한 것이다.

김영한 (서강대 사학)

069

그리스도인의 자유

루터

✓ 그리스도인은 자유인이면서 동시에 종(從)

자유의 개념은 대체로 두 가지로 나누어 볼 수 있다. 자신이 마땅히 있어야 할 곳, 자신이 한 부분으로 속해야 할 곳에 속한 상태를 자유로 보는 전통이 있는가 하면 밖으로부터 어떤 제약이나 지시 없이 스스로 결정하고 선택할 수 있는 상태를 자유로 보는 전통이 있다. 앞의 경우는 마치 물고기가 물속에서 비로소 자유를 누리듯이, 예컨대 한 국가, 한 가족, 한 단체나 사람으로부터 소외되지 않고 그 속에서 전체의 한 부분으로 삶을 누리는 것을 가장 자유로운 상태로 보는 관점이라면 뒤의 경우는 전체로부터 분리해서 개체의 자율, 개체의 독립을 자유로 보는 관점이다. 도식적으로 본다면 앞의 관점은 대체로 고대와 중세에, 뒤의 관점은 근대에 강조된 관점이다. 동아시아 전통의 공자나 노자나 장자, 또는 묵자와 같은 사람이 본 자유도 앞의 관점이라고 한다면 근대 철학자인 칸트나 밀은 뒤의 관점을 확실하게 강조한다.

『그리스도인의 자유*Von der Freiheit eines Christenmenschen*』(1520)에서 보인 루터(Martin Luther, 1483~1546)의 자유관은 이 두 전통에서 보자면 독특한 점이 있다. 한편으로 그는 고중세적 전통, 다시 말해, 인간이 마땅히 귀속되어야 할 곳에 귀속되는 것이 자유라고 보면서도 개인의 신앙 양심을 강조하는 점에서는 근대적 자유 개념에 가깝다. 교황과 교회의 권위를 부정하면서 한 개체의 양심과 신앙 자유를 강조하는 점에서 개인주의적 자유 개념이 드러난다. 그럼에도 마치 물고기가 물에 있을 때 비로소 자유롭듯이 인간이 마땅히 귀속되어야 할 곳을 하나님으로 볼 때는 전통적 전체론적 자유 개념 또는 공동체적 자유 개념이 드러낸다. 루터의 독특한 면은, 그리고 기독교 전통의 자유 개념의 독특한 면은 두 개념이 하나로 통합된다는 데 있다.

『그리스도인의 자유』에서 루터는 두 명제를 내세운다. 1. 그리스도인은 더할 수 없이 자유로운 만물의 주(主)이며 아무에게도 예속하지 않는다. 2. 그리스도인은 더 할 수없이 충의로운 만물의 종(從)이며 모든 사람에게 예속한다. 루터는 이 두 명제가 바울(바오로)에게서 온 것임을 밝힌다. 고린도교회에 보낸 첫 편지에서 바울(바오로)은 "내가 모든 사람에게 자유였으나 스스로 모든 사람에게 종이 된 것은 더 많은 사람을 얻고자 함이라"(9:19)고 말하고 로마인들에게 보낸 편지에서는 "피차 사랑의 빚 외에는 아무에게든지 아무 빚도 지지 말라"(13:8)고 말한다. 루터는 이를 토대로 그리스도인은 자유인이면서 동시에 종임을 이 글에서 논한다.

루터의 글은 첫 번째 명제와 관련해서 자유인이 되는 것은 내적인 인간, 곧 속사람, 다시 말해 영혼의 변화를 통해서 가능하다고 역설한다. 영혼의 변화는 그리스도교 전통의 용어로는 어떻게 영혼이 '의롭게' 되느냐, 다시 말해 영혼이 어떻게 자유를 얻는가 하는 것과 관련 있다. 루터가 강조한 것은 관상이나 명상이 아니라 하나님의 말씀이다. 하나님의 말씀만 있으면 영혼은 부유하고 부족함이 없다. "믿음으로 의롭게 된다"는 것이 루터가 뜻한 말씀의 핵심이다. 오직 믿음으로 자아가 소멸되고 하나님의 구원을 얻는다. 믿음만이 죄를 정복하고 구원의 은총을 얻는 길이라 루터는 말한다. 이것이 첫째 명제와 관련된 루터의 논증이다. 두 번째 명제와 관련해서 루터는 믿음으로 구원의 은총, 곧 자유를 누린 사람이 행해야 할 선행(善行)을 강조한 것이다. 선행은 의롭게 됨의 원인이 아니라 결과이다. 먼저 오직 믿음으로, 오직 은혜로 의롭게 되어 자유인이 되어야 자유의 열매인 선행이 가능하다고 루터는 역설한다. 선행(善行)에 앞서 선인(善人)이 되어야 한다. 이것은 예수 그리스도의 은혜로 가능하다. 그 결과, 그리스도인은 참된 자유인으로서 남의 종이 되어 선행을 실천할 수 있다. 『그리스도인의 자유』는 1520년 교황 레오 10세에게 보낸 편지의 부록으로 쓴 글이다. 같은 해 쓴 「독일 크리스찬 귀족에게 보내는 글」과 「교회의 바벨론 감금」과 더불어 '마르틴 루터의 종교개혁의 3대 논문'으로 불리운다. 루터의 글은 컨콜디아사에서 지원용 번역으로 나온 『말틴 루터의 종교개혁 3대 논문』이란 책에 실려 있다.

강영안 (서강대 철학)

070

성학십도

이황

✓ 성인이 되는 학문에 대한 열 가지 가르침

인간은 무엇을 위하여 사는가? 인간답게 산다는 것은 무엇인가? 조선시대 이황(李滉, 1501~1570)이 이러한 물음을 절실히 한 끝에 지은것이 바로 『성학십도(聖學十圖)』(1568)이다. 조선시대의 유교는 불교의 가르침을 창조적으로 받아 들여 극복한 새로운 유학이었다. 이것을 성리학이라고 하며 주자학이라고도 한다. 불교는 인생의 궁극적 목표를 부처가 되는 것 즉 깨달은 사람(覺者)이 되는 것이라고 하였다. 이에 대하여 성리학의 궁극적 목표는 바로 성인(聖人)이 되는 것이다.

이황의 『성학십도』에서 말하는 성학(聖學)이란 성인이 되는 학문을 말하며 10개의 도설(圖說)로 유교철학의 핵심을 간명하게 나타낸 작은 책이다. 그러면서도 성리학의 풍부한 내용이 다 들어있는 이론서이다. 불교의 반야심경과 대비될 수 있는 책이다. 불교에서 누구나 깨달으면 부처가 되듯이 성리학에서는 누구나 공부를 하면 성인이 될 수 있다고 생각하였다. 우리 배우는 사람(士)은 현명한 사람이 되기를 바라고(士希賢) 현명한 사람은 성인이 되기를 바란다(賢希聖) 그리고 성인은 하늘과 합일되기를 바란다(聖希天). 다시 말해 천인합일(天人合一)의 경지에 이르는 것이 최종목표이다. 하늘은 거짓 없이 참된 존재이다. 이 하늘을 닮아 가려고 하는 것이 성인이다. 인간이 하늘처럼 되지 못하는 것은 인간이 가지고 있는 이기적 이익과 욕심(私利私慾) 때문이다. 이것을 어떻게 극복하여 자유로운 인간이 되는가 하는 것이 관건이다. 참되는 길을 막는 것이 바로 이기심(私利私慾)이다. 『중용』에서 참 그 자체는 하늘의 길이요 참되려고 하는 것은 인간의 길이다(誠者 天之道 誠之者 人之道)라고 하였다. 참(誠)이야 말로 하늘과 인간이 합일되는 경지인 것이다. 이 하늘의 도와 인간의 도를 설명한 것이 바로 태극도(太極圖)와 그 도설이다. 천지에 태극이 있듯이 인간에게는 인의(仁義)라는 인극(人極)이 있다는 것이다.

퇴계의 『성학십도』중에서 제일 처음 나오는 태극도와 그 도설은 바로 이러한 인생의 궁극적 문제를 설명한 것이다. 여기에 반드시 주자의 주석과 퇴계의 설명이 있으며 나머지 9도와 그 도설도 마찬가지이다. 제2도는 서명도(西銘圖)와 그 설명인데 하늘을 아버지라고 하고 땅을 어머니라고 한다는 우주를 가족처럼 생각한 우주론이 소개되어 있다. 제3도는 소학도(小學圖)와 그 제사(題辭), 제4도는 대학도(大學圖)와 대학경문, 제5도는 백록동규도(白鹿洞規圖)와 동규후서, 제6도는 심통성정도(心統性情圖)와 그 도설, 제7도는 인설도(仁說圖)와 인설, 제8도는 심학도(心學圖)와 그 도설 제9도는 경제잠도(敬齋箴圖)와 경재잠, 제10도는 숙흥야매잠도(夙興夜寐箴圖)와 그 설명이 각각 잘 정리되어 있다.

『성학십도』는 1568년 68세의 원로학자 퇴계가 17세의 소년 왕 선조에게 바친 작은 책이다. 퇴계는 어린 왕에게 정치의 근본이 되는 성학(聖學)을 가르치기로 결심하고 성리학자들이 쓴 글과 도표를 가려 뽑아서 이 저서를 지어 올렸다. 성학은 성인이 되는 학문인 동시에 통치자 자리에서는 성왕(聖王)이 되는 것을 말한다. 이것은 달리 말해 정치권력이 군주 개인의 사적인 소유가 되는 것을 경계하기 위함이었다. 따라서 이 『성학십도』는 주로 마음공부에 집중되어 있다. 그리고 특기 할 만한 것은 퇴계가 사단칠정에 관한 도설을 제6도 심통성정도의 중도(中圖)와 하도(下圖)를 설명하면서 기고봉과 7년 동안 논변 끝에 얻은 결론인 이기호발설을 소개하고 있다는 점이다. 이것은 한국철학의 진수를 담은 것이다. 이 『성학십도』는 현대 중국의 철학자 리앙치차오(梁啓超)에 의하여 중국에 소개되기도 하였다. 우리말로는 이광호가 옮긴 『성학십도』가 자세한 주석과 함께 해설적 논문 및 성학십도의 연구가 실려 있어 이해하기 쉽게 되어 있다.

정인재 (서강대 철학)

071

신기관

프랜시스 베이컨

아는 것이 힘이다

토마스 모어의 관심이 사회개혁에 있었다면 베이컨(Francis Bacon, 1561~1626)의 관심은 궁핍과 빈곤으로부터 인간을 해방시키는 데 있었다. 베이컨이 볼 때, 빈곤으로부터의 해방은 사회제도의 개혁보다는 과학의 발전에 의해 가능하였다. 다시 말하면 인간이 자연의 법칙을 파악하여 자연을 지배하고 자연을 이용할 때 가능하다는 것이다. 그렇다면 과학을 발전시킬 수 있는 길은 무엇인가? 그것은 올바른 방법을 발견하는 것이다. 올바른 방법을 발견하여 적용할 때 인간과 자연과의 관계가 혁신되고 자연의 숨은 비밀이 밝혀져 사회 진보가 촉진된다. 베이컨의 『신기관*Novum Organum*』(1620)은 바로 사회 진보를 가능케 하는 올바른 과학적 방법론이 무엇인가를 추구한 책이다. 베이컨의 학문적 포부는 그의 『대혁신*Instauratio Magna*』에 잘 나타나 있다. 『대혁신』은 기존의 지식체계를 완전히 개편, 재조직하려는 거대한 계획이다. 『대혁신』은 6부로 계획되었는데 제1부에 해당하는 것이 『학문의 진보』이고 제2부에 해당하는 것이 『신기관: 자연의 해석과 인간의 자연지배에 관한 잠언』이다. 『신기관』은 2권으로 되어 있다. 제1권은 130개 장(章)으로 완성되었으나 제2권은 52장으로 미완성 상태로 그치고 있다.

베이컨에 의하면 학문의 진보를 가로막는 근본적 요인은 두 가지이다. 하나는 인간의 정신과 감각의 불완전성 때문이고 다른 하나는 학문의 나쁜 전통과 방법론 때문이다. 전자와 관계된 것이 우상론(偶像論)이라면 후자를 극복하기 위한 것이 귀납법이다. 베이컨이 볼 때, 학문이 오랫동안 침체의 늪에 빠진 것은 아담의 타락으로 인간의 자연지배권이 상실되고 인간과 자연이 유리되었기 때문이다. 그러므로 진정한 학문의 새 출발은 인간과 자연의 본래 관계를 회복하는 일이다.

참된 인식을 가로막는 인간 본성에 내재한 나쁜 경향, 또는 오류의 원천이 우상이다. 베이컨은 우상을 종족의 우상, 동굴의 우상, 시장의 우상, 극장의 우상으로 구분한다. 학문의 진보를 위해 우상은 반드시 파괴돼야 한다. 우상의 파괴는 인간의 마음이 편견과 선입관, 독단과 억측으로부터 해방되어 어린이와 같은 순수한 상태로 되돌아 갈 때 가능하다.그러면 순수한 마음을 유지해 주는 방법은 무엇인가? 그것은 귀납법이다. 귀납법은 경험적 방법과 합리적 방법, 실험적 방법과 이론적 방법을 결합하여 감각적 경험과 이성이 서로 보완해 주는 방법이다. 이 방법을 통해 인간은 물자체(物自體)에 접근하여 '형상(形相)'을 발견할 수 있다. 형상이란 자연을 구성하고 있는 본질과 속성, 그리고 이들을 지배하는 법칙을 의미한다. 그러므로 형상만 발견할 수 있다면 자연의 신비는 쉽게 풀리게 된다. 이제 인간은 자연현상을 임의로 분리 해체하고, 다시 그것을 결합 조립하여 원하는 대로 개조할 수 있게 될 것이다. 자연을 지배할 수 있는 인간의 힘이 무한히 증대될 것이고 새로운 발견과 발명이 홍수처럼 쏟아지게 될 것이다. 그리하여 인간은 자연의 진행과정에서 벗어나서 희망하는 낙원을 이 지상에 건설하게 될 것이다.

『신기관』 제2권은 가설의 수립과 검증과정을 '열'(熱)을 예로 들어 장황하게 설명한 책이다. 따라서 특별한 경우가 아니면 학생들은 제1권만 읽어도 좋을 것 같다. 베이컨의 방법은 가설과 연역적 방법의 중요성을 경시하였고 수학의 중요성을 간과하였다. 이같은 약점과 한계에도 불구하고 그의 귀납법과 과학철학은 근대과학에 기여한 바 크다. 베이컨은 아리스토텔레스의 방법을 대체한 새로운 방법이 발견될 때 학문이 침체 상태에서 벗어나 진보할 수 있다고 보았다. 베이컨이 자신의 방법론을 'Novum Organum' 이라고 한 것은 아리스토텔레스의 『논리학*Organon*』을 능가하는 새로운 방법론임을 나타내기 위해서였다. 이 점에서 *Novum Organum*은 『신기관』보다는 『신논리학』으로 번역하는 것이 더 적절하다고 본다. 국내 번역서로는 한길사에서 출간된 『신기관』(진석용 옮김)이 있다.

김영한 (서강대 사학)

072

방법서설

르네 데카르트

✓ 올바른 방법을 통해 확실한 지식 찾기

데카르트(René Descartes, 1596~1650)의 『방법서설*Discours de la méthode*』(1637)은 근대적 사유의 전형을 마련한 작품이다. 흔히 근대를 인간이 주체(subject)가 된 시대라 일컫는다. 주체는 그리스인들이 '휘포케이메논'이라 부른 것에 해당하는데, 이는 '떠받쳐주는 것'이란 뜻이다. 따라서 인간이 주체가 되었다는 것은 세상만물의 존재와 진리성이 인간 정신에 근거한다는 것을 뜻한다. 이 책의 4부에서 잘 드러나 듯 이 작품은 진리의 확실한 토대로서 인간 정신을 발견함으로써 인간을 주체로 이해하는 근대적 사고방식의 길을 열었다.

1부에서 데카르트는 여러 가지 학문들이 확고한 토대를 지닌 지식들인지를 검토한다. 모든 학문들의 근거가 의심에 부쳐지는데, 그 가운데 지식으로서 철학의 정당한 근거에 대한 의심은 기존 학문 전체를 위협한다. 왜냐하면 모든 학문들의 근원에 철학이 자리잡고 있는데, 이 철학은 확실한 지식의 보금자리이기보다는 갖가지 불확실한 의견들의 싸움터라는 것이 데카르트의 고찰이기 때문이다. 따라서 모든 분야의 지식을 구원하기 위해선 가장 먼저 철학을 확고

한 지식으로 만들어야 한다. 그러려면 확실한 지식을 찾기 위한 방법이 먼저 마련되어야 한다. 2부에선 확실한 지식의 발견을 위한 방법들로 회의(의심), 분석, 결합, 매거(枚擧) 및 통관(通觀) 4가지가 제시된다. 의심은 속단과 편견을 피하고 명석 판명하게 정신에 나타나는 것만 인정하기 위한 방법이다. 분석은 복잡한 난제를 가장 단순하게 나누어 취급하는 방법이다. 결합은 가장 단순한 것에서 복잡한 것에 대한 인식으로 순차적으로 나가기 위한 방법이다. 매거 및 통관은 빠뜨린 사항이 없는지 살피고, 문제들 전체를 살피기 위한 방법이다.

그런데 우리는 진리 속에서만 올바로 행위할 수 있다. 만일 아직 확실한 지식은 없고 따라서 지금부터 그것을 찾아내야 하는 상황이라면, 그 지식이 마련되기 전까지는 도대체 어떻게 행위 해야 할까? 무엇으로부터 우리의 행위의 지침을 얻을까? 그래서 데카르트는 3부에서 진리의 발견 이전에 우리 행위를 안내해줄 4가지 '임시도덕'을 제시한다. 첫째, 나라의 법과 관습을 지키며 극단적인 의견들을 피할 것. 둘째, 아무리 불확실한 의견이라도 일단 받아들이기로 했으면 확고한 자세로 따를 것. 셋째, 운명을 이기려하기 보단 나를 이기고 세상을 바꾸려 하기 보단 내 욕망을 바꾸려 할 것. 넷째, 갖가지 직업 가운데 진리 찾기를 위한 이성의 개발에 삶을 할애할 수 있는 직업을 택할 것 등등.

확실한 지식 찾기의 방법과 행위를 지도할 임시도덕을 이렇게 마련한 후 4부에서 데카르트는 이 방법에 의거해 진리 찾기를 시도한다. 그가 도달한 확실한 지식은 나의 현존 및 하느님의 현존 여부에 관한 것이다. 내가 생각하고 있는 지식은 어떤 것이든 그 확실성이 의심에 부쳐질 수가 있다. 그러나 내가 생각한다는 그 사실만은 의심의 여지없이 확실하며, 이 '생각하는 것(res cogitans)' 이 존재한다는 것도 확실하다. 코기토 명제라 약칭해서 흔히 부르는 이 지식은 '나는 생각한다. 고로 존재한다' 라는 말로 표현된다.

여기서 확실히 존재하는 나란 '생각하는 것으로서의 나' 이며, 이것이 뜻하는 바는 신체와 같은 감각적 경험의 대상으로서의 나의 현존 여부는 여전히 불확실하다는 점이다. 신의 존재 역시 확실한데, 신의 관념 자체가 현존을 내포하고 있기 때문이다. 신의 관념에는 '완전성' 이 포함되어 있다. 가장 완전하지 않다면 신이 아닐 테니까. 그런데 존재를 포함하는 것이 존재를 포함하지 않는 것보다 완전하다. 따라서 신의 관념이 포함하는 완전성은 신이 존재한다는 사실을 표현한다. 이러한 성찰을 통해 데카르트는 확실한 지식들을 확보하기 위한 토대를 마련하였다. 5부에서는 자연의 원리들에 대한 탐구가 이루어지며, 6부에서는 회고적으로 어떻게 상술한 학문의 길을 데카르트 자신이 걷게 되었는지 등등을 기술하고 있다.

이 책은 정보의 원천으로서 감각적 경험이 아닌 이성적 사유에 의거해 진리를 발견해나가려는 저자의 태도 및 논리적인 사유 진행 방식을 유념하며 읽어야 한다. 추천할만한 번역본으로는 문예출판사에서 출판한 『방법서설』(이현복 옮김, 1997)이 있다.

서동욱 (서강대 철학)

073

팡세

파스칼

✓

인간학과 신학의 대화

인간의 진정한 본성은 무엇인가? 이것은 39세의 젊은 나이로 생을 마쳤던 파스칼(Blaise Pascal, 1623~1662)을 사로잡았던 물음이다. 천재적인 수학자이기도 했던 파스칼은 무엇보다도 종교적으로 깊이 정향된 사상가였다. 파스칼의 사후에 그의 가족들과 친구들은 그가 남긴 1000여 편의 단편들을 모아서 『팡세*Pensée*』(1670)라는 이름으로 책을 출간하였다. 이 제목은 '생각들'이라는 뜻이다. 이 책은 두 부분으로 나뉘어 있는데, 1부는 「신 없는 인간의 비참」을 묘사하는 '인간실존의 현상학' 이고, 2부는 「신 있는 인간의 복됨」을 입증하는 '그리스도교 호교론' 이다.

파스칼의 인간관은 우선은 비관적이다. 그는 인간이 처해진 근본상황을 변덕, 권태, 불안으로 규정한다. 이러한 상황에서 대개의 인간들이 하는 일은 사냥, 도박, 잡담, 오락, 전쟁과 같은 분주한 일을 통해서 권태에서 벗어나려는 것이다. 하지만 이를 통해서 인간은 자기 자신으로부터 도망갈 뿐이다. 분주한 활동과 정신분산, 공상과 습관, 공허함과 자만심 등은 결국 사람들로 하여금 '인간은 어떤 존재이며, 어디로부터 와서 어디로 가는 것인가?' 라는 근본적인 물음으로부터 멀어지게 만든다.

파스칼에 따르면, 인간은 역설적인 존재이다. 인간은 자연 가운데서 가장 연약한 갈대에 지나지 않는다. 그러나 인간은 '생각하는 갈대' 이다. 인간의 위대함은 이렇게 자신의 비참을 아는데 있는 것이다. 즉 인간은 '무와 무한 사이의 중간자' 인 것이다. 하지만 인간은 여전히 자신의 비참에서 벗어날 수 없는 존재이다. 이제 이로부터 도피하는 길은 회의론이나 독단론에로 기우는 것이다. 회의론은 모든 진리에 대해서 판단을 중지하고 주어진 불확실성 가운데서 살아가는 태도이며, 독단론은 주어진 지식을 참된 것으로 고집하고 그것에 집착하는 태도이다. 하지만 파스칼에 따르면 우리의 본능이 회의론을 거부하며(즉 확실성을 추구하며), 우리의 이성은 독단론을 거부한다(즉 확실하다고 하는 것에 대해 의문을 품는다).

결국 인간은 또 다시 모순에 처하게 되며, 이제 파스칼이 제시하는 탈출구는 신에게로 향하는 것이다. 하느님을 인식할 때만 인간은 절망과 교만이라는 딜레마에서 벗어나게 되며, 위로와 희망을 발견하게 된다. 현실은 파스칼에 따르면 세 가지 질서로 분류되는데, 가장 저차원의 질서는 육체의 질서이며, 그보다 더 높은 질서는 정신의 질서이고, 가장 높은 질서는 사랑의 질서, 곧 하느님의 질서이다. 이 마지막 초자연적인 질서는 예수 그리스도라는 중보자를 통해서 우리에게 나타난 현실이다. 이러한 종교적 신앙의 진리는 '기하학적인 정신' 보다도 더 우월한 '섬세한 감각의 정신' , 곧 '마음' 이라는 인식기관을 통해서 알려진다. 왜냐하면 "마음은 오성이 알지 못하는 근거들을 갖고 있기" 때문이다.

이 책을 읽을 때 주의할 점은, 이 책이 체계적으로 집필된 철학서가 아니라 미완성으로 남겨진 단편들의 모음집이라는 사실이다. 각 단편들을 한 권의 책으로 편집함에 있어서 그것들의 배열과 분류, 나아가서는 각 단편들의 해석 등과 관련해 여러 문제가 제기되었고, 이런 문제들이 작품의 이해를 어렵게 만드는 요인이 되어 왔다. 비록 여러 전문가들의 문헌학적인 연구를 통해서 원본의 의도대로 작품의 복원이 이루어진 상태라고는 하지만, 단편들의 모음집이라는 독특한 형식이 여전히 이 책의 이해를 어렵게 만들고 있다. 따라서 전문가들의 작품해설을 먼저 참조하고 나서 본문을 읽기를 권장한다.

『팡세』는 인간학적인 현상들의 도움을 받아서 성서를 해석하며, 동시에 신앙의 진술들을 통해서 인간의 상황을 해명하는 상호적인 해석의 방법론에 입각해 있다. 이것은 곧 인간학과 신학 사이의 대화인 것이다. 인간이 처한 역설적 상황을 제대로 이해하고자 한다면 초월적인 차원을 배제한 인간학만으로는 충분치 않다는 것이 파스칼의 통찰이었고, 이는 오늘날에도 계속해서 타당성을 지닌다. 『팡세』는 인간 실존의 문제를 가장 진지하게 천착한 불후의 고전들 중 하나로 남을 것이다.

우리말 번역서로는 10여종의 책들이 출간되어 있는데, 비교적 최근에 민음사를 통해 나온 『팡세』(이환 옮김, 2003)를 권한다. 역자의 작품해설이 돋보이며, 원문에 들어 있는 라틴어 문장들을 해석과 함께 병기한 것이 다소나마 원문을 대하는 느낌을 준다.

이종진 (서강대 신학)

074

국부론

아담 스미스

'보이지 않는 손'의 해부

아담 스미스의 『국부론*The Wealth of Nations*』(1776)을 어떤 중심 논지로 요약하는 것은 불가능 하다. 우선 그 내용이 방대하고 다양할 뿐 아니라 뒤에 이 책에서 분화된 사상들도 매우 큰 스펙트럼을 보이고 있기 때문이다. 여하튼 아담 스미스가 이 책을 발표함으로써 경제학이라는 학문분야의 독립이 이루어졌다고 생각한다.

이 책의 원제는 *An Inquiry of the Nature and the Causes of the Wealth of the Nations*로 되어 있지만 흔히 *The Wealth of Nations*라고 줄여 부른다. 제목이 시사하는 것처럼 이 책은 국가가 부강해 진다는 것이 무엇을 의미하는 것이며 그것이 어떻게 가능한가를 다양한 시각에서 논의한 방대한 논문이요 강의라고 할 수 있다. 다섯 권으로 이루어진 이 책의 첫 번째 두 권(Book I 및 II)은 경제학의 중심적 이론을 담고 있다. 그의 유명한 분업 이야기가 책의 첫 부분에 등장한다. 노동생산성의 증진은 분업에서 연유하며 분업이 가능한 것은 시장에서 교환이 이루어지기 때문이라는 것이다. 따라서 자유롭고 큰 시장의 존재가 중요하다는 것이다. 아울러 자본의 축적과 이의 효율적인 투자가 중요한데 자본의 축적을 위해서는 검약이 요구된다고 주장한다. 이러한 경제의 틀로서 중요한 것은 결국 잘 보장된 사유재산제도와 자유로운 시장경쟁이라고 주장한 것이다. 특히 이 부분에서 수요와 공급에 의한 가격의 변동과 균형가격에 대한 설명을 하고 있는데 이것은 마르크스 등 후배학자들이 주장한 소위 노동가치설보다 훨씬 정확한 이론이다.

제3권에서는 경제사적 관점에서 국부의 문제를 다루고 있고 제4권에서는 정치경제제도에 관한 논의로서 중상주의와 중농주의를 다루고 있다. 특히 당시까지도 많은 국가의 정책을 지배하던 중상주의를 신랄하게 비난하면서 자유무역의 이점을 강력하게 주장하였다. 제5권은 재정에 관한 부분으로 국가의 경비와 조세 그리고 부채 등을 논의하는데 정부가 담당해야할 기본적 기능이 무엇인지를 잘 설명하고 있다.

아담 스미스의 경제학은 그 이전 및 동시대 학자들의 다양한 이론들을 모아서 체계화했다는 의미도 가지고 있지만 근대 경제학의 기초를 세우는 중요한 내용을 많이 담고 있다. 예를 들면 국부의 개념이 각국이 보유한 금과 은 등의 수량이라는 종래의 관점에서 한 나라 국민들이 일정기간 동안 사용하는 재화의 수량 혹은 그 생산력이라고 인식한 것은 획기적인 것이다. 또 여러 가지 생산요소들을 활용하여 다양한 재화들을 효율적으로 만들어내기 위해서 많은 당대 또는 후대 학자들은 잘 고안된 계획이 필요하다고 생각했으나 아담 스미스는 개인의 이기심에 바탕을 둔 시장에서의 경쟁이 이 문제를 얼마나 멋지게 해결해주는가를 통찰한 혜안을 가지고 있었다. 특히 국부론보다 앞서 발표하여 아담 스미스를 유명하게 했던 『도덕 감정론*The Theory of Moral Sentiments*』(1759)에서 이기심에 바탕을 둔 사회가 어떻게 질서와 균형 그리고 도덕성을 유지할 수 있는가를 논함으로써 국부론의 철학적, 사회심리학적 기반을 제시하였다.

아담 스미스(Adam Smith, 1723~1790)는 스코틀랜드의 작은 마을 커콜디(Kirkcaldy)에서 유복자로 태어나 평생을 독신으로 어머니와 함께 살았다. 옥스퍼드 대학에서 수학하고 글래스고우 대학에서 도덕철학 교수로 명성을 떨쳤다. 당시의 도덕철학은 자연신학, 윤리학, 법리학, 그리고 정치경제학 등을 포함하는 것이었는데 강의의 한 부분이 앞서 말한 『도덕 감정론』으로 출판되면서 유명해졌다. 그 후 한 젊은 귀족의 유럽여행 동반자로 초빙되어 유럽 여행 중 프랑스의 케네(Quesnay) 등과 교제한 것이 『국부론』 집필의 계기가 되었다고 한다. 같은 스코틀랜드 출신인 흄(David Hume)과 친밀하게 지냈으며 스코틀랜드의 세무청장, 그리고 생에 마지막에 글래스고우 대학 총장을 지냈다.

워낙 유명한 책이라 번역도 수종이 있다. 김석환 · 김일곤(1983, 신화사), 정해동 · 최호진(1992, 범우사), 최임환(1994, 을유문화사), 김수행(1992 동아출판사, 2003 비봉출판사) 등의 번역이 있다. 가능하면 영어로 읽어보기를 권한다. 번역본들은 대개 비슷하나 을유문화사 것이 무난할 것 같다. 경제학 원론이나 경제와 사회 같은 경제학 기초과목을 먼저 듣고 읽는 것도 좋을 것 같다. 경제학 최고의 고전이지만 그것이 바이블은 아니다. 항상 비판적 시각을 견지할 것을 권한다.

곽태원 (서강대 경제학)

075

도덕의 계보

니체

서양 도덕철학에 대한 가장 신랄한 비판

'서양의 도덕철학을 가장 근본적으로 비판한 도덕비판서' 라는 평가를 받는 책이 바로 니체의 『도덕의 계보*Zur Genealogie der Moral*』(1887)다. '논쟁서' 라는 이 책의 부제처럼, 이 책에서 니체는 도덕에 대한 학적 연구 방법론에서부터, 도덕 가치의 기원에 대한 여러 이론들을 거쳐, 서양의 지배적인 도덕에 이르기까지 그야말로 서양의 도덕과 관련된 거의 모든 것들과 논쟁을 한다. 그리고 이 비판적 논쟁을 이끌어가는 근본적인 문제의식은 바로 '도덕은 어떻게 발생하는가? 도덕은 우리에게 어떤 의미가 있는가? 어떤 유형의 도덕이 우리의 건강한 삶을 위해 필요한가?' 이다. 이 문제의식을 『도덕의 계보』는 계보적 방법론을 사용하여, 세 개의 독립적인 가설적 논문의 형태로 펼쳐 보인다.

『도덕의 계보』의 첫 논문은 〈선과 악, 좋음과 나쁨〉이라는 제목을 갖고 있다. 여기서는 도덕을 주인도덕과 노예도덕이라는 두 유형으로 나누고, 그 각각의 계보를 탐구한다. 그 결과 선 · 악이라는 상관개념은 노예도덕에서 유효한 개념이고, 좋음 · 나쁨이라는 상관개념은 주인도덕에서 유효한 개념이라는 것, 그래서 '선' 이라는 개념은 노예적 생존에 대한 유용성 및 긍정을 그 내용으로 하며, '좋음' 이라는 개념은 주인적인 생존에 대한 유용성 및 긍정을 그 내용으로 한다는 것을 밝혀낸다. 더 나아가 서양의 도덕 역사에서 발생한 노예도덕의 주인도덕에 대한 승리의 예로 그리스도교 도덕을 지목한다.

〈죄, 양심의 가책 그리고 그와 유사한 것들〉이라는 제목을 갖고 있는 두 번째 논문은 『도덕의 계보』에서 가장 핵심적인 부분으로, 양심과 양심의 가책의 상이한 기원을 계보적으로 밝혀낸다. 니체에 의하면 양심의 가책은 병든-원한 인간 유형이 경제적 계약관계를 맺으면서 그리고 공동체 결성 및 사회화 과정을 거치면서 발생한다. 이런 양심의 가책은 인간의 심층적 병일뿐이다. 반면 양심은 약속권리를 갖는 건강한 주권적 개인의 책임의식이자 자유의식이다. 여기서 특이한 점은 니체가 양심을 인간이라는 이름하에 정당화되거나 확실시되는 자연적 소여로 생각하지 않는다는 것이다. 오히려 그것은 오로지 건강한 주권적 개인만이 획득할 수 있는 특권으로 제시된다.

세 번째 논문, 〈금욕주의적 이상이란 무엇인가?〉는 금욕주의를 서양의 종교와 도덕체계, 철학 및 학문 일반이 일반적으로 공유하고 있는 속성으로 이해하기 위해 학문 비판의 형태로 진행된다. 여기서 금욕적 이상은 사제의 이상과 동일시되며, 이 이상이 가질 수 있는 유일한 의미가 삶에의 의지가 아니라, 무에의 의지라는 것이 계보 분석을 통해 밝혀진다. 이렇듯 서로 독립적인 내용을 지닌 세 논문들에서 우리는 니체의 문제의식에 대한 답을 구해 볼 수 있다. 즉 우리에게 진정 필요한 도덕은 주인도덕이며, 이것은 우리가 주인적이고도 주권적인 개인일 경우, 달리 말해 건강한 인간일 경우에 비로소 가능하다. 그리고 건강한 인간은 이상적인 저편 세계가 아니라, 현실 세계에서 삶의 의미를 찾는 인간이다.

『도덕의 계보』를 읽을 때 고려할 점은 니체가 이 책을 완결된 도덕철학 프로그램으로 기획하지 않았다는 사실이다. 그래서 첫째, 세 논문들은 완전히 독립적이며, 총체적이면서도 체계적인 구도로 연결되거나 종합되어 있지 않다. 따라서 세 논문을 굳이 차례대로 읽을 필요는 없다. 둘째, 세 논문들은 가설의 형태로 제공되어 있다. 그런데 니체는 그 가설적 형태를 완화시키기 위해 경험적 증거를 찾아보려 한다.

『도덕의 계보』가 언어학 · 인종학 · 의학 · 사회학 · 계약이론 · 심리분석 · 법이론 · 실존철학 · 경제학 · 생리학의 영역에서 추출해낸 지식들을 대거 포함하고 있는 것은 바로 이런 이유에서다. 이런 특징으로 인해 이 책은 도덕철학의 영역을 넘어서서 국가이론, 이데올로기 비판, 형벌이론 등의 아주 다양한 영역에서 주목의 대상이 됨과 동시에 바로 그런 관련된 영역들에 대한 숙지를 요구한다. 『도덕의 계보』에 대한 우리말 번역본은 총 4 종이 있다(박준택 옮김(휘문출판사 1969), 정진웅 옮김(광학사 1974), 김태현 옮김(청하 1982), 김정현 옮김(책세상 2002)). 이 중에서 일본어 번역이나 영어 번역을 중역하지 않고, 독일어 원전을 토대로 하고 원전에 가장 충실한 번역본으로 김정현의 번역서를 추천한다.

백승영 (서울대 철학)

076

프로테스탄트 윤리와 자본주의 정신

막스 베버

서구 자본주의에 대한 혁신적 해석

현대문명(20세기)의 성격을 규정함에 있어 그 이전 시대와 비교하여 가장 특징적인 모습은 무엇인지 묻는다면, 그것은 근대 서구사회가 창출한 '자본주의 문화'라고 한마디로 말할 수 있다. 경제학자, 사회학자이며 역사학자였던 막스 베버(Max Weber, 1864~1920)는 누구보다 진지하게 자본주의 문명의 미래를 내다보면서, 자본주의 발생의 원인을 숙고했다. 당대의 많은 사상가들이 경제적 구조 자체에서 그 원인을 찾고 있었을 때, 그는 그 원인이 정신적 요소, 즉 '프로테스탄트의 신앙'에서 비롯한다고 주장했다.

1905년에 발표된 『프로테스탄트 윤리와 자본주의 정신*Die protestantische Ethik und der Geist des Kapitalismus*』이라는 긴 논문에서, 베버는 자본주의의 성립 및 발전은 근대 초기(16세기) 종교개혁 시기에 서유럽에서 형성된 프로테스탄트(개신교도)의 직업윤리에서 비롯되었다는 유명하고도 논쟁적인 테제를 제기했다. 그는 특히 개신교의 한 분파였던 칼뱅주의를 주목하면서, 이들이 설파했던 구원예정설과 소명으로서의 직업의식이 자본주의정신 형성에 결정적 역할을 한 것이라 지적했다.

종교개혁 시기 제네바의 신학자 칼뱅(Jean Calvin)에 의하면, 인간의 구원은 하느님에 의해 예정되어 있고, 또한 하느님의 부름(소명, Beruf, calling)인 각자의 직업(Beruf)은 모두가 하느님을 기쁘게 하는 것이며, 이윤추구를 목적으로 하는 상공업도 마찬가지라는 것이다. 따라서 세속적인 쾌락을 멀리하는 금욕주의적 생활태도가 강조되었고, 근면한 노동으로 얻어진 금전의 축적이야말로 하느님을 소명에 충실했다는 증표에 다름 아니었다. 가톨릭이 일방적으로 지배하고 있던 중세 서양에서는 이윤을 추구하는 행위가 죄악으로 취급되었었다. 그런데 근대 초 등장한 신흥 상공인들은 이윤추구를 정당화하는 개신교로 개종하면서 경제활동에 대한 종교적 굴레를 벗어나게 되었다는 점을 베버는 주목한 것이다.

칼뱅의 주장을 따르는 여러 종류의 개신교도들이 때로는 정치적, 종교적 박해를 받아가면서도 스위스, 프랑스, 네덜란드, 영국, 독일 등지로 확산되어 가면서 자본주의적 상공업을 영위함에 그들의 종교적 신념과 충돌을 일으키지 않고 그들의 사회적 입지를 넓혀 갈수 있었다.

베버는 근대 서양 역사의 방향이 바로 이 지점에서 선회하게 되었다고 착안하였고, 그 선회점은 물질적이거나 경제적 동기 그 자체가 아니라, 정신적 동기 즉 신앙적 믿음과 직업윤리였다는 획기적인 주장을 하였던 것이다. 베버의 주장을 요약하지면, 자본주의 발전의 필수요소인 초기적 자본의 축적은 종교개혁 이후의 서유럽에서 이루어졌고, 자본가들의 자본축적의 동기는 물질적 욕구에서라기보다는 이른바 '도덕적 의무감' 즉 하느님의 구원을 예정한 소명을 이루기 위해 주어진 직무에 충실하려는 정신적 동기에서 비롯되었다는 것이다.

그러나 베버의 역사적 성찰은 자본주의 발생의 원동력을 개신교 윤리에서 찾았다는 데서 그치지 않는다. 자본주의가 발전해감에 따라 그 정신은 도덕적 성격을 점차로 잃게 되었고, 결국은 단순한 세속적 부의 추구만이 남게 되었다는 역사적 추세를 지적하는 것을 잊지 않고 있다.

이러한 자본주의 발생의 원인에 대한 베버의 '정신주의적'이라 할 수 있는 주장은, 그 시대에 설득력을 얻고 있던 마르크스(Karl Marx)의 이른바 자본주의 발전에 대한 '물질주의적' 해석을 뒤엎은 것이라고 흔히 평가받고 있다. 그런 점에서 역사와 사회현상에 대한 해석에 있어 마르크스가 물질적 요소를 일방적으로 중시했듯이 베버 역시 정신적 요소를 일방적으로 취급한 것이라는 비판도 흔히 받는다. 그러나 베버의 논고를 주의 깊게 읽다 보면 알 수 있듯이, 그는 물질적 동기와 정신적 동기는 쌍방향으로 역사발전에 영향을 미치게 된다는 점을 강조하고 있다는 점을 놓쳐서는 안 된다.

이 저작의 국내 번역서로는 김상희 번역의 『프로테스탄트 윤리와 자본주의 정신』(풀빛, 2006), 박종선 번역의 『프로테스탄트 윤리와 자본주의 정신』(고려원, 2000), 박성수 번역의 『프로테스탄트 윤리와 자본주의 정신』(문예출판사, 1996)등이 있다.

임상우 (서강대 사학)

077

쾌락원칙을 넘어서

프로이트

반복 강박과 죽음 충동

프로이트(Sigmund Freud, 1856~1939)는 무의식이라는 인간정신의 새로운 심급을 발견했으며, 마음의 병을 치유하기 위해 정신분석이라는 신학문을 창안하였고, 리비도(성적 욕망)에 근본적인 지위를 부여하였다. 프로이트의 이러한 창조적인 작업들은 인간에 대한 이해에 근본적인 변화를 가져옴으로써 이후 인간 과학의 여러 분야에 큰 영향을 끼쳤다.

프로이트의 많은 저작 가운데 『쾌락원칙을 넘어서*Jenseits des Lustprinzips*』(1920)는 그의 후기 사상을 대표하는 책으로서, 그 자신의 정신분석 이론들을 쇄신하는 혁명적인 통찰들을 담고 있다. 아울러 현대 유럽 철학에 끊임없는 영감을 불어넣는 저작이라는 점에서 사상사적으로도 큰 중요성을 지닌다.

그렇다면 이 책의 어떤 점이 새로운가? 우리는 우리에게 즐거운 일을 하고 우리에게 불쾌한 일은 피한다고, 즉 행위는 늘 쾌락을 쫓는다고 생각한다. 이 책의 새로운 발견은 쾌락원칙은 행위의 근본원칙이 아니며 그 배후엔 보다 심층적인 원리가 있다는 것이다. 그것이 '반복 강박'과 '죽음 충동'이다. 우리는 즐거운 일 뿐 아니라 불쾌한 일조차 반복적으로 체험하려 드는데, 가령 악몽의 경우가 그렇다. 마음은 좋지 않았던 일들을 자꾸 나쁜 꿈의 형태로 반복한다. 이는 분명 쾌락원칙에 위배되는 것이 아닌가?

마음이 안 좋았던 일을 자꾸 생각하거나, 그것을 악몽 같은 대체 표상으로 반복하는 이유에 대한 탐구는 의식의 본질적 기능이 무엇인가에 대한 발견에 이르게 한다. 의식이란 마음 전체의 극히 일부분을 이루는데, 그 기능은 마음 전체를 보호하는 것이다(마치 생명체의 경우에서 달걀껍질이나 갑각류의 껍질이 외부 자극으로부터 내부를 보호하듯). 우리가 체험한 불쾌한 일은 마음 안에 들어온 너무 큰 외부 자극으로 이해될 수 있는데, 의식의 기능은 이 자극을 완화시켜 마음이 상처입지 않게 하는데 있다. 그 완화의 방식은 그 자극을 마음이 수용 가능한 표상으로 대체하는 것이다. 수용불능의 큰 충격을 수용 가능한 표상으로 대체해서 그 충격을 완화시키는 방식은 우리의 일상 속에서도 쉽게 찾아볼 수 있다. 가령 911 사태는 우리 정신이 직접 받아들이기엔 너무 큰 충격인데, 의식은 그것을 구조 소방관들의 희생과 용기 등등 수용 가능한 표상으로 대체해서 수용한다. 이것이 충격을 '받아들일만한 것' 으로 완화시키는 의식의 방식이다.

나쁜 체험을 의식이 악몽 등을 통해 강박적으로 반복하는 것은 어떻게든 그 자극을 완화된 수용 가능한 표상으로 대체해 보려는 의식의 노력을 나타낸다. 달리 말하면, 의식이란 마음의 보다 넓은 영역인 무의식 속에 파고든 자극에 대한 기억 흔적 대신에 탄생한 자이다. 그런데 인간 마음이 근본적으로 완화시키고 싶어 하는 가장 근원적인 자극은 무엇일까? 놀랍게도 그것은 바로 '생명이라는 자극' 이다. 여기서 프로이트는 생명이란, 무기물에 모종의 에너지의 자극이 주어지면서, 그 무기물이 긴장 상태를 이룬 것이라는 생명의 기원에 대한 과학적 가설을 전제한다.

따라서 우리는 생명이라는 자극 상태를 극복하고 자극이 없는 보다 근원적인 무기물의 상태로 회귀하려한다. 이 회귀하려는 힘이 바로 '죽음 충동' 이다. 생명 자체는 하나의 긴장 상태일 뿐이며, 죽음만이 아무런 긴장 없는 무기물의 상태를 되돌려 줄 것이므로, 생명체는 어떻게든 이 죽음을 맛보려고 매우 강화된 흥분 상태에 도달했다가 모든 긴장이 일시에 소멸한 상태로 추락하는 일, 곧 성적 쾌락을 반복한다. 그러므로 쾌락의 추구(쾌락 원칙)란 보다 심층적인 죽음 충동을 실현하는 도구일 뿐 아무런 근원적 지위도 가지지 않는다. 이렇게 쾌락의 배후엔 죽음에 대한 근원적인 그리움이 있다는 것이 우리 마음의 본성에 대한 이 책의 새로운 통찰이다.

이 책을 읽을 땐 마음의 구조에 대한 논리적인 설명들과 이 설명을 보완하는 생물학적인 유비적 설명들을 구분하는 주의가 기본적으로 요구된다. 번역으로는 열린책들에서 출간한 『쾌락원칙을 넘어서(프로이트 전집 14권)』(박찬부 옮김, 1997)가 있으며, 이 책은 2004년에 전집이 재편되면서 프로이트 전집 11권에 다시 수록되었다.

서동욱 (서강대 철학)

078

호모 루덴스

요한 하의징아

문화 · 놀이 · 규칙

문화는 어떻게 존재하는가? 문화를 언어와 관련해서 서술하는 사람이 있는가 하면 세계관이나 사고방식을 통해 보는 사람이 있고, 상징 형식을 통해 논하는 사람이 있는가 하면 권력 관계를 통해 읽고자 하는 사람도 있다. 네덜란드의 사학자요 문화철학자였던 요한 하의징아(Johan Huizinga, 1872~1945)는 문화를 놀이와 관련짓는다. (이 기회에 다시 한번 밝혀두자. 하의징아를 여태 '호이징가' 또는 '호이징하'로 표기했으나 이것은 잘못되었다. '하의징아'라고 부르는 것이 네덜란드어에 가장 가깝다.)

하의징아에 따르면 문화는 놀이에서 나왔고 놀이를 통해 지탱된다. 예컨대 소송의 경우를 보라. 원고와 피고가 있고 그들을 기소하고 변호하는 검사와 변호사가 있고 판정을 내리는 판사가 있다. 서로 편을 나누어 경기하는 것과 무엇이 다른가. 철학의 원천이 된 그리스의 소피스트의 논리적인 기술이나 소크라테스의 문답법, 그리고 중세 대학의 논쟁법 등은 모두 전형적인 놀이의 성격을 보여준다. 하의징아는 법률과 철학뿐만 아니라 예술, 학문, 정치, 이 모든 것이 서로 다투고 경쟁하는 놀이에서 나왔다는 것을 보여준다.

놀이가 문화의 뿌리요 문화를 지탱하는 젖줄이란 무엇을 뜻하는가? 놀이는 무엇보다 자유로운 행동이다. 명령된 놀이는 놀이가 아니다. 심지어 하의징아는 "놀이는 자유 자체"라고 말한다. 문화의 원천과 힘은 자유에 있다는 말이다. 둘째, 놀이는 일상적, 본래적 삶과 구별된다. 놀이는 놀이 그 자체를 떠나, 어떤 다른 목적, 어떤 다른 이해(利害) 관계를 갖지 않는다. 놀이는 단지 삶을 꾸며 주고 보충해 줄뿐이다. 정치적 의도나 경제적 의도를 떠나 그 자체 공동체를 유지하고 꾸며 주는 것이 문화라는 생각으로 이어진다. 셋째, 놀이는 일정한 시간, 일정한 공간 안에서 일어난다. 여기에는 완벽한 질서가 존재한다. 이 질서를 유지하는 것이 놀이의 규칙이다.

하의징아가 강조하고자 한 것이 바로 이 대목이다. 문화는 자유에 근거하되, 한계가 있고, 규칙을 따라 놀이할 때 비로소 진정한 문화로서 지탱될 수 있다는 것이다. 여기서 특히 규칙이 강조된다. 놀이의 핵심은 규칙을 따르는 데 있다. 규칙을 따른다는 것은 곧 패어 플레이를 한다는 뜻이다. 패어 플레이에는 자제력과 극기 그리고 상호간의 신뢰가 있어야 한다. 이것이 없이는 놀이가 제대로 될 수 없고 문화도 유지될 수 없다. '반칙사회'로 규정되는 우리 사회가 진정한 '신뢰사회'로 넘어가자면 반드시 경청해야 될 말이다.

『호모 루덴스*Homo Ludens*』는 2차 대전이 일어나기 1년 전인 1938년에 출판되었다는 사실에 주목해야 한다. 민족주의와 국가주의의 출현은 유럽을 전쟁의 위험 속에 몰아가고 있었다. 히틀러 치하 독일 청년들의 군사 훈련, 군무(群舞), 정치 선전, 언론이나 지식인들의 경박한 판단, 이 모든 것을 하의징아는 문화를 위협하는 것으로 보았다. 이런 시기에 자제와 극기, 상호 신뢰의 원천으로 도덕적 양심과 이성적 판단, 종교적 신앙이 다시 주목받는다. 이 책을 쓸 때 하의징아가 관심을 둔 것은 '도덕적 양심과 이성적 판단에 바탕한 진정한 문화의 가능성'이었다.

이 책의 제목은 누구나 알고 있지만 처음부터 끝까지 읽은 사람이 그리 많지 않은 책이다. 현대 언어들뿐만 아니라 수많은 고대 언어들이 거론되고 수많은 역사적, 민속학적 자료들과 문헌들이 제시되기 때문에 여간한 인내심 없이는 읽을 수 없다. 이 책은 마지막 부분을 먼저 읽는 것이 좋다. 마지막 부분에 가서야 하의징아의 속내가 드러나기 때문이다. 그 다음 처음으로 돌아가 읽는 것이 좋다.

우리말로는 『호모 루덴스』(김윤수 옮김, 까치)와 『놀이하는 인간』(권영빈 옮김, 기린원), 두 종류의 번역이 있다. 둘 다 영어를 대본으로 삼고 독어판과 일어판을 참고삼았다고 하지만 네덜란드어 원문과 거리가 있는 곳이 여러 곳 있다.

강영안 (서강대 철학)

079

자유로부터의 도피

에리히 프롬

왜 그토록 갈망하던 자유로부터 도피하는가

오늘날 그 어느 때보다도 자유가 신장되었지만 사람들은 그것을 제대로 누리지 못하고 고독과 갈등에 시달리며, 이러한 현상을 극복하기 위하여 오히려 자유를 포기하고 새로운 형태의 구속으로 도피하려는 경향을 보인다. 그러나 그것은 반드시 현대 사회에서 일어나는 현상만은 아니다. 중세에는 교회의 권위와 속박에서 자유를 찾아 개인적 신앙의 특권을 얻게 되었으나 근대인은 고립과 격리감에 시달렸으며 불안과 회의에 사로잡히게 된 것이다. 저자는 이러한 자유의 이중적 성격과 변증법적 발전의 양상을 사회심리학적 관점에서 심층적으로 분석하고 좀 더 나은 형태의 자유를 구체적으로 향유하기 위한 방안을 제시한다.

이 책은 현대인의 특성을 심리학적 및 사회학적 접근을 통해서 탐구하려는 시도로서 예언이나 예측을 목표로 하지는 않으나 객관적인 분석과 설득력 있는 진단을 제시하고 있다. 우선 저자는 개인이 사회적, 혹은 문화적 맥락을 떠나서 규정될 수 없듯이 사회 또한 개인의 심리적 및 심성적 내용의 분석을 전제로 하지 않고는 이해할 수 없다는 점을 강조한다. 그러므로 이 책은 현대인의 성격구조와 심리적 요인들 및 사회적 요인들 간의 상호작용을 '자유'라는 주제를 중심으로 연구한 저술이라고 할 수 있다.

일반적으로 인류의 문화사를 자유가 신장된 과정의 기록이라고 할 수 있지만 특히 서구의 근대 이후로는 매우 광범위하고 급격한 양상을 나타냈다고 할 수 있다. 정치적, 경제적, 문화적인 질곡에서 벗어나 제도적 개혁, 혹은 급진적 혁명의 형태를 통해서 자유를 획득하려는 노력을 보여주었고 이러한 추세는 오늘날 전 세계적 규모로 확산되고 있다. 경제적 자유주의나 정치적 민주주의, 종교적 관용주의와 문화적 대중화를 통해서 개인의 자율성과 사고의 합리성, 제도의 보편성 등이 특징으로 등장하고 있다.

이러한 과정을 거쳐 현대인은 과거에 인간들을 제약했던 여러 종류의 속박과 질곡에서 벗어날 수 있었지만 새로운 형태의 부자유속으로, 즉 고립과 불안과 무기력 속 함몰되게 됨으로써 지유를 포기하고 새로운 유형의 권위주의와 전체주의로 도피하려는 경향을 보이게 되었다. 여기서 우리는 자유의 본질이 무엇인지를 다시 한 번 생각해보지 않을 수 없게 된다.

자유란 인간의 특성 중에 하나로서 한 개인이 스스로 판단하고 행동하며 그 결과에 대해 책임질 수 있는 능력을 의미한다. 그러한 능력을 극대화하기 위해서는 개인이 사회적인 여러 제약들, 가령 정치적, 경제적 및 문화적 제도나 권위, 혹은 억압으로부터 어느 정도의 거리를 유지하지 않으면 안 된다. 그러나 그 거리가 확보되면 될수록 개인은 사회로부터 고립되고 소외당하며 동시에 안정성과 소속감을 위협받을 뿐만 아니라 새로운 도전에 적나라하게 노출될 수밖에 없다. 이와 같이 새롭게 나타난 고독감이나 소외감, 무력감이나 불안감으로부터 벗어나기 위해 '자유로부터의 도피'를 감행하려 한다는 것이다.

그렇다면 이러한 악순환을 벗어나는 방법은 무엇인가. 새로운 권위주의에 속박되든가 자동인형처럼 획일주의의 제물이 되지 않고 자유를 누리면서 자아를 상실하지 않는 방법은 무엇일까. 다시 말해서 소극적인 '…에서의 자유'(freedom from)를 극복하고 적극적인 '…에로의 자유'(freedom to)를 실현할 수 있는 방법은 무엇인가.

저자에 의하면 적극적인 의미의 자유는 '자발성'에 기초한 자아의 실현에 의해서만 얻어질 수 있다. 여기서 자발적 행위란 개인의 고독과 무력에서 탈피하려는 강제적 활동이 아니며 외부의 제도나 권위에 안주하려는 타율적 행동도 아니다. 그러한 행위는 사랑과 노동으로 구성된 것이다. 사랑이란 자아를 보존하는 만큼 타인을 긍정하는 정신 자세이고 노동이란 창조적 행위를 통해 자연과 일체감을 갖게 하는 육체적 표현을 의미한다. 그러한 의미로 자발성은 인간과 인간, 인간과 자연을 연결하는 평등의 의미를 동시에 지닌다.

오늘날 현대인은 그 어느 때보다도 많은 자유를 누리고 있지만 그만큼 더 행복한 것이 아님을 실감하고 있다. 저자는 그것을 자유에 대한 잘못된 인식에서 찾고 있다. 그리고 이러한 인식은 개인과 사회 사이에 있는 대결 구조에 근거해 있는데, 개인이 사회에 의해 규정되는 것처럼 사회 또한 개인을 위해 존재한다는 것을 절감함으로써 극복될 수 있다는 것이다. 그러나 그러한 인식이 현실적으로 실천에 옮겨질 수 있는 것인지는 별도의 문제에 속한다. 소극적인 자유로부터 도피하여 적극적인 자유를 획득하는 것은 결코 쉬운 일은 아니기 때문이다.

우리말 번역으로는 가장 최근에 출간된 『자유로부터의 도피』(원창화 옮김, 홍신문화사)가 추천할 만하다.

엄정식 (서강대 철학)

080

국화와 칼

루스 베네딕트

✓ 서구인의 일본 문화론

일본인이란 누구인가? 일본 문화란 무엇인가? 이 같은 질문이 제기될 때마다 일본에서나 외국에서나 항상 사람들의 입에 오르내리는 책이 있다. 그것은 미국의 문화인류학자인 루스 베네딕트(Ruth F. Benedict, 1887~1948)가 쓴 『국화와 칼*The Chrysanthemum and the sword*』(1946)이다. 이 책은 일본인의 생활양식에서부터 가치관에 이르기까지 그 전체상을 보여주려고 시도된 획기적인 문화 분석으로서 전후 일본 문화론의 원점이 되었다.

베네딕트에 따르면 어떠한 개별 문화도 인간 일반이 공통적으로 가진 잠재적 목적이나 동기의 일부분을 차지하고 있다. 그 때문에 개개의 민족문화의 특성이 그 공통적인 목적이나 동기의 어느 부분을 차지하고 있는가를 유형화하는 '문화의 틀' (patterns of culture)을 탐구하는 것이다. 그는 연구 대상인 일본 사회에서 문화 유형을 추출하는 방법으로 일본 문화의 기조를 탐구하여 『국화와 칼』을 집필했다. 일본인은 예의바르다고 하면서도 불손하며 건방지다고 하고, 고루하면서도 새로운 사물에 쉽게 순응한다고 한다. 또 아름다움을 사랑하고 국화를 가꾸는 데 신비로운 기술을 가진 한편, 칼을 숭배하며 무사에게 최고의 영예를 준다. 그것은 구미의 문화적 전통에서 보면 모순이지만 칼도 국화와 함께 한 그림의 일부분이다. 민족의 사고와 감정에서 나온 습관과 행동에는 반드시 일관성이 있다는 것이다. 요컨대 이것이야말로 "일본을 일본인의 나라답게 만들고 있는 것"이다.

이와 같은 일본인의 습관과 행동을 베네딕트는 사회관계 속에서 일본 문화의 특징으로 파악하며 비교문화적 내지 비교문명사적 시점에서 세계 속에 일본의 위치를 자리매김하려 한다. 그가 제시한 핵심적인 논점인 '수치의 문화'를 정리해보면 그의 시도를 알 수 있다. 먼저 일본에는 서구적인 '죄의 문화'와 구별되는 것으로 '수치의 문화'가 있다. 후자의 특징은 각자가 자기 행동에 대한 다른 사람의 눈을 의식하는 것이다. 그리고 '죄의 문화'의 기초가 죄책성인데 반해, '수치의 문화'에서는 수치심이 도덕의 원동력을 이룬다. 수치의 기본은 누구나 알고 있는 선행의 명백한 목표에 따르는 것이 아니라 균형감각을 결여한 데 있다. 끝으로 '수치의 문화'의 최고 덕목은 '부끄러움을 아는 것'에 있고 부끄러움을 아는 사람이야말로 덕이 높은 사람이며 그것은 서양윤리에서 말하는 '양심의 결백'에 필적한다는 것이다.

『국화와 칼』은 문화인류학 연구로서는 많은 제약과 이례적인 연구 환경 속에서 이루어졌다. 먼저 베네딕트가 일본에 한 번도 가보지 않은 상황에서 연구했다는 점이다. 현지조사가 불가능했기 때문에 그는 일본에 관한 서적, 일본이 만든 영화, 재미 일본인과의 면담 등을 재료로 삼아 연구를 추진했다. 그리고 이 연구는 1944년 6월 미국 정부의 전시정보국으로부터 위촉받아 시작되었다. 미국이 자신의 "가장 이질적인 적"인 일본 문화를 이해할 목적으로 추진한 문화전략의 일환으로서 이 연구가 수행된 것이다. 그는 "일본인이 어떤 국민인가를 규명하기 위해서, 나는 문화인류학자로서 내가 이용할 수 있는 모든 연구방법을 이용할 수 있도록 배려를 받았다"고 밝히고 있다. 게다가 1944년 6월이라는 시점은 미국이 태평양 전선에서 대공세를 시작하여 전쟁의 결말을 예상할 수 있는 때였으므로, 이 책은 전쟁 종결 후의 일본 점령을 구상하고 씌어졌다고 할 수 있다.

이 책은 간행 후부터 자주 역사적 관점이 결여되었다는 점에서 비판의 대상이 되어 왔다. 한마디로 지역적 차이나 역사상의 변화가 있는 일본 사회에서 일본인을 일괄적으로 다룰 수 없다는 것이다. 그러나 베네딕트는 어디까지나 '민족지적 현재'로서 일본인과 일본 문화의 이미지를 구성하고 그것의 통합적 형태를 묘사한 것이다. 거기에다 그의 직관적인 인문학적 재능이 더해져 구미인이 쓴 일본 문화론으로서 명저라는 평가를 받고 있다.

우리말로는 1974년 발췌본이 나온 이래 현재까지 여러 종류의 번역이 있지만, 손쉽게 입수할 수 있는 것은 을유문화사의 『국화와 칼-일본문화의 틀』(김윤식 · 오인석 옮김/이광규 해설, 2002년 제4판)이 아닐까 한다. 번역본은 대부분 일어 번역판을 중심으로 한 것이므로 영어본으로 읽어 볼 필요가 있다.

박환무 (서강대 사학)

081

죽음의 수용소에서

빅터 프랭클

삶에 대한 희망과 의지

빅터 프랭클(Viktor Frankl, 1905~1997)은 (국내에서는 이렇게 이름이 소개되어 있다. 그의 모국어인 독일어를 따라 정확하게 하자면 '빅토르 프랑클' 이다) '의미 요법' 이라 부르는 심리 치료 방법을 창안한 오스트리아의 유명한 의사이다. 그의 의미 요법은 나치 독일이 설치, 운영했던 아우슈비츠와 다카우의 수용소 경험과 무관하지 않다. 프랭클은 살아야 할 이유가 있는 사람, 살 의지가 있고, 삶에 대한 희망이 있는 사람은 결국 살아남는다는 사실을 수용소에서 선명하게 목도하였다. 반면, 삶의 의지, 삶에 대한 기대와 희망을 잃어버린 사람은 육신의 건강과 무관하게 쉽게 무너져 곧 죽게 되는 것을 목격하였다.

이 경험을 증언한 책이 우리말로는 『죽음의 수용소에서』란 제목으로 알려져 있다. 1946년 오스트리아에서 이 책이 독일어로 처음 출판되었을 때는 『한 심리학자가 집단 수용소를 체험하다*Ein Psycholog erlebt das Konzentrationslager*』란 제목을 달고 있었다. 1959년 영어로 번역될 때 『죽음의 수용소에서 실존주의까지*From Death-Camp to Existentialism*』란 제목으로 바뀌었다가 두 번에 걸쳐 증보되면서 이제는 『인간의 의미 추구: 의미 치료 입문 *Man's Search for Meaning. An Introduction to Logotherapy*』이란 제목을 달고 있다.

정식으로 판권을 계약하여 정신과 의사 이시형 선생의 이름으로 새로 번역되어 나온 우리말 판 『죽음의 수용소에서』는 3부로 구성되어 있다. 첫 부분은 저자가 독일 나치 수용소에서 경험한 일에 대한 증언이고 두 번째 부분은 자신이 개발한 '의미 요법'에 대한 개요이고 세 번째 부분은 낙관주의에 대한 강연 원고이다. 어느 부분에서나 인간은 의미를 추구하는 존재이고 의미는 자신의 삶과 타인에 대한 책임에서 나오는 것이며, 이 의미를 추구하고 유지하는 한 인간의 삶은 살만한 가치가 있다는 저자의 주장을 만날 수 있다. 이 주장을 기반으로 프랭클은 수용소 안에서의 인간의 모습을 여러 가지로 그려낸다.

인간의 모습 가운데 가장 보편적인 현상은 스피노자가 말한 개체의 자기 보존 욕구이다. 프랭클이 목격한 것은 곧 수송될 처지에 있는 수감자들은 도덕적이고 윤리적인 문제에는 전혀 관심을 기울일 겨를이나 생각이 없이 오로지 자기를 기다리고 있을 가족을 위해 살아남아야 한다는 생각, 아니면 곧 끌려갈 친구의 목숨을 구해 주어야 한다는 생각으로 가득 차 있었다. 치열한 생존 경쟁 속에서 양심이라고는 눈곱만큼도 없는 사람들만이 살아남았고 정말 좋은 사람들은 결국 살아 돌아오지 못했다는 것을 살아남은 자신들은 모두 알고 있다고 지적한다.

두 번째는 살고자 하는 의지의 중요성이다. 살고자 하는 의지가 남아 있는 수감자들은 고된 작업 끝에 생긴 담배 몇 개비도 피우지 않고 수프를 바꾸어 먹었다. 어느 동료가 자기 담배를 피우는 것을 보면 그가 자신을 지탱해나갈 힘을 잃었다는 것을 알 수 있었다. 미래에 대한 기대와 희망이 살고자 하는 의지를 키우고 지탱하는 데 얼마나 중요한가 하는 것도 프랭클은 분명하게 보았다. 45년 3월 30일 출옥하게 되리라고 꿈을 꾼 사람이 그 꿈이 실현되지 않는 것을 보자 갑자기 아프기 시작하더니 금방 죽었다. 사망의 직접 원인은 발진티푸스였지만 인간의 정신 상태(용기와 희망 혹은 그것의 상실)와 육체의 면

역력의 연관을 본 것이다.

세 번째 – 앞에서도 언급했지만 – 살아야 할 이유가 있는 사람은 결국 살아남게 된다는 사실을 이 책은 보여준다. 이와 관련해 프랭클이 인용하는 구절은 니체에게서 온 것이다. "'왜' 살아야 하는지 아는 사람은 그 '어떤' 상황도 견딜 수 있다." 프랭클은 자신의 삶에 대해 더 이상 느낌이 없는 사람은, 이루어야 할 목적도, 목표도, 의미도 없는 사람은 곧 파멸했다고 증언한다. 상상 가운데 아내와 대화를 나누면서 프랭클이 깨달은 진리는 "사랑이야말로 인간이 추구해야 할 궁극적이고 가장 숭고한 목표라는 것"이다. 사랑하는 대상이 누구이든, 그 이가 친구나 아내, 산 사람이나 죽음 사람 혹은 하나님이든 간에, 그 누구라도 내가 사랑해야 할 이가 있다면 나는 어떤 시련이라도 견딜 수 있다고 프랭클은 말한다. 청아출판사에서 2005년 새로 번역해 낸 『죽음의 수용소에서』(이시형 옮김)를 읽기를 권한다. 엘리 위젤의 『흑야』, 프리모 레비의 『이것이 인간인가』라는 책도 함께 권한다.

강영안 (서강대 철학)

082

서양미술사

곰브리치

✓
세계에서 가장 많이 읽히는 서양미술사 책

20세기 후반의 미술사가들은 숱한 어려움을 무릅쓰고 주관적이나마 세계 미술사를 총체적으로 서술하려고 노력하였다. 그 가운데서도 빈 학파의 전통에서 출발하여 거기에 바르부르크 학파의 도상해석학을 결합시킨 에른스트 곰브리치(Ernst H. Gombrich, 1909~2001)의 『서양미술사*The Story of Art*』는 1950년에 초판이 나온 이래 16차례나 개정증보판이 나오면서 17개 국어로 번역되어 오늘날까지도 사랑받고 있는 베스트셀러이다. 우도 쿨터만이 『서양미술사』에서 잘 지적한 것처럼, 곰브리치는 선사 시대 미술과 현대 미술 사이에 아무런 경계선도 긋지 않는다. 그는 모든 창조적인 것들의 관계와 공통성을 본다. 그래서 그는 전체 미술사를 이러한 관점에서 다시 기술하며, 여태까지는 다른 원리로 취급되었던 것들, 즉 선사, 고대, 동아시아, 만화, 새로운 대중매체 등을 미술사에 끌어들일 수 있게 된다. 무엇보다도 그는 일정한 미술사적 연구의 전문인들이 지닌 한계들을 넘어서려고 노력하였다.

곰브리치는 스물여섯 살에 『아동을 위한 세계사』를 저술하여 대단한 성공을 거둔 바가 있는데, 이미 거기서 그는 복잡한 사태를 단순하면서도 확실한 문장으로 서술하는 능력을 보여주었다. 『서양미술사』에서도 그러한 그의 능력은 유감없이 드러나는데, 서문에서 저자 자신이 밝히고 있듯이, 이 책은 원래 아직은 낯설지만 매혹적으로 보이는 미술이라는 분야에 처음 입문하여 약간의 오리엔테이션을 필요로 하는 사람들 즉 십대 청소년을 염두에 두고 쓴 것이다. 곰브리치에게 있어서 젊은이들은 유식한 체하는 전문용어의 나열이나 엉터리 감정들을 재빨리 알아내어 분개할 줄 아는 최고의 비평가들이었다. 그는 말한다.

"경험을 통해서 나는 전문용어나 얄팍한 감상의 나열이 많은 젊은이들로 하여금 평생동안 미술책은 모두 그럴 것이라고 백안시하게 만드는 악습이 되고 있다는 사실을 알고 있다. 나는 이러한 함정을 피하기 위하여 지나치게 평범하고 비전문적으로 보일지도 모르는 위험 부담을 안고서도 평이한 말을 사용하려고 성심껏 노력하였다. 그러나 다른 한편으로는 난해한 사상들이라 해서 무조건 피하지는 않았으므로 미술사가들의 전문용어를 가능한 한 적게 쓰려는 의도를 내가 독자들을 무시한다는 식으로 생각하지 않기를 바란다. 독자들을 일깨워주기보다는 자기를 과시하기 위해서 학술적인 용어를 남용하는 사람들이야말로 구름 위에서 우리들을 무시하는 사람들이 아닐른지."

그러므로 이 책은 초보자가 세부적인 것에 휘말려 흔들리는 일이 없도록 서양미술사라는 넓은 분야의 지세(地勢)가 어떠한지를 보여주며, 까다롭고 복잡한 인명과 각 시대의 양식들을 알기 쉽게 정리해 줌으로써 보다 더 전문적인 책을 쉽게 접할 수 있도록 도와주기 위한 책이다.

곰브리치가 이 책을 저술하면서 정한 원칙은, 도판이 없는 작품은 가능한 한 언급하지 않는 것이다. (곰브리치는 사진이 아니라 자신이 직접 본 원작만을 가지고 설명한다.) 또한 독자에게 의미가 없거나 전문가에게 불필요한 인명은 나열하지 않는 것이다. 그것은 저자가 논해야할 작품을 그만큼 신중하게 선별했다는 뜻이다. 그는 장황한 설명이 아니라 작가가 표현하고자 했던 의도에 관해 몇 마디 암시만을 제공함으로써 독자의 작품 감상을 돕고 있다. 작가가 남과 다르게 의도했던 점을 평가하는 것이 과거의 작품에 접근하는 가장 쉬운 길이기 때문이다.

이 책을 읽으면서 주의할 점은, 곰브리치는 각 장의 첫머리에 건축적 배경을 설명함으로써 독자로 하여금 각 시대의 전체상을 그려보게 한다. 그리고 각 장 끝에는 그 시대의 예술가의 생활과 사회를 특징적으로 보여주는 도판을 선별하여 넣어줌으로써 예술이 성장하게 된 환경에 관해서 생각할 수 있게 해주고 있다.

우리말로는 예경에서 나온 『서양미술사』(백승길 · 이종숭 옮김)와 열화당에서 펴낸 『서양미술사』(최민 옮김) 두 종류의 번역이 있다. 후자는 1971년판을 번역한 것인데 절판되었고, 전자가 1995년의 제16차 개정증보판을 번역한 것으로 더 최신의 것이라고 할 수 있다.

김산춘 (서강대 철학)

083

옥중서간

본회퍼

독재에 저항한 한 그리스도인의 실존적 삶

평화 시기에 살고 있다고 믿고 싶은 우리는 어느 곳에선가 독재 권력이 판치는 것을 외면하지 못한다. 이 시간에도 테러리즘을 경험하고 있는 이 세계는 과거의 경험에서 도대체 무엇을 배웠는가? 이런 질문은 인류역사에서 독재 권력의 위험성을 완전히 벗어날 수 없었던 인간의 오류를 가리킨다.

독재자가 그 어떤 목적을 주장하든 인권을 짓밟는 권력의 행사는 결국 생명을 앗아가는 폭력집단을 정당화하는 길이 될 뿐만 아니라, 인간을 무력화시키는 공포로 존재하게 된다. 죽음의 공포를 야기하는 독재자의 권력과 폭력에 직면해서 종교는 무엇을 할 수 있으며, 그 종교의 이상을 살도록 초대 받은 인간은 무엇을 할 수 있는가? 이 점에서 우리는 과거 2차 세계대전을 일으킨 히틀러의 권력과 폭력을 경험한 독일인들 중에서 목숨을 걸고 투쟁을 벌인 용감한 사람의 기록을 기억한다. 전쟁이 끝나기 직전에 사형을 당하고 젊은 생애를 접어야 했던 디트리히 본회퍼(Dietrich Bonhoeffer, 1906~1945), 그가 남긴 편지들은 그리스도 신앙에 투철하고자 했던 한 그리스도인의 실존적 삶을 돌아보게 하는 힘이 있다.

본회퍼는 당시 촉망 받던 루터교 신학자이자 목사였다. 1939년 6월 유니온 신학교의 초청으로 뉴욕에 갔던 그는 전쟁상황으로 치닫던 조국 독일을 떠난 것이 잘못된 판단이라고 여기고 그 다음 달에 돌아왔다. 그 후의 본회퍼는 독재정권에 저항하기 위한 지하운동에 가담하였고 히틀러 정권을 전복시키고자 조직된 비밀결사에도 참가하였다. 그러나 이 조직은 한 사람의 배반으로 물거품이 되고 조직에 참여했던 본회퍼 자신도 1943년 4월 5일 검거되어 2년 후 1945년 4월 9일 39세의 젊은 나이에 교수형으로 세상을 떠났다.

유고집 『옥중서간(獄中書簡)』(1951)은 절친한 친구 에버하르트 베트게(Eberhart Bethge)가 그의 사후에 정리해서 출간한 서간집이다. 우리는 이 유고집을 통해서 죽음을 무릅쓰고 나치즘에 항거한 한 젊은 신학자의 고뇌어린 비판을 생생하게 들을 수 있다. 나라와 민족을 전쟁 상황으로 몰고 간 히틀러와 그의 정치집단에 대한 비판적 성찰뿐만 아니라, 그런 상황에 대한 비판적 반성이 결여된 시민적 무책임성이 얼마나 위험한지 고발한다.

본회퍼의 유고집은 크게 두 부분으로 생각해 볼 수 있다. 첫 부분은 몇 쪽 되지 않는 분량이지만 독자의 성찰을 초대하는 힘이 있다. 1942년 성탄절 무렵에 썼다고 여겨지는 이 글은 1933년 1월 30일 히틀러의 집권 이후 10년의 시간을 돌아보는 비판적 성찰로 "십년 후"라는 제목이 붙어 있다. 둘째 부분은 책의 대부분을 차지하는 글들로 1943년 4월 5일 체포된 이후 부모님과 절친한 친구 베트게에게 보낸 편지들이다. 체포된 지 열흘 만에 사랑하는 부모님께 보낸 첫 편지를 시작으로 자신의 생각을 친구에게 토로한 성찰록에 가깝다.

『옥중서간』의 첫 부분인 "십년 후"에서 본회퍼는 지난 십년간의 히틀러 사태는 공동체의 일원이면 '공통적으로 얻을 수 있는 인식과 체험이며 결코 새로운 것이 아니라 과거에 이미 알려져 있던 것' 이지만 각자에게는 '새롭게 경험되고 인식되는 것' 이기에 중요하다고 역설한다. 행동하는 종교인이요 학자로서 본회퍼는 개인에게 부여된 의무가 자신의 최고가치 체계와 이를 따르는 양심과 상충한다면, 복종할 것이 아니라 저항해야 한다고 주장한다. 만약 의무를 반성 없이 충실히 이행하는 것을 일차적인 가치라고 여긴다면 인간은 악에 대해서도 그 의무를 수행할 것이기 때문이다. 독자는 『옥중서간』을 편집한 베트게가 부제로 '저항과 복종(Wiederstand und Ergebung)'이라고 붙인 까닭을 이렇게 이해할 수 있을 것이다. 본회퍼는 자기 자신의 '책임 있는 행위만이 세상의 악과 정면으로 대결하고 이를 극복할 수 있는 길'임을 강조하고 있는 것이다.

우리말로는 이미 오래 전에 본회퍼의 『옥중서간(獄中書簡)』(고범서 역, 대한기독교서회, 1967)으로 번역되어 나왔고, 1998년 어투를 조금 바꾸는 정도에서 재출간되었다. 참고로 베트게가 쓴 본회퍼 전기인 『디트리히 본회퍼』(복있는사람, 2006)도 구해 읽어볼 만하다.

박종구 (서강대 종교학)

084

역사란 무엇인가

E.H. 카

합리주의적 진보사관

1961년 영국 캠브리지 대학 연속 강연으로 발표되어 단행본(맥밀런출판사)으로 출간된 이 책은 BBC 방송 강의 등을 통해 그 내용이 일반 대중에도 널리 보급된 역사이론의 명저이다. 저자 에드워드 H. 카(Edward Hallett Carr, 1892~1982)는 1916년부터 20년간 영국 외무부에서 복무한 다음 1941~1946년 「더 타임스」 부편집인을 역임하기도 했으나 1936년 이래 웨일스 유니버시티 칼리지를 필두로 옥스퍼드 대학과 캠브리지 대학의 교수를 역임한 역사학자이자 국제정치학자이다. 제1차 세계대전 이후 서유럽 패권의 쇠퇴와 근대적 이성에 대한 비판 등을 배경으로 점차 강화된 비합리적 회의주의 사조에 대항해, 『역사란 무엇인가*What is History?*』(1961)는 현대세계의 미래를 낙관하는 합리주의적 진보사관을 고취한 역사이론을 대표하고 있다.

역사라는 말에는 사건들의 경과로서의 역사와 사건들의 기록으로서의 역사라는 이중의 의미가 있다. 이 둘의 관계와 관련해, 과거에 발생한 사실들 자체는 역사가의 선택과 해석을 거치지 않으면 역사적 사실이 될 수 없다고 카는 주장한다. 역사가가 해독하기 전까지 기록된 사실들은 아무 의미가 없으며 역사가는 수많은 비역사적 사실들을 추려내고 소수의 중요한 사실들을 선택해 역사의 사실로 전환시키는 임무를 갖는 것이다.

본래 발생한 그대로 사실들이 복원되면 사실 스스로가 의미를 드러낼 것이라는 랑케 이래 실증주의 사학의 과학적 신념은 거부된다. 이 처럼 사실과 문서자료에 대한 숭배가 부정된다면 역사는 객관적 기준도 없이 역사가의 현실적 목적에 따라 서술될 수 있고 소설이나 역사극과의 구별도 없어지는 것인가? 니체의 의지의 철학 이래 오늘날 포스트모더니즘까지 이성과 진보를 의심하는 사조의 역사관이 바로 그러하다. 그러나 카의 역사학은 절대적 필연을 주장하지 않는 20세기의 겸손한 물리학의 영향을 받아 역사학의 필연적 인과의 절대성을 고집하지 않을 뿐이지 가설과 검증에 따른 일반화라는 역사적 해석의 방법에서 과학과 근본적 차이는 없다고 한다. 인문학과 과학의 경계를 허문 과학적 역사를 포기하지 않은 것이다.

카의 역사관에서는 인간 행동의 인과적 필연성과 자유의지가 서로 대립적 모순관계에 있지 않고 공존하고 있다. 역사에서 우연의 존재를 인정하지만 우연적 원인은 역사의 합리적 설명과 교훈적 목적에 비춰 중요한 의미가 없는 것으로 규정되었다. 역사에서 개인과 사회의 관계에 대해서는 자연적, 추상적 개인과 사회의 대립을 가정한 영국 개인주의 · 자유주의 사조의 쇠퇴를 지적하고, 사회적 존재로서 개인의 발전은 사회 발전과 병행하며 역사에서 개인의 역할은 고립적 개인이 아닌 사회 현상으로서 개인의 역할이라고 했다.

그리고 근대 서유럽의 패권시기에 과학적 가설로 인정되던 역사의 진보 이념이 이제 쇠퇴하는 서유럽에서 퇴조하는 데 반해 역사의 주도권이 과거 지배를 받던 다른 집단이나 아시아 등 다른 지역으로 옮아가는 역사적 전환기에 세계의 범위에서는 진보의 가능성을 믿는 미래지향적 이념이 사실은 확산되고 있음을 지적했다. 따라서 영국이나 영어사용권 중심의 국지주의를 벗어나 아시아 등을 포괄하는 진정한 세계사를 채택하도록 촉구하는 것이 매우 인상적이다.

'현재와 과거의 끊임없는 대화' 라는 카의 역사는 과거의 사실과 미래의 목적 사이의 대화로서 진보하는 역사학으로서 미래적 시야에서 해석의 객관성을 확보할 수 있다고 한다. 독자적 역사이론을 통해 사회과학과 협력하는 과학적 역사학을 제창하는 카의 역사이론에는 수정된 마르크스주의와 제2차 대전 후 세계 사회주의 현실에 대한 이해로부터 받은 영향이 엿보인다. 미래의 목적과 과도한 이념을 위해 현재와 개인의 삶이 희생되기 쉬웠던 근대의 진보적 이성에 대한 반발이 거센 오늘날 그래도 카의 역사이론이 갖는 의의를 찾는다면 아직 근대적 합리화의 과제가 미완성으로 남은 우리 현실에서 개별화된 전문 분과를 통합하고 사회과학과 협력하는 합리적 보편사가 여전히 필요하다는 것이다.

우리말 번역본으로는 까치에서 출간한 『역사란 무엇인가』(김택현 옮김)가 있다.

조병한 (서강대 사학)

085

대지의 저주받는 사람들

프란츠 파농

식민지 국가들의 실정과 미래에 대한 호소

현란한 영상 매체의 범람과 후기 자본주의의 소비 윤리가 만연한 우리 사회를 '(탈)식민지'로 서술하려 한다면, 대부분의 사람들은 피해의식 가득한 민족주의자의 망언이라며 눈살을 찌푸릴지 모른다. 그러나 8.15 해방(1945) 이후 여전히 정착하지 못한 정당 정치, 폭력적 억압으로 점철된 역사, 신흥 부르주아 계급의 부도덕성과 다문화적 혼종성의 심화를 지켜볼 때, 우리 사회는 확실히 프란츠 파농이 『대지의 저주받는 사람들』에서 기록하고 있는 '식민지 이후 왜곡된 자본주의를 내면화한' (탈)식민지의 역사적 현실을 그대로 반영하고 있다.

『대지의 저주받는 사람들*Les Damné de la terre*』(1961)은 정신의학자일 뿐만 아니라 독립 운동가였던 파농(Frantz Fanon, 1925~1961)이 알제리 민족해방 운동을 추진하면서 겪었던 식민지 경험을 토대로 쓴 '식민지 국가들의 실정과 그 미래에 대한 호소였고 경고의 외침'이다. 이때 식민지 경험이란 식민주의와 원주민(혹은 이주민) 사이에서 만들어지는 담론적 '사건'이라는 점에서 식민지 현실과 그 정치적 · 문화적 특성을 이해하기 위한 중요한 단서가 된다. 파농은 이러한 식민지 경험을 분석함으로서 탈식민화의 전략과 목적을 구체화하고 있다.

책은 대략 네 부분에 걸쳐 식민지 경험들을 살펴본다. '폭력에 관하여' 에서는 원주민의 폭력이 이주민의 폭력으로부터 전이된 절대악이지만 탈식민화를 위한 유일한 출구라고 규정한다. '자발성의 강점과 약점' 과 '민족의식의 함정' 에서는 민족 정당이 형성되고 전개되는 과정에서 식민주의적 정치체계가 내면화되는 경향을 지적하고, 초기 민족 국가 시기에 민중과 농촌을 외면하는 민족 부르주아지들의 무기력과 모국(제국)에 대한 동경을 비판적으로 다룬다. '민족문화에 관하여' 는 식민지 시대의 큰 특징인 문화적 소외가 심화 확대되는 경향을 분석하고, '식민지 전쟁과 정신질환' 에서는 식민지에서 벌어지는 다양한 폭력적 상황과 정신적 질환을 식민주의의 직접적인 산물로 간주한다. 이 책은 식민지 상황에서 탈식민지 상황으로 이어지는 역사적 전개 과정에 따라 읽을 수도 있고, 각각의 식민지 경험이 내포하고 있는 식민 담론적 성격을 심도 깊게 구체적으로 분석한 내용으로 읽을 수도 있다.

프란츠 파농은 36세에 백혈병과 싸우면서 『대지의 저주받는 사람들』을 집필했다. 그러한 집착과 노력은 제국이었던 서구 세계와 식민지였던 제3세계 국가들에게 탈식민주의 운동과 흑인 의식 운동의 필요성을 절박하게 호소하기 위해서였을 것이다. 그래서 그런지 이 책은 탈식민화 운동을 펼치기 위한 정치적 행동 강령처럼 열정에 차 있으며, 식민지를 경험한 나라들의 미래에 대한 예언처럼 섬뜩하다.

그러나 『대지의 저주받는 사람들』이 결코 놓치지 않는 주제가 '(탈)식민지 현실' 과 '인간 존재' 그 자체라는 점을 간과해서는 안 된다. 제목에 담긴 '저주받은 사람들' 이라는 표현에서 식민지적 현실을 통찰하고 있는 식민지 지식인의 지적 고뇌를 읽을 수 있다. 자신이 처한 (탈)식민지 현실을 깨닫는 것만이 식민지였던 과거에 저항하고 탈식민화된 미래를 꿈꿀 수 있는 정치적 자의식을 만들어낸다. 그러한 주체의 자의식이 정치적 폭력의 억압으로부터, 식민화된 문화의 소외로부터, 저주받은 식민지로부터 자유로울 수 있는 '인간 존재의 탈식민화' 를 가능하게 한다고 파농은 말하고 있다. 식민지를 경험한 모든 나라가 똑같은 식민지 경험과 탈식민화의 경향을 가지고 있는 것은 아니다. 아프리카는 아프리카 나름의 탈식민화의 논리가 있고, 우리는 우리만의 탈식민화 논리가 있을 것이다. 그럼에도 불구하고 파농의 시각이 유효한 이유는 아직 끝나지 않은 전쟁 속에서 '(탈)식민지' 를 '탈식민지' 로 바꿀 수 있다는 희망 때문일 것이다.

프란츠 파농의 『대지의 저주받는 사람들』은 남경태의 번역으로 도서출판 그린비에서 출간되었다. 덧붙여 프란츠 파농의 초기작이며 탈식민주의의 시원으로 꼽는 『검은 피부, 하얀 가면』도 이석호의 번역으로 도서출판 인간사랑에서 출간되었다.

오윤호 (서강대 국문학)

Ⅲ부
과학 · 기술

086

침묵의 봄

레이첼 카슨

✓

20세기 환경운동의 도화선

1962년 9월 『침묵의 봄*Silent Spring*』을 책으로 내놓았을 때 레이첼 카슨은 암과 싸우고 있던 중이었다. 그 후 채 2년도 지나지 않아 그녀는 세상을 떠났다. 그 사이 이 책은 100만권 이라는 부수가 발려나갈 만큼의 많은 이들의 관심을 끌었고, 또한 그녀의 활동이 보태져서 환경 관련 국가 정책이 논의되고, 환경법을 제정하는 시발점이 되었다. 그녀는 원래부터 전투적인 활동가는 아니었다. 생명의 경이로움에 탄복하며 생명의 이야기를 글로 풀어낸 시인이었다. 당시 암이라는 병마를 감당하기에도 힘들었을 그녀가 목숨 걸고 알리려고 했던 내용이 바로 침묵의 봄이다. 침묵의 봄은 그녀가 쓰던 경이로운 생명의 아름다움에 대한 이야기가 아니라 당시 미국이 자행하는 핵실험 결과 퍼져나가는 방사능 물질과 병충해 방제에 무절제하게 사용하는 화학 약품의 폐해에 대해 이야기하고 있다. 책에는 화학자들이 말하는 안전한 농도의 화학 살충제가 실제로 생태계에서 어떤 과정으로 농축되고 이동되는지를 생태계의 모든 구성요소, 물, 토양, 생물의 관계에서 풀어나가고 있다. 물론 그 이야기는 단순한 이론과 추측을 그려낸 것이 아니라 그 당시 보고되었던 실제의 현상에 근거하여서였다. 살포할 때는 안전 범위에 속하는 농도의 살충제가 생태계의 먹이 사슬을 거쳐 사람들의 식탁에 오르는 농어에서는 몇 백배, 몇 만 배의 농도로 존재한다. 처음 살포 당시 안전하다고 생각한 화학 물질이 자연계에서 여러 요인에 의해 독성이 심각한 물질로 변화되어 재앙적 상황이 될 수 있음을 설명한다. 이는 병충해 방제라는 당초 목적도 전혀 달성하지 못한 채 – 화학물질에 내성을 가지는 생물체들이 나타나기도 하고 천적 관계가 무너져 또 다른 해충이 창궐하기 때문에 – 토양, 하천, 바다를 회복불능 상태로 오염시키고 야생동물의 삶을 앗아갈 뿐이라는 것이다. 그녀는 단순한 고발만이 아니라 과학자답게 요즘에 와서 많은 학자들이 고려하고 있는 생태계의 균형을 이용하는 생물학적 방제를 건설적인 대안으로 제시하고 있다.

40여년 전 그녀가 언급했던 화학물질인 DDT, DDD, 또는 파라치온 말라치온 같은 살충제나 농약은 지금은 사용하지 않는다. 하지만 그녀가 온 힘을 다하여 통렬하게 고발하고 있는 화학약품의 남용과 그에 따른 생태계의 파괴는 오늘날에도 여전히 남아있다. 화학 물질만 달라졌을 뿐 더 다양한 화학물질이 생산, 이용되고 있으며, 더욱 다양해진 화학 물질들이 자연계에서 만나 다른 위험한 산물이 될 수 있는 확률은 오히려 더 높아질 수도 있다. 이 책에 나타나는 또 다른 위대함은 그녀가 날카롭게 거대기업의 실체를 파악했고, 주저하지 않고 대규모 화학약품 제조업체의 부당한 이익 추구와 그에 동조하는 정부 관료, 대기업의 지원을 받는 비양심적인 단체를 지목하고 있다는 것이다. 이러한 작업은 어떠한 단체나 기관에도 속하지 않았고 어떤 기업에서도 후원받지 않고 있던 그녀만이 할 수 있었던 것이다. 사람들은 흔히 레이첼 카슨을 환경운동의 창시자라고 부른다. 하지만 레이첼 카슨은 아무도 생각하기 싫고, 아무도 하기 어려운 일을 인류와 지구의 미래를 위하여 대중과의 소통을 위하여 대중의 눈높이에 맞추어 글을 쓴 과학자라는 점 또한 높게 평가 받아야 할 것이다. 그녀처럼 과학을 풀어나가면 과학이 전문가들의 것만이 아닌 대중이 이해할 수 있는, 그래서 조금 더 안전하고 생산적인 과학이 이루어 질 수 있음도 보여준 책이다. 그것이 침묵의 봄이 단순히 일반 과학교양서의 범주를 뛰어

넘어, 현재까지 충분한 생명력을 유지하게 된 까닭이기도 하다.

국내에는 1991년 도서출판 참나무와 1995년 도서출판 넥서스, 그리고 2002년 에코리브르에서 발행한 『침묵의 봄』이 있다. 2002년도 발행한 『침묵의 봄』은 2000년 발행된 Penguin Books 판을 번역한 것으로 다른 번역판에 붙어 있지 않은 후기 등이 첨부되어 독자들에게 책의 의미를 이해하는데 도움이 된다. 이 책과 함께 레이첼 카슨의 전기를 읽으면 그 시대의 상황과 그녀의 정신을 이해하는데 도움이 될 것이다.

한징택 (서강대 생명과학)

087

부분과 전체

하이젠베르크

전체를 보는 과학자가 진정한 과학자

18세기 프랑스 천문학자 라플라스는 어느 시점이든 우주의 한 시점에서 우주를 구성하는 입자의 위치와 속도를 온전히 알 수 있다면 그 이후에 일어날 일들을 정확히 예측해낼 수 있다고 단언했다. 뉴턴 물리학으로 대표되는 근대 자연과학의 결정론적 세계관을 한 마디로 보여주는 주장이다. 20세기의 물리학자 베르너 하이젠베르크(Werner Karl Heisenberg, 1901~1976)는 어느 시점에서도 우리는 전자와 같은 소립자의 위치와 속도를 동시에 정확히 측정하는 것이 불가능하다고 주장한다. 그래서 우리가 예측할 수 있는 것은, 만일 입자의 속도를 고정시킨다고 할 때, 입자의 가능한 위치에 대한 통계적 추론이라고 한다. 20세기의 물리학이라고 할 수 있는 양자역학의 기본축 가운데 하나인 이른바 불확정성의 원리이다.

양자역학의 토대가 된 행렬 역학(1925)과 불확정성의 원리(1927)를 창안해 내고 닐스 보어와 함께, 오늘날 표준해석으로 알려진 코펜하겐 해석을 주창함으로써 양자역학의 토대를 마련한, 노벨 물리학상(1932) 수상자 하이젠베르크는 『부분과 전체 – 원자 물리학에 관한 대화들*Der Teil und das Ganze,*

Gespraeche in Umkreis der Atomphysik』(1969)에서 자신의 일생을 바쳤던 원자 물리학의 세계에서 그 자신과 동료 과학자들의 과학적 탐구와 고뇌, 성공의 과정을 기록하였다. 19세 때 친구들과 도보여행 중에 나누었던 대화를 기록한 「원자론과의 만남」을 시작으로 1920년대에서 1960년대에 이르기까지 현대물리학의 전성기에 하이젠베르크가 자신의 창조적 과학 활동에 영향을 미친, 여러 물리학자들과의 대화를 20편으로 구성해 놓았다. 이 대화들을 통해 우리는 한 과학자의 창조적 학문 형성 과정과 그의 인간적 고뇌는 물론이고, 20세기 물리학의 형성 과정을 엿볼 수 있다.

20편의 대화중에서, 특히 보어와의 대화들과 아인슈타인과의 대화가 눈길을 끈다. 보어는 1922년 자신의 강연에서 질문을 한 것을 계기로 오랜 동안 인간적 유대관계를 이어가며 하이젠베르크의 학문적 성숙과 사상 형성에 큰 영향을 미친다. 이 책에서도 보어와의 대화는 여러 군데서 등장한다. 하이젠베르크가 나중에 자신의 삶을 회고하면서, "뮌헨의 좀머펠트에게서 물리학의 희망을 보았고, 괴팅겐의 막스 보른에게서 수학을 배웠으며, 코펜하겐의 보어에게서는 철학을 배웠다"고 하였듯이 하이젠베르크와 보어의 대화는 단지 물리학의 영역에 국한되지 않고, 인식론, 정치현실, 윤리 문제 등 폭넓은 주제에 관한 것이었다.

하이젠베르크는 아인슈타인과의 대화를 통해 불확정성의 원리를 착안하는 계기를 만들었다고 기록하고 있다. 아인슈타인은 '관찰이란 관찰하려는 현상과 감각의 연관성을 정해주는 자연법칙을 우리가 알고 있을 때에만 의미가 있으며, 관찰할 수 있는 것이 무엇인지를 결정해 주는 것이 바로 이론' 이라고 충고하였는데, 이 충고를 되새김으로써 불확정성의 원리를 착안하게 되었다고 한다. 그런데 아이러니컬하게도 아인슈타인은 죽을 때까지도 자연을 확률론적으로 해석하는 양자역학을 인정하지 않았다.

그런데 이 책의 제목이 왜 '부분과 전체' 일까? 이 물음에 대한 답에서 우리는 하이젠베르크가 생각하는 과학자와 과학연구, 과학의 의미와 역할에 대해 이해할 수 있다. 그는 과학자의 사회적 책임을 중요하게 생각한다. 과학은 단지 과학적 주제에 관한 연구가 아니라 세계를 이해하고 설명하는 것이며, 그렇기 때문에 인간의 문제, 철학적 문제, 정치적 문제, 윤리적 문제와 완전히 독립해 있는 과학적 문제란 없다고 주장한다. 과학과 과학연구는 역시 인간과 세계라는 전체의 맥락에서 보아야 하며, 단지 과학이라는 부분에 매몰되지 말 것을 과학자들에게 충고한다. 나치 독일 치하에서도 미국으로의 망명의 기회를 붙잡지 않고 독일에 머문 점, 전후 독일 과학의 재건에 앞장선 한편으로 핵폭탄의 개발을 추진하던 아데나워 수상에 반대하여 1957년 18명의 독일인 핵물리학자와 함께 독일의 핵무장을 반대하는 '괴팅겐 선언'을 주도한 것 등은 이런 맥락에서 이해할 수 있다.

과학의 역사에서 보아도 한 과학이론은 그것이 아무리 당시에 진리처럼 받아들여졌었다고 해도 이후에 등장한 더 폭넓은 설명을 제공하는 다른 과학이론에 포섭됨으로써, 예컨대 고전물리학의 설명 영역이 현대물리학의 설명 영역에 포함되듯이 포섭됨으로써 부분과 전체의 관계를 이룬다고 할 수도 있다.

『부분과 전체』는 제목처럼 그렇게 딱딱한 이론서가 아니라 20세기 물리학의 번성기를 산 한 물리학자의 자전적 기록이다. 우리말 번역은 지식산업사에서 발행한 『부분과 전체』(김용준 역, 2005 개정판)가 있다.

이상헌 (서강대 철학)

088

사상사 속의 과학

히로시게 토오루 외

인류 사상사를 통해 되짚은 과학

이 책은 물리학과 과학사 및 과학철학을 전공한 일본의 석학인 히로시게 토오루(1930~현재), 이토 준타로(1930~1975) 및 무라카미 요우이치로(1936~현재) 세 사람이 1974년 10월부터 1975년 3월까지 출연해 76회에 걸쳐 방송되었던 일본 NHK의 대학철학 강좌인 '사상사 속의 과학'을 텍스트로 하여 내용을 축약하고 문제의 핵심만을 추출해 편집한 1975년 초판과 그후 20년간의 과학발전 내용을 추가한 1995년 개정판에 뒤 이어 최근까지 새로이 알려진 연구 결과들을 보완한 2002년 출판본이다.

저자들은 먼저 '과학이란 무엇인가?'란 제목의 프롤로그에서 좌담회를 통해 과학의 존재 이유가 '자연의 진리 탐구'라는 순수한 의미를 떠나 과학의 경제적, 사회적 효과를 강조하는 쪽으로 치우쳐 가고 있다며 제도화된 과학에 대해 깊은 우려를 표하면서 '무엇을 위한, 누구를 위한 과학인가?', 날로 팽배해 가고 있는 심정적인 '반과학주의 운동에 대하여', 현대 문명의 부정적인 측면에 있어서 그 책임을 과학기술에만 전가하는 것은 무리라고 언급하며 '반과학이 아니라 과학비판이다', 중세 기독교 세계관에 의한 '인간과 자연의 분리', 계급제도의 파괴로 인한 '지적관습을 넘어서' 및 부분과 전체를 다룬 '분석주의의 한계에 대하여' 란 주제들에 대해 의견을 교환하였다.

그런 다음, '과학' 이란 당대의 사회적 배경과 요구에서 태어난 것이며, 제반 학문, 당대나 그 이전의 철학 및 인문학과 영향을 주고받은 것이라는 맥락 아래 고대부터 현대에 이르기까지 각 시기마다 과학사상의 본질을 관통하는 흐름과 문제를 철학, 역사, 문화, 사회학 등과 어떠한 관계를 맺고, 서로 어떠한 영향을 끼쳤는지 역사적으로 비교하며 거시적으로 파악하고 있다.

구체적으로 첫 장인 '과학혁명 이전의 과학' 에서는 고대 과학의 원류인 메소포타미아와 이집트 과학, 그리스 및 인도와 중국 과학, 르네상스 이후의 과학 및 근대과학의 태동기까지를 간결하게 요약했다. 이어 수학적 방법과 실증적 방법을 결합한 '과학혁명' 을 다루면서 이 혁명의 사상적 버팀목이 된 '데카르트의 기계론적 세계관' 과 '베이컨의 자연지배 이념' 등을 다루었다.

그런 다음 생명현상의 사상적 배경을 검토한 '근대적 생명관의 형성', 과학사상사에서 매우 중요한 자연에 대해 최소기본구조를 설정하는 사고방식의 흐름을 살핀 '원자론의 계보', 과학이 지구 전체 차원으로 확대되는 전기를 마련한 '계몽주의 시대', 과학혁명 이후 세계가 겪게 된 '19세기의 제반 양상', 자연의 관찰대상이었던 물질에 에너지라는 개념을 새롭게 추가시킨 '과학의 새로운 움직임', 진화론의 적자생존이란 개념이 자본주의에서 유래한 것임을 밝힌 '진화사상의 전개', 인간생활 구석구석까지 파고든 '20세기의 과학', 수학과 물리학 분야에서의 '선험주의의 극복', 미시세계에 대한 탐구를 주축으로 한 '새로운 물리학', 정보라는 개념이 새롭게 추가된 '자연과학 중심의 학문재편', 전환기를 맞고 있는 '현대문명의 과학' 을 일목요연하게 다루었다.

마지막으로 에필로그를 통해 지금까지 사상사 속에서 과학의 발자취를 되짚어 보면서 "과학은 지구상의 물질적 조건을 큰 폭으로 개선시켰으며 인간에게 많은 편의를 제공해왔으나 그 이면에서는 환경파괴와 핵위협 같은 부정적인 결과도 나타나고 있다"는 점을 개진한 다음, "그렇다고 성급한 반과학론이나 방관적 낙관론에 동의해서는 안 되며 '과학이라는 것' 에 대해 근본부터 재검토할 필요가 있다"는 점을 환기시키면서 오늘날의 과학이 직면한 심각한 제반 문제들을 살펴보고 과학과 현대문명의 미래를 함께 진단하고 있다.

참고로 이 책은 저자들의 대담 토론이 담긴 프롤로그와 에필로그를 먼저 읽고 본문을 읽는 것이 거시적인 관점에서 과학을 반성적으로 되짚어 보려는 저자들의 의도를 보다 효과적으로 파악할 수 있다. 한편 이 책에서 아쉬운 점은 종교와의 비교 검토 측면이 거의 결여되어 있는데 이 점은 이 해제집에 소개된 『과학이 종교를 만날 때』나 김호경의 『종교, 과학에 말을 걸다』(책세상, 2005)를 통해 충분히 보완할 수 있으리라 판단된다.

박영재 (서강대 물리학)

089

최초의 3분

와인버그

✓
태초에 우주에서는 어떤 일이 일어났을까

우주는 어떻게 시작되었을까? 최초의 우주에서는 어떤 일이 벌어졌을까? 우리는 우주의 시초에 대해 알 수나 있을까? 이른바 우주론의 영역에 해당하는 이 물음들에 대해 20세기 물리학자 스티븐 와인버그(Steven Weinberg)가 답변을 시도한다. 소립자 물리학 분야의 세계적 권위자인 와인버그는 1977년 당시까지의 소립자물리학분야의 발전을 토대로 우주의 시초, 특히 처음 100분의 1초에서 34분 40초가 경과할 때까지 초기 우주에서 일어났을 것 같은 사건들을 시간의 순서에 따라 추적해 보는 과감한 시도를 한다. 그 결실이 『최초의 3분*The First Three Minutes*』(1977)이다.

그렇다고 해서 이 책이 전문가만을 위한 책으로 생각하면 오해이다. 와인버그는 일반 독자들도 읽을 수 있도록 충분한 배려를 하였다. 물론 현대 물리학의 우주론에 관한 책인 점을 감안한다면 별다른 노력 없이 이해하길 바라서는 안 될 것이다. 새로운 영역에 대한 지적 모험을 할 때 감수해야 하는 정도의 노고는 당연히 지불해야 하며, 그렇게 한다면 그만한 소득을 얻을 수 있는 책이다.

1965년 펜지어스와 윌슨에 의해 우연히 증명의 기회를 맞은 우주배경복사의 존재가 와인버그에게 우주의 시초에 대한 과학적 설명을 시도할 수 있는 계기를 만들어 주었다. 복사란 모든 파장의 전자기파를 총칭하는 일반적 용어인데, 펜지어스와 윌슨은 모든 방향으로부터 관측되는 일정한 파장의 전파잡음으로부터 그것이 우주 전체에 퍼져 있는 우주배경복사이고 그 온도가 지구에서는 약 3°K라는 것을 알아냈다. 이와 더불어, 이미 한 세대 전에 등장한 대폭발(Big Bang) 이론은 우주의 생성에 관해 설명하며 우주가 정적이지 않고 매우 동적이라는 것을 시사한다. 또한 바이제커, 베테, 가모우 등에 의해 주장된 항성 내부에서의 핵융합반응과 원소의 기원에 관한 가설은 별의 탄생과 소멸에 관해 설명한다.

대폭발 이론에 의하면 우주의 시초는 원자는 물론 원자핵까지도 유지될 수 없을 만큼 초고온과 초고밀도의 상태였다. 이때의 온도와 밀도는 거의 무한대에 가까웠을 것으로 추정된다. 이 상태로부터 대폭발과 더불어 오랜 시간에 걸쳐 우주가 형성되었으며, 현재의 우주는 대폭발 이후 약 150억년에서 200억년의 기나긴 시간이 지난 시기이다. 과학자들은 대폭발의 순간부터 초기 우주가 어떤 모습이었고, 어떤 물질들이 어떻게 생겨났으며, 어떤 자연의 법칙에 따라 그런 일들이 일어났는지 알고 싶어 한다. 하지만 현대 물리학의 수준으로는 대폭발 이후 100분의 1초 이전의 상태에 관해서는 과학적 설명이 불가능하다고 와인버그는 말한다. 그는 대폭발 이후 100분의 1초가 지난 시점부터 1.09초 이후, 13.82초 이후, 3분 46초 이후, 34분 40초 이후, 이렇게 6단계로 나누어서 각각의 시점에서 우주에서 발생한 일들을 설명한다.

우주배경복사는 극초고온의 상태로부터 우주의 크기에 반비례하여 온도가 계속 떨어짐에 따라, 대폭발 후 약 100만년이 지난 시점에서 우주에 존재하던 물질로부터 방출된 것으로 추정된다. 이것은 우주가 시초에 초고온, 초고밀도의 상태에 있었고, 소립자 이전의 단계로부터 폭발적으로 팽창하여 현재의 천체들을 만들어왔다는 것을 확인해 준다.

이 책은 1977년에 초판이 발간된 후에 1994년에 2판이 발행되었다.

1977년 이후 소립자물리학과 우주론의 분야에도 많은 발전이 있었다. 대폭발 이후 100분의 1초 이전의 기간에 대해서 과학적 설명을 시도할 수 있는 이론적 근거들이 마련되었다. 고에너지 소립자 물리학, 특히 대통일이론들의 출현으로 대폭발 이후 10^{-30}초까지 거슬러 올라가 논의할 수 있게 되었다. 또한 급팽창이론과 초끈이론의 등장은 와인버그 모델의 단점을 보완해 줄 수 있게 되었다. 와인버그는 초판 이후에 이루어진 과학적 발전을 2판(1994) 후기를 통해 보충하였다.

이 책은 1981년, 같은 해에 전파과학사와 범양사에서 각각 『처음 3분간』과 『태초의 삼분간』이라는 제목으로 국내에서 처음으로 번역 출간되었으며, 2005년에 다시 번역되었다. 2005년 번역본은 1994년 개정판을 번역한 것으로 『최초의 3분』(양문)이라는 제목을 달았다. 아무래도 나중에 나온 번역본이 개정판의 번역이어서 그동안의 과학적 발전을 수용하고 있으며, 출간 시기와 번역 시기의 긴 시차를 고려한 역자의 세심한 역주가 독자에게 많은 도움을 줄 것이다.

이상헌 (서강대 철학)

090

생명의 느낌
이블린 폭스 켈러

여성 과학자 매클린톡의 특별한 삶과 생각

어릴 때부터 남다른 사고방식을 가지고 있었던 바바라 매클린톡(Barbara McClintock, 1902~1992)은 당시로는 매우 드문 여성 유전학자였다. 그녀는 남자 과학자에서는 찾아볼 수 없었던 생명에 대한 새로운 패러다임을 가지고 유전자의 자리바꿈 현상을 발견한 과학자였다. 그녀 스스로는 많은 남녀 차별을 겪었으나 과학 하는 방법에 있어 남녀의 차이를 이야기한 적은 없다. 그럼에도 불구하고 그녀가 보여 주었던 과학 하는 태도는 다른 남자 과학자에서는 찾아 볼 수 없는 예이다. 이 책은 그와 같은 여성과학자의 전기이다.

매클린톡이 코넬 대학에서 유전학 공부를 시작할 당시에는 유전학이 한창 활발하게 전개되고 있었지만 염색체와 유전현상이 어렴풋하게 밖에 알려지지 않았을 때이다. 그때에는 유전자란 변하지 않는 것으로 '고정된 무엇' 으로 생각될 때이다. 매클린톡은 대학 입학 후 뛰어난 학생, 연구자로 그 업적을 인정받고 있었음에도 그녀가 처음으로 유전자가 '자리바꿈' 을 하고 그것에 의해 옥수수 알갱이의 색이 다양하게 나타난다는 '자리바꿈 현상' 을 발표하였을 때 생물학계의 그 누구도 이 놀라운 발견을 받아들이려 하지 않았다. 왜냐면 세포의 상태와 연관하여 유전자의 활동이 변화할 수 있다는 개념은 학계에서는 받아들여지지 않고 있었을 때였기 때문이다. 그녀가 말한 자리바꿈은 두 가지 과정으로 나누어 설명할 수 있다. 하나는 원래 있던 자리에서 염색체의 어떤 인자가 빠져 나오는 과정이고, 다음은 그렇게 빠져 나온 유전인자가 적당한 자리를 찾아 끼여드는 과정이다. 그 당시 매클린톡은 대다수의 유전학자들이 생각했던 것과는 달리 유전자의 활동을 조절하는 기본 메커니즘이 사실상 모든 생명체 안에 있으며 유전자의 자리바꿈은 그에 대한 가장 결정적인 증거라고 주장하였다. 이는 결국 생명체가 스스로를 조절한다는 것을 의미하는 것이었다. 사실, 유전자가 핵산이라는 사실조차 발견되지 않은 시대에 매클린톡이 제시한 유전자이론은 너무나 상식 밖의 일이었다. 그녀의 이론에는 한 생명체의 생존경험을 통해 유전자가 어떤 내용을 '습득한다' 는 개념도 포함되어 있어 돌연변이가 단지 우연의 소치일 뿐이며, 생명체는 자연도태에 의해 진화해 갈 뿐이라는 고전적인 견해를 뒤집는 것이었다.

당시로서 아무도 상상조차 하지 못하던 사실을 그녀가 밝혀 낼 수 있었던 이유는 그녀가 다른 이들은 사용할 수 없는 어떤 특별한 기구를 사용한 것도 아니고, 남들이 연구하지 않는 재료를 가지고 있었던 것도 아니었다. 그것은 바로 남다른 그녀의 과학 하는 태도 덕분이었다. 그녀는 경직되지도, 흔히 과학 하는 방법이라고 말하는 대상과의 철저한 분리도 고집하지도 않았다. 매클린톡은 마음으로 '생명의 느낌' 을 감지했다. 그들과 소통하면서, 그들에게 말을 걸고, 그들의 얘기를 들었다. 그래서 오직 이성과 도구에만 의지해 과학을 수행하던 과학자들은 절대 발견할 수 없었던 놀라운 현상을 밝혀낼 수 있었다. 그녀의 성과는 30년의 세월이 흐를 때까지 철저하게 무시되었다. 그러나 1970년대에 들어서면서 바이러스, 미생물, 초파리, 고등동물 등에서 자리바꿈 유전자가 발견되면서 그 기능이 구체적으로 드러나기 시작했다. 그때야 비로소 매클린톡은 재조명되기 시작했다. 그 결과 1983년 생리의학 부문의 노벨상을 수상하였다.

바바라 매클린톡과 그녀가 처음으로 밝힌 유전자의 '자리바꿈 현상'은 요즈음엔 일반 생물학 책에도 등장하는 모든 생물에서 발견되는 유전현상이다. 매클린톡의 전기인 『생명의 느낌*Feeling for the Organism*』(1983)은 이러한 사실만 가지고는 별로 특이할 것 없는 한 노벨상 수상자의 전기라고 생각하기 쉽다. 헌데 이 책은 한 과학자 매클린톡이 아니라 한 '여성' 과학자의 이야기로 더 의미가 있다. 이 책은 저자인 이블린 폭스 켈러가 여성의 감수성이 살아있는 새로운 패러다임의 과학을 소개하는 작업의 하나로 이루어낸 책이기 때문이다. 바바라 매클린톡은 저자가 여성주의 시각으로 과학을 다시 살피는데 딱 들어 맞는 "감성을 가지고 과학을 했던 여성"이었기 때문이다. 이러한 여성주의적인 시각으로 쓰여진 매클린톡의 전기는 현재 과학 서적으로서 뿐 아니라 여성학 필독서 목록에도 올라 있다. 상당한 전문적인 과학지식을 담고 있는 이 책이 과학과 무관한 여성학자들에게도 편안하게 읽힐 수 있는 것은 이 책을 번역한 에코페미니스인 역자의 노력이 또한 크게 기여했다고 생각된다.

한징택 (서강대 생명과학)

091

카오스

제임스 글릭

카오스 연구의 시초부터 현재까지

물리학 현상으로서의 '카오스'에 관한 교양서인 『카오스*Chaos*』(1987)는 1978년 이래 뉴욕타임스의 편집자겸 기자로 활동하고 있는 제임스 글릭(James Gleick)에게 과학저술가로서의 세계적인 명성을 안겨준 책이다. 이 책은 일반인을 대상으로 자연과학적 현상을 쉽게 설명하고 있어 미국에서는 출간된 이후 1년 이상 베스트셀러의 목록에 올라 있었고 유럽을 비롯하여 일본, 중국, 대만 등지에서도 일반인을 위한 과학저술서로서 장기 베스트셀러의 인기를 누렸다. 저자는 '카오스'라는 물리 현상을 옴니버스 식의 구성에 따라 총괄적으로 다루는데, 초기 카오스이론의 태동기에 이 분야에서 연구를 수행했던 과학자들의 고뇌와 노력을 솔직하게 그려낼 뿐만 아니라 이 현상을 이해하기 위한 다양한 과학적 접근법과 해결을 위한 착상들을 꼼꼼히 다루고 있어 카오스라는 생소한 분야의 내용적 어려움을 해결해 주는 것은 물론 자연과학의 새로운 현상을 과학자들이 어떻게 접근해 가는지를 보여주고 있는 책이기도 하다.

원래 카오스 연구는 1800년대 말 수학자 포앙카레로부터 시작된 것으로 여기나 1970년대에 컴퓨터의 발달에 힘입어 그간 다루지 못했던 비선형식에 대한 접근이 가능하게 됨으로써 발달되기 시작한 분야이다. 카오스는 거의 대부분의 자연계에서 나타나는 본질적인 현상의 하나로, 현재는 물리, 화학, 생물과 같은 자연과학 분야뿐만 아니라 공학과 사회과학에 이르기까지 광범위한 분야와 연결되고 있다. 이 현상은, 초기 값을 알면 나중의 모든 결과를 예측할 수 있다는 라플라스(Lapalace)적 세계관을 뛰어 넘어, 초기 값에 조그만 차이가 있어도 나중의 상태는 전혀 모르게 된다는 소위 "나비 현상"으로 불리는 새로운 물리학적 패러다임의 초석을 이루는 것이다. 또한 극히 단순한 수학 방정식만으로 폭포수와 같은 복잡한 운동을 모형화할 수 있다. 그 예로서 이 책은 메사추세츠 공대 로렌츠 교수의 대기운동을 포함한 기상문제의 복잡성에 대한 연구를 설명하였고, 그 연구 과정에서 당시에 지배적이던 선형적 사고를 비선형적 사고로 전환시키면서 부딪히는 이론적 어려움과 편견을 극복하기 위한 과학적 열정 및 해결을 위한 노력 등을 잘 그려내고 있다.

그 이후 카오스에 대한 연구는 러시아, 미국, 유럽 등 전 세계에 걸쳐 수학적인 연구를 포함하여 다양하게 발전한다. 카오스 현상을 수학적으로 설명한 스메일의 이론, 이 현상을 이용하여 물리계, 화학계, 생물계 등에서 보이는 복잡한 현상들을 설명해 나가는 과학자들의 노력이 돋보인다. 카오스는 기하학적으로는 프랙탈을 발견하는 성취를 이루게 되며, 물리학적인 측면에서는 보편성의 개념으로 발전하게 된다.

현재 카오스는 생명분야에서는 생명체에서 일어나는 다양한 현상들, 특히 뇌파, 맥박, 호흡, 물체의 인지 방법 등 여러 가지 복잡한 생리 현상들을 이해하는 수단으로 사용되고 있으며, 파키슨병, 간질 같은 다양한 병리학에 이르기까지 응용되고 있다. 물리 화학적으로는 핵융합의 플라즈마 상태의 이해, 레이저, 초전도체, 화학 물질의 뒤섞임 등 거의 전 분야에 걸쳐 나타나는 현상들을 설명하는데 쓰이고 있으며, 사회 과학적으로는 주가의 복잡한 움직임, 사회 집단의 형성, 집단 간의 상호 네트워크와 이에 따르는 복잡한 현상들을 설명하는 데에도 카오스 이론은 유용하게 이용된다. 말하자면 현대의 과학을 이해하는데 필수불가결한 요소로 자리잡아가고 있는 것이다.

이 책은 유럽과 러시아에서 초창기 카오스 연구가 시작되던 시기에 과학자들의 활동이 빠져 있는 것이 아쉬운 점이긴 하나, 카오스 현상 자체의 기본적인 이해를 돕는 데는 더할 나위 없는 길잡이임에 틀림없다. 또한 과학의 이면에 자연과학자들이 새로운 현상에 도전할 때의 어려움과 그것을 극복하기 위한 자세와 노력 등과 같은 인간적 측면도 잘 나타난 책이다.

김칠민 (배재대 전산전자물리학)

092

천재

제임스 글릭

한 천재 과학자의 창조적 정신세계

현재 우리나라 교육의 화두는 '창의력 개발' 인 것처럼 보인다. 과연 창의력이 학원이나 일반학교 교육으로 개발될 수 있는지는 교육학자들에 따라 여러 견해가 있을 수 있겠지만 창의력이 있다고 인정되는 사람의 삶을 살펴보는 것은 분명히 창의력 개발에 도움이 될 것이다. 리처드 파인만(Richard Feynman, 1918~1988)은 극히 창의적이고 독창적인 20세기 이론물리학자이다.

일반적으로 과학자들의 전기는 따분하고 어렵다고 여겨진다. 실제 연구업적들과 관계된 내용들은 일반 독자들이 이해하기에 어려운 것이 사실이고 많은 경우 과학자들은 대학이나 연구소에서 묵묵히 연구와 교육에만 종사하는 경우가 많기 때문에 일반인들의 관점에서 보면 분명히 따분하고 재미없어 보일 수 있다. 이러한 피상적으로 따분해 보이는 삶 속에서 독창적이고 창조적인 정신세계를 포착하여 전기로 구성하는 일은 결코 쉬운 일이 아닐 것이다. 제임스 글릭의 전기는 이런 관점에서 매우 성공적이다. 여기에는 몇 가지 이유가 있다. 우선 파인만은 맨해튼 프로젝트의 원자폭탄 개발과 챌린저호 폭발사고

진상조사 등 여러 역사적인 작업에 참여하여 어느 정도 대중의 인지도를 가지고 있었고 20세기의 인물이었기에 그에 대한 소상한 자료가 매우 많이 존재하였다. 예를 들면 그의 강의 녹화 테이프도 구할 수 있을 정도이다. 이런 자료들을 기반으로 하여 제임스 글릭은 아주 실감나게 파인만의 삶을 표현하는데 성공하였다. 참고로 이 전기는 약 800페이지에 달한다.

20세기 전반기의 물리학은 유럽의 물리학자들에 의하여 주도되었다. 이들은 유럽의 매우 전통적인 학자사회를 구성하고 있었다. 그러나 2차 세계대전을 거치면서 주요 과학들이 미국의 학자들에 의하여 주도되기 시작하였다. 파인만은 가장 대표적인 미국출신 이론 물리학자였고 또한 유럽의 전통적인 학풍과 다른 그만의 독특한 학풍을 만들어 내었다. 그의 특징은 매우 직관적인 이해를 중요시 한다는 것이었다. 즉 수학적으로 엄밀하더라도 직관적인 이해가 수월하지 않은 이론들을 그는 높게 평가하지 않았다. 그의 이러한 성향은 강의와 세미나 등에서 매우 분명하게 드러난다. 그는 매우 독창적인 "경로적분"이라는 양자역학의 해석법을 제시하였는데 이 해석법은 아주 직관적이고 이해하기 쉽지만 엄밀한 수학적 기반을 가지지는 못하였다. 이 때문에 많은 논란이 있어왔는데 최근에는 사실 '경로적분' 방법이 주류가 되어가고 있다. 그의 이러한 직관적인 이해를 중요시하는 성향은 많은 후배 물리학자들에게 큰 영향을 끼쳤고 사실 그것은 현대물리학에 있어서 어느 정도의 패러다임을 형성하고 있다고 말할 수도 있다.

이 전기는 그의 삶을 연대기적으로 기술하고 있다. 뉴욕의 유태인 가정에서의 유년시절에서 전기는 시작된다. 라디오 조립과 학교수업대신 자신만의 수학노트를 만들기 좋아했었던 유소년기의 모습들이 매우 잘 그려져 있다. 이미 이때부터 그는 그만의 독창적인 방법으로 문제를 해결하는 것을 즐겨하였다. 이야기는 MIT의 학부시절로 이어진다. 친구인 웰턴과의 만남, 양자역학의 공부, 실험시간에 말썽부리는 모습, 수학경시대회, 대학원 진학에 관련된 유태인 차별문제 등이 기술되어있다. 프린스턴의 대학원에서는 논문지도교수인 J. A. 휠터와의 관계가 많이 서술되어 있다. 이 시절에 그는 반입자(antiparticle)를 시간에 대해 거꾸로 진행하는 입자로 해석하는 방법에 대한 연구를 하였고 이것은 많은 논쟁을 불러왔다. 프린스턴 대학에서 박사학위를 받은 후에 그는 로스 알라모스로 가서 이른바 맨해튼 프로젝트에 참여하게 된다. 여기에서 그는 원자폭탄의 아버지라 불리는 오펜하이머와 평생의 경쟁자인 줄리앙 쉬빙거(Julian Schwinger)를 만나게 되고 그의 첫 부인인 알린이 사망하는 슬픔도 경험하게 된다. 베테(H. Bethe)의 추천으로 그는 코넬 대학에서 교편을 잡게 된다. 여기서 그만의 독특한 수업방식은 많은 관심과 비판을 받게 된다. 그의 자유분방한 성격은 답답한 분위기의 코넬을 떠나 종신토록 머문 칼텍으로 학교를 옮기게 한다. 칼텍에서 겔만(M. Gell-mann)과의 경쟁관계가 아주 흥미롭게 기술되어 있다.

이 전기의 내용은 전반적으로 아주 충실하고 물리학에 대한 기본적인 상식만 있으면 물리적인 내용도 거의 다 이해할 수 있을 것으로 사료된다. 국내에는 승산출판사에서 나온 『천재』(황혁기 옮김)가 있다. 이 전기만으로도 파인만에 대하여 많은 것을 알 수 있지만 파인만의 자서전 *Surely, You are joking, Mr. Feynman*과 *What do you care what other people think*를 같이 읽어보기를 강하게 권하는 바이다. 두 권 모두 시중에 번역판이 나와 있다.

이현철 (서강대 물리학)

093

디지털이다

네그로폰테

디지털 선각자의 선구적인 디지털 이야기

세상에는 항상 시대를 앞서가는 사람들이 있다. 시대에 앞서서 미래를 예측할 수 있는 능력은 대단히 유용하다. 그것은 남들보다 더 빨리 앞으로 다가올 새로운 삶의 방식을 이해하고 활용할 수 있게 한다는 면에서 많은 도움이 된다. 네그로폰테(Nicholas Negroponte)는 이런 점에서 컴퓨터와 인터넷 시대의 진정한 선각자라고 할 수 있을 것이다. 그가 1995년에 처음 출간한 『디지털이다*Being Digital*』란 책에서 그는 당시 막 시작된 인터넷과 멀티미디어 기술의 발전이 미래의 사회를 어떻게 변화시킬지, 어떤 문제들이 나타날 것이고 어떤 이슈를 고민해야 하는지 아주 명쾌하게 예측하고 있다.

네그로폰테는 컴퓨터를 전공한 사람이 아니다. 그는 원래 건축학을 전공했고 MIT에서 박사학위까지 받은 건축학자이다. 그런 그가 1985년 MIT에서 미디어랩이라는 당시로서는 파격적이고 미래지향적인 컴퓨터 미디어 분야의 연구센터를 만들고 소장으로서 활동을 하게 된다. 미디어랩에서는 전통적인 컴퓨터학자뿐 아니라 음악가, 디자인 전문가, 심리학자, 수학자 등 다양한 전문가들이 미디어와 지능적인 사용자 인터페이스에 관한 연구를 해왔다. 따라서 컴퓨터관련 미디어 기술을 바라보는 그의 시각은 매우 독특하다.

이 책에서는 우선 종래의 물질을 이루는 가장 기본적인 단위인 아톰에 비유하여 디지털 정보의 가장 기본적인 단위인 비트(bit)의 가치에 대해서 시작한다. 인터넷을 통하여 전달되고 있는 모든 형태의 미디어는 모두 비트로 이루어져있다. 비트로 표현된 음악들과 영상물들이 네트웍을 타고 전달되고 있다. 이러한 미디어를 제대로 표현하기 위해서는 엄청난 양의 비트가 필요하다. 따라서 초고속통신망과 같은 정보고속도로가 만들어지게 되고, 인터넷의 활용이 일반화가 당연시된다. 저자는 이제 각 회사들의 미래가 그들이 제공하는 제품이나 서비스를 디지털 형태로 바꿀 수 있는 능력에 달려있다고 예측한다. 사실 이러한 일들은 이미 벌어지고 있다. 이 책이 작성된 1995년, 모두가 모뎀을 이용하여 아주 느린 속도로 접속하던 시절에 이 책에서 이미 엄청난 변화에 대해서 예측하고 있었던 것이다.

저자는 초고속통신망 시대의 필연성과 그것을 위해 나타나는 광대역통신기술과 미디어데이터 압축 기술과 같은 문제뿐만 아니라 법적, 윤리적, 정치적인 문제까지 언급을 한다. 예를 들면 방송과 통신의 구별이 모호해 지고, 신문과 텔레비전방송의 구별이 모호해 지면서 여러 가지 법적인 문제가 나타날 것으로 예측하고 있고, 우리나라에서 최근에 방송위원회와 통신위원회를 통합하는 법을 만들면서 많은 논란이 생기는 것도 이미 예견된 것이다.

저자는 최근 많은 곳에서 유행처럼 사용하고 있는 디지털 수렴(digital convergence)이라는 용어를 사용하여 미래의 기술에 대해 설명한다. 즉 TV와 PC의 경계가 없어지고, 오디오와 카메라 기능을 가진 전화기와 같이 다양한 미디어 처리 기능이 통합된 기술들이 나타날 것이라고 말한다. 최근 MP3 플레이어인 아이팟으로 성공한 애플사가 전화기 기능까지 추가한 아이팟폰을 출시하여 노키아와 삼성과 같은 전화기 전문회사들을 긴장하게 만드는 것도 이 책에서 미리 예견된 것이다.

미래의 가치는 콘텐츠에 있다고 예측한다. 콘텐츠들의 디지털화와, 이러한 콘텐츠들을 쉽고 편지하게 사용할 수 있도록 하는 지능형 인터페이스에 대해서 설명하고, 음성인식과 언어 이해에 대한 기술에 대해서도 설명한다. 즉 인간이 보다 쉽게 사용할 수 있도록 하려면 인간과 같은 지능적인 기능을 갖는 인터페이스 에이전트 기술이 필요하다는 것을 강조한다.이 책은 최신 기술의 다양한 분야에서의 영향에 대해서 기술하기 때문에 다양한 기술적인 표현들이 나타나지만, 일반 독자들이 읽고 이해하는 것에는 큰 문제가 없다. 아이러니컬하게 멀티미디어의 권위자인 저자가 이 책 속에 단 한편의 그림이나 도표를 사용하지 않고 모든 것을 설명한 것도 바로 모든 것을 쉽게 말로써 설명하기 위함이라고 한다.

이 책은 현재의 시점에서 보면 많은 부분이 이미 현실로 나타나 있어서 읽는 사람들이 당연시할 가능성이 많다. 하지만 저자가 이 책을 쓸 시점으로 돌아가서 이 책을 이해해 보면 더욱 재미있다. 그때부터 지금까지 디지털의 확산은 끊임없이 이루어져 왔고, 앞으로 이러한 추세는 더욱 더 심해질 것이다. 이제는 정말로 모든 것이 다 비트로 이루어질 시기가 올 것이다. 정보기기들과 환경은 사용하기 더 편리하게 발전할 것이고, 이를 먼저 이해하고 개발하고 활용하는 비즈니스가 성공하게 될 것이다.

서정연 (서강대 컴퓨터공학)

094

우리 수학자 모두는 약간 미친 겁니다

폴 호프먼

수학에 인생을 바친 한 인간

헝가리 출신의 폴 에어디쉬(Paul Erdös, 1913~1996)는 20세기의 수학자들 중에서 가장 유명하면서, 동시에 가장 많은 일화를 남겼다. 에어디쉬가 발표한 1,500편 가량의 논문은 수학 역사상 가장 많은 숫자이고, 그는 70대 이후에도 연간 50편 이상의 논문을 여러 해 동안 발표했다. 한마디로 에어디쉬는 자신의 생애를 수학에 바치기 위해서 모든 것을 포기한 수학자이다. 평생 동안 하루 평균 19시간을 수학에 매달린 삶을 살았고, 아내도 아이도 직업도 취미도 게다가 집도 없었으며, 모든 살림을 여행용 가방 속에 넣고, 수학 문제의 공동 연구와 새로운 수학인재의 발굴을 위해 세계 각 대륙의 대학교와 연구소를 돌아다니는 방랑생활을 했다.

평생을 세계 각국으로 돌아다니면서 공동 연구를 한 덕분에, 에어디쉬는 역사상 어느 수학자보다도 많은 공저작과 논문을 발표했다. 그 공저자의 숫자는 현재 509명이고 이 509명에게는 에어디쉬 번호 1이 부여되어 있다. 만약 어떤 과학자의 에어디쉬 번호가 2라면 그는 에어디쉬의 공저자와 논문을 공저한 경우이고, 에어디쉬 번호가 3이라면 에어디쉬 번호가 2인 사람과 공저한 경우이다. 이런 식으로 에어디쉬 번호를 7까지를 모두 합하면 20세기의 대부분의 수학자와 이론 물리학자들이 망라될 정도이다.

폴 호프먼은 수학자 에어디쉬의 삶과 수학을 『우리 수학자 모두는 약간 미친 겁니다』(1998)라는 제목의 책에 담았다. 이 책의 원제 *The man who loved only numbers*에서 알 수 있듯이 오직 수(numbers)와 함께 일생을 보낸 에어디쉬에 관한 전기문의 형식을 취하면서도 램지 이론, 그래프 이론, 확률 이론, 타원 곡선, 소수 정리, 4색 지도 정리 등 다양하고 풍부한 수학적 지식을 함양할 수 있는 내용을 함께 담고 있다.

또한 이 책에서는 신비에 싸인 인도의 수학 천재 라마누잔(Ramanujan)과 그를 수학계에 소개한 영국의 대 수학자 하디(Hardy), 집합론의 창시자 칸토어(Cantor), 수학의 전 영역을 형식화하고자 했던 당대 최고 수학자 힐버트(Hilbert), 힐버트의 이상을 현실화하고자 수학의 체계를 구축하려 했던 러셀(Russell)과 화이트헤드(Whitehead), 그들의 희망과는 반대로 산술에 대한 완전한 형식화는 불가능하다는 것을 증명함으로써 힐버트와 러셀의 포부를 좌절시킨 천재 논리학자 괴델(Gödel)과 그의 유명한 불완전성 정리, 괴델과 절친했던 20세기 최고의 물리학자 아인슈타인(Einstein) 등 에어디쉬의 인생에 큰 영향과 영감을 준 위대한 선배 수학자들의 삶과 철학 그리고 그들의 살아가는 방식 및 목표를 향한 불굴의 의지 그리고 좌절 뒤의 영광, 이와 더불어 그들이 자신의 영혼을 어떤 방식으로 학문에 바쳐왔는지를 매우 생생하고 긴장감 넘치게 사실적으로 묘사한다.

이와 더불어 에어디쉬의 신변잡사를 맡아서 처리해준 동료 수학자 로널드 그레이엄(Ronald Graham)의 학문적 업적과 그의 다양하고 색다른 인생 여정, 에어디쉬와 홈런왕 행크 아론과의 특이한 인연, 수학 연구를 스무 살에 포기한 천재 애제자 포사에 대한 일화를 비롯하여 에어디쉬가 얼마나 정열적으로 젊은 영재들을 격려했으며 그들을 수학의 길로 끌어들였는지 등의 이야기를 정감 있게 담고 있다.

이 책은 또한 정수론의 유명한 정리들에 대한 역사를 소개했으며 이 과정에서 페르마, 오일러, 가우스, 리만 등 불멸의 수학자들의 업적과 생애를 독자들에게 소개한다. 그중에서 '$x^n+y^n=z^n$; n 이 3 이상의 정수일 때, 방정식을 만족하는 자연수 해 x, y, z는 존재하지 않는다'는 페르마의 마지막 정리가 1994년 앤드루 와일즈에 의해서 해결되기까지의 350년 동안의 수학 발전의 역사와 더불어 수많은 수학자들이 그 문제의 해결을 위해 경건한 마음으로 자신의 일생을 바쳤으며 학문의 길을 간다는 것이 어떤 여정이어야 하는가를 매우 실감나고 긴장감 넘치게 묘사하고 있다.

수학에 대한 기본지식과 수학의 역사를 어느 정도 접해본 학부의 전공생이 읽는다면 분명 이 책을 더 깊게 이해하고 즐길 수 있겠지만, 일반인의 교양도서로도 적절하다고 여겨질 만큼 평이한 설명과 흥미로운 내용으로 가득한 책이다. 우리말로는 승산에서 출판된 신형용 교수의 번역이 유일하다.

이재성 (서강대 수학)

095

아톰으로 이루어진 세상
라이너 그리스하머

원자를 통해서 보는 세계

비전문가를 위한 과학 입문서를 쓰기란 쉽지 않다. 내용을 정확하게 전달하려고 하면 이해하기가 어렵게 되고 무조건 이해가 쉽게 쓰려면 내용이 모호하게 되기 쉽다. 라이너 그리스하머(Reiner Griesshammer)의 『아톰으로 이루어진 세상』은 원자의 측면에서 본 화학에 관한 책이다. 즉 단순히 현상론적인 상식 수준의 화학이야기가 아닌 근본적으로 원자로부터 출발하여 화학적 현상을 이해하려고 하는 책이다. 원자수준에서 화학적 현상을 이야기하려면 기본적으로 원자들의 체계와 원자들과의 상호작용(화학결합, chemical bonding)을 이해해야 한다. 이 부분이 사실상 비전문가들이 제일 이해하기가 어려운 부분 중의 하나인데 그리스하머는 이러한 어려움을 원자들의 의인화를 이용하여 해결하였다. 즉 원자들의 체계를 원자들의 신분증이라는 비유로 그리고 원자들의 상호작용을 악수, 사랑, 우정, 이혼 등의 비유를 사용하여 독자들이 친근하면서도 직관적으로 이해할 수 있도록 하였다.

이 책에는 화학자 멘델레예프와 환경학자 카슨이 선생님으로, 그리고 여러 원자들이 학생들로 등장하며 몇 원자들이 자신에 대한 특별 프로젝트를 발표하는 형태로 내용이 구성되어 있다. 이 책의 주인공으로 화학자 멘델레예프와 환경학자 카슨이 등장하는 것은 큰 의미가 있다.

우선 멘델레예프는 원자들의 성질을 주기율표를 통하여 체계적으로 이해할 수 있도록 한 화학자이다. 즉 책제목의 아톰을 나타낸다고 볼 수 있다. 한편 환경학자 카슨은 세상과 연결된 화학을 나타낸다. 그런데 왜 화공엔지니어가 아닌 환경학자가 세상을 표방하도록 저자가 설정하였을까? 여기에서 우리는 화학에 대하여 저자가 가지고 있는 애정 어린 시선을 볼 수 있다. 일반적으로 화학공학에 대하여 우리가 가지고 있는 이미지는 상당히 부정적이다. 저자는 일부 이런 견해에도 불구하고 화학이 우리에게 얼마나 큰 도움이 되고 화학을 이해하는 것이 얼마나 우리의 삶을 풍부하게 해 준다는 것을 알려 주고 싶은 것이다.

이 책은 6장으로 이루어져 있다. 이 중에서 2,3,4장은 탄소, 철, 산소와 관련된 내용을 각각 다룬다. 5장은 생체화학반응을 6장은 반도체와 연관된 규소 그리고 LCD의 액체결정들을 이야기한다. 위의 주제들은 거의 무한히 다양한 화학현상 중에서 현실 생활과 제일 밀접한 것들 중에서 선택된 것이다. 2장에서 탄소를 이야기할 때는 석유에 초점이 맞추어져 있다. 석유의 생성, 정류, 연소, 온실 효과 등이 매우 유기적으로 연결되어 설명되고 있다. 3장에서는 철의 정제 분류 과정이 먼저 소개되어 자동차로 이야기가 연결되고 자동차의 엔진에서 일어나는 연소과정이 2장의 내용과 연결되어 설명되고 있다. 특히 3장의 끝부분에 나오는 멘델레예프의 음주사고에 이르러서는 저자의 유머 감각에 탄복하지 않을 수 없다. 4장에서는 염색과정, 염료, 비누 등에 초점을 두고 산소에 관련된 화학 현상들을 다루고 있다. 특히 인디고와 관련된 내용들이 (역사적 내용과 더불어) 아주 흥미롭다. 5장에서는 음식, 광합성, 소화, 혈액 등에 관련된 내용들이 나온다. 이 장에서도 관심을 더 끌기 위해 트림을 한 예로 들고 있다. 6장에서는 컴퓨터 부품의 근간이 되는 반도체를 이루는 한 물질인 규소와 LCD 디스플레이의 액정을 다루고 "종강"을 한다. 전체 화학현상에 비하면 다룬 내용은 극히 적지만 일상생활과 매우 밀접한 내용들만을 다루었기 때문에 체감으로 느끼는 전달된 지식의 양은 매우 많다.

이 책은 이해를 쉽게 하기 위하여 여러 가지 비유, 형상화 등을 사용하였다. 이것이 이 책의 큰 장점이기도 하지만 또한 단점이기도 하다. 비전문가 독자들에게 이런 간접적 이해는 초기에는 도움이 되지만 어느 정도 수준 이상의 독자들에게는 (예를 들면 파동함수 등을 알고 있는) 이 접근방법들이 오히려 혼란스러울 수도 있을 것이다. 또 개인적으로 이 책의 그림이나 도식들이 그렇게 효과적이라고는 생각하지 않는다. 좀 더 개선될 여지가 많이 있다고 사료된다.

현재까지 우리말로는 생각의나무에서 나온 번역(송병찬 옮김)이 유일하다. 번역과정에서 역자가 한국적 상황에 맞추어 의역한 부분이 여러 군데 보인다. 큰 무리는 없어 보이지만 아무래도 원본에 충실한 것이 더 낫지 않나 하는 생각이 든다.

이현철 (서강대 물리학)

096

과학이 종교를 만날 때

이언 바버

과학과 종교의 관계에 대한 다양한 해석들

17세기 뉴턴의 자연현상에 관한 법칙화 이후 18세기까지 대부분의 과학자들은 창조주 하느님은 믿었지만 현상세계와 인간 생활에 적극 개입하시는 인격화된 하느님은 더 이상 믿지 않게 되었다.

그러나 뉴턴의 결정론적인 세계관이 확립됨과 동시에 19세기에 들어와 다윈의 진화 이론이 발표되면서 일부 과학자들은 기독교에 적대적이 되었고, 20세기에 접어들면서 불확정성 원리를 근간으로 하는 양자물리학과 DNA 분자 구조를 바탕으로 하는 유전자 이론이 확립되면서, 종교(특히 기독교)와 과학의 상호작용은 다양한 형태로 전개되어 왔다.

즉, 이런 새로운 과학적 발견들에 의해 여러 가지 전통적인 기독교식 사고에 의문이 제기되자 어떤 이들은 여전히 전통적인 교리를 옹호하는가 하면 어떤 이들은 전통적인 교리를 버렸으며, 또 다른 이들은 과학에 비추어 새롭게 해석하며 다시 정립하였다. 물론 냉철히 살펴보면 과학은 자연현상에 대한 제한된 범위의 질문을 조심스럽게 던지기 때문에 연구실을 벗어나 윤리적인 측면 등 과학적 연구 이외의 일을 생각할 때 과학자가 다른 사람들보다 더 현명하다고 볼 수는 없으며 지혜로운 삶을 지속적으로 영위하기 위해 종교는 꼭 필요한 것이다.

한편 가톨릭교회의 수장이었던 고 교황 바오로 2세는 1996년 사제 서품 50주기를 기념하여 저술한 『은총과 신비』(김영사, 1997)의 마지막 결론 부분에서 수행을 통해 누구나 부처가 될 수 있다는 대승불교의 '다불사상'(多佛思想)과 일맥상통하는, 중세를 살았던 치프리아노 성인의 그동안 가톨릭 교계에서 금기시되어 왔던 '기독교인은 또 다른 예수'라는 표현을 언급함으로서 21세기 직전에 종교 간의 대화의 장을 활짝 열어 놓았다.

이러한 때에 시의적절 하게 핵물리학을 전공한 이안 바버 교수는 그의 저서 『과학이 종교를 만날 때 *When Science Meets Religion*』(2000)에서 먼저 과학과 종교를 다루는 다양한 방법을 분류하는 데 유용한 네 가지 이론 유형을 기술하고, 이를 바탕으로 물리학 법칙이 적용되지 않는 빅뱅의 순간(태초)에는 무슨 일이 일어났는가에 관한 '천문학과 창조론', 양자론에서 나타나는 지식의 한계와 관련된 '양자물리학의 신학적 의미', 하느님의 진화법칙 설계 유무에 관한 '진화와 연속창조', 새로운 과학 원리로부터 도전받고 있는 전통적인 종교적 믿음에 관한 '인간의 본질' 및 과학과 종교 사이에서 벌어지는 수많은 의문과 갈등에 관한 '하느님과 자연'에 관한 주제를 날카롭게 분석하였는데 그 유형을 소개하면 다음과 같다.

첫 번째는 '갈등이론'으로 성서를 문자 그대로 믿는 성서문자주의자는 진화론이 종교적 신념과 맞지 않는다고 믿는 반면, 무신론적인 과학자들은 진화의 과학적 증거는 유신론과 공존할 수 없다고 주장한다. 두 번째는 '독립이론'으로 종교의 교리나 과학적 주장은 인간의 삶에서 완전히 다른 기능을 수행하기 때문에 서로 비교할 수 없는 두 가지 언어로 취급되나 과학과 종교의 두 가지 탐구는 이 세계에 대한 상호 보완적인 관점을 제공한다고 주장한다. 세 번째는 '대화이론'으로 과학의 연구영역의 한계에 이르러 과학 자체가 답할 수 없는 극한 질문들이 제기될 때 비로소 종교와의 대화가 가능해질 수 있으며 아울러 특정한 과학 이론과 종교적 믿음 사이의 개념적인 유사성은 과학과 종교의 관계에 관한 보다 깊은 이해에 영향을 줄 수 있다고 주장한다. 네 번째는 '통합이론' 으로 과학과 종교 간의 좀 더 체계적이고 폭넓은 동반자 관계는 두 원리의 긴밀한 통합을 모색하는 사람들 사이에서 볼 수 있다.

끝으로 결론에서 저자는 과학과 종교의 만남은 앞의 네 가지 이론유형 가운데 대화 혹은 통합 이론으로 화해가 가능할 것임을 전망하고 있는데 물리학을 전공한 필자도 이 견해에 전적으로 동의하며, 서강 여러분 각자가 이 책을 통해 자기 종교와 현대과학에 대한 진지한 성찰을 바탕으로 타 종교인들과의 격의 없는 대화를 통해 자연스럽게 종교 간의 벽을 허물며 갈등 없이 어려운 이웃과 더불어 함께하는 삶을 이어 갈 수 있기를 간절히 염원하는 바이다.

박영재 (서강대 물리학)

098

게놈

매트 리들리

23쌍 염색체를 통해 본 인간의 신비

1953년 왓슨과 크릭에 의해 DNA가 생명의 암호임이 처음 밝힌 지 50년이 지나 인간 생명의 비밀을 여는 열쇠로 인간게놈프로젝트(HGP)가 진행되었다. 인간게놈프로젝트는 인간이 가지고 있는 23쌍 염색체의 모든 DNA의 염기서열을 읽어 내는 야심찬(?) 계획이었고 마침내 2000년 6월 26일 미국의 인간게놈프로젝트와 셀레라 제노믹스사가 인간 유전자의 염기 서열 지도를 발표했다. 이 책은 인간게놈프로젝트의 결과가 발표되기 전인 1999년 발표된 책임에도 불구하고 반세기에 걸쳐 이미 구축된 유전자에 대한 많은 지식을 다루고 있다.

사람의 세포는 22쌍의 상염색체와 1쌍(2개)의 성염색체(여자는 XX, 남자는 XY)를 가지고 있고, 그 염색체 위에 우리 인류의 거의 모든 유전자가 포함되어 있다. (거의 라고 한 이유는 세포질의 미토콘드리아에도 유전 물질이 포함되어 있기 때문이다.) 그 중 한 조(set)인 22개 상염색체+성염색체를 게놈(genome)이라 한다. 이 염색체들은 그 크기의 순서에 의하여 1번부터 22번까지 번호가 매겨져 있으며 각각의 염색체 위에는 인간의 여러 특징을 결정할 수 있는 유전자들이 존재한다. 저자는 각 염색체 위의 특징적인 유전자들로 염색체에 이름을 주고 그 이야기를 통하여 인류의 탄생, 진화, 본성, 질병, 정신, 그리고 생명과 죽음에 관한 이야기를 펼쳐간다. 이로써 각각의 염색체는 마치 인격을 가진 생명체처럼 우리에게 다가온다. 예를 들어 생명이라 이름 지어진 1번 염색체에는 리보소말 RNA (rRNA)를 만드는 유전자가 있다. 이 rRNA는 단백질과 함께 단백질 합성공장인 리보솜을 형성하는 RNA로 단지 정보에 지나지 않던 우리의 유전 물질인 DNA가 RNA를 거쳐 세포에서의 일군인 단백질로 나타나지는 현상을 설명을 가능케 한다. 태초에 단지 물질이었던 RNA, DNA, 그리고 단백질이 어떻게 이 rRNA에 의하여 생명으로 태어날 수 있었는지 설명하고 있다. 또 4번 염색체에 단순한 CAG라는 염기서열이 몇 번 반복되어 존재하는가에 의해 생활 습관과 기타 다른 요인과 상관 없이 얼마나 젊은 나이에 헌팅턴병이 나타나는가를 운명이라는 제목으로 이야기한다. 유전자 자체가 바로 그이의 운명이 되는 것이다.

이러한 이야기는 자칫하면 유전자 운명론으로 빠질 수 있으나 『게놈 *Genome*』(2000)의 저자 또한 유전자 결정론에 대한 맹신을 5번 염색체 위의 천식 관련 유전자, 9번 염색체 위의 혈액형관련 유전자, 10번 염색체위의 스트레스 관련 유전자 등을 이야기 하며 불식시킨다. 이렇게 제 1장에서 23장까지 발전해 가는 각 장마다 유전자의 해석으로 알 수 있는 인류의 기원과, 진화, 인간의 본성과 지성, 유전현상, 그리고 현대의 수많은 질병과 관련된 과학이 펼쳐진다. 하지만 이러한 것에 대한 모든 답이 유전자 만으로 결정되는 것만은 아님을 충분히 강조하고 있다. 오히려 다른 중요한 요소와의 상관 관계를 생각하게 만든다. 의학계에서 강조하는 유전자 관련 질병과 심지어 우생학까지 거론되는 현대에서 이러한 분자생물학과 유전자에 대한 균형 잡힌 태도는 매우 바람직한 것이다. 어느 책에서도 볼 수 없을 만큼 방대한 양의 의학, 생물학적 지식을 논하면서도 유전자에 대한 그의 이해는 명쾌할 정도로 핵심을 찌르고 있다. "23개의 염색체에 흩어져 있는 수백 개의 유전자는 사람 마다 다르며, (중략) 변이는 인간게놈의 내재적이고 근본적인 특성 이다." 따라서 유전자에 의한 인간의 운명결정론은 그 힘이 약해진다.

이 책을 읽는 또 다른 재미는 다른 어느 심각한 분자생물학 책에서는 볼 수 없는 과학자들의 노력과 그들의 성격, 실험의 뒷이야기, 시대적 과학사조 등 과학 야사를 볼 수 있다는 것과 과학자들이 놓치기 쉬운 사회적 · 도덕적 문제를 보다 객관적으로 설명함으로써, 유전공학이 우리에게 주는 현재와 새로운 미래를 새삼 깨닫게 된다는 것이다. 과학적 사실을 이해하기 쉽게 하기 위하여 아직도 논쟁이 되고 있는 부분을 단순화시킨 설명이 가끔 눈에 띈다. 하지만 그 사실 또한 위험할 정도는 아니다.

한징택 (서강대 생물학)

098

과학 콘서트

정재승

복잡한 세상, 명쾌한 과학

중고등학교의 과학시간이나 대학교 1학년 1학기 일반물리 수업시간에 다루는 물리학 문제를 기억하는 사람은, 실제 상황과는 동떨어진 아주 간단하고 이상적인 상황에 대한 문제만을 물리학이 다룬다고 착각하기 쉽다. 그러나 '복잡계 물리학'이라고 불리는 물리학의 분야에서는 실제로 매우 복잡하게 보이는 현상에서 일정한 질서를 찾아내고 예측하는 것이 가능해진다. 복잡계 물리학의 몇 가지 예를 설명하고, 그 사이사이에 과학자의 눈으로 세상을 보는 저자의 관점을 설명한 책이 『과학콘서트』(2001)이다. 이 책은 KAIST 바이오시스템학과의 정재승 교수가 고려대학교 물리학과 연구교수 시절에 쓴 책으로서 '젊은 물리학자의 과학적 세상 읽기'라는 부제가 달려 있다. 부제가 나타내듯이 물리학 문제뿐만이 아니라, 사회현상, 음악, 미술, 경제 등의 다양한 분야에 대한 저자의 관심을 과학적 관점에서 제시하고 있다. 물리학자가 바이오시스템학과의 교수라는 사실이 이상하게 느껴지는 사람은, 이 책을 읽음으로써 생체 시스템이 바로 이 책에서 설명하려는 복잡계 물리학이 적용되는 주요 대상이라는 것을 알게 될 것이다.

학생들에게 익숙한 물리학은 어떤 자연현상에 대해 전체를 구성하는 각 요소에 물리학의 법칙을 적용하여 그로부터 전체에 대한 설명을 이끌어 내는 방식으로, 환원주의적 관점이라고도 한다. 원리적으로는, 이런 접근 방법으로 아무리 복잡한 대상도 기술할 수 있지만, 실제로는 계산이 상상도 못할 정도로 어려워지기 때문에 조금만 대상이 복잡해도 분석이 불가능해진다. 이에 반해, 복잡한 현상의 세세한 내용에 대한 분석은 포기하는 반면 복잡성 안에 숨어 있는 일정한 질서를 찾아내고 그로부터 서로 상관없어 보이는 현상들 사이를 관통하는 일정한 원리를 도출하려는 물리학의 분야를 '복잡계 물리학' 이라고 한다. 예를 들어, 인간관계, 기업의 상호 지분 보유, 인터넷 웹페이지의 링크 등은 서로 다른 현상이지만 '작은 세상 네트워크' 라는 모델 하나로 설명할 수 있다. 또한, 잭슨 폴록의 추상 미술, 가수 서태지의 앨범 재킷과 머리 모양, 아프리카 부족의 가옥 배열, 바하의 음악 등 전혀 상관이 없어 보이는 현상들에서 공통적으로 프랙탈 구조라고 불리는 자기유사성(self-similarity)이 나타나는 것을 이 책에서 설명하고 있다.

이렇게 복잡계 물리학의 관점을 소개하는 이외에, 이 책의 상당 부분에서 과학이라는 이름으로 이루어지는 허구에 대한 신랄한 분석과 비판을 제시한다. O. J. 심슨의 재판 과정에서 인용된 각종 통계에 대한 반박이나, 아인슈타인이 자신의 뇌를 15%밖에 못 쓰고 죽었다는 '상식' 의 허구성에 대한 분석을 통해 '가짜 과학' 의 위험성을 지적하고 있다. 또한, 복잡성 경제학이나 금융 공학, 교통의 물리학에 대한 장에서는 복잡계 물리학적인 분석 방법이 경제나 교통 현상의 설명에 적용되는 예를 보여준다. 백화점의 설계나 사람들이 많이 사용하는 단어, 토크쇼에서 주로 여자 방청객을 사용하는 이유 등은 복잡계 물리학과 직접 상관은 없지만, 물리학자가 이런 현상에도 관심을 가질 수 있다는 것을 보여준다.

한 가지 아쉬운 점은 카오스, 프랙탈 등의 전문적인 용어를 충분한 설명이 없이 사용하기 때문에 이런 전문용어의 오용이나 남용을 가져올 수 있다는 것이다. 실제로, 물리학에서 카오스는 일반적으로 말하는 '혼돈' 이 아닌 일정한 질서가 숨어 있는 혼돈을 말하지만, 카오스라는 용어가 무분별하게 사용되는 것을 흔히 볼 수 있다.

이 책을 읽으면서 유념할 점은 복잡계 물리학으로 설명할 수 있는 현상들이 많지만, 아직까지 복잡계 물리학 자체가 새로운 분야로서 충분히 검증되지 않았고, 설명할 수 있는 현상보다는 설명하지 못하는 현상이 더 많다는 점이다. 앞으로 이 분야가 발전함에 따라 지금까지 설명하지 못한 현상들에 대한 새로운 설명을 제시할 수 있겠지만, 마치 복잡계 물리학이 모든 복잡한 현상에 대한 설명을 제공할 것이라고 착각해서는 안 될 것이다. 또한, 복잡계 물리학은 물리학의 여러 분야 중 하나로서, 다양한 자연현상을 설명하기 위해서는 각 현상에 적합한 접근방법을 사용해야 한다는 것 또한 기억해야 할 것이다.

이 책에 나오는 여러 가지 자연 현상이나 사회 현상에 대한 간단한 설명으로 성이 차지 않는 독자에게는 각 장의 뒤에 나오는 참고자료를 찾아서 읽기를 권한다.

정현식 (서강대 물리학)

099

20세기를 만든 아름다운 방정식들

그레이엄 파멜로 외

20세기 핵심 방정식 11개

인류 최초로 뉴턴이 17세기에 자연현상을 기술하는 자연법칙의 수식화에 성공한 이후 과학은 발전에 발전을 거듭해 오다 20세기에 이르러 미시세계에 대한 현상까지 밝히게 되는 쾌거를 이루었고, 현재 우리는 물질, 에너지, 정보에 관한 지금까지의 모든 연구 성과들을 결합시켜 자연을 적극적으로 활용하는 21세기 첨단과학기술 시대를 살아가고 있다.

이러한 때에 시의적절 하게 저명 과학자와 저널리스트로 구성된 집필진들과 함께 이 책을 엮은 그레이엄 파멜로는 서문 '그건 분명 아름다울거야' 에서 "방정식은 순수 수학자에게는 구체적인 현실을 반영하지 않는 추상적인 수식이다. 그러나 놀랍게도 방정식은 실제로 자연 현상과 관계가 있다. 과학자는 과학 법칙을 방정식의 형태로 표현하며, 방정식의 각 기호들은 실험과학자들에 의해 측정될 수 있는 각각의 물리량을 대표한다."라고 언급한 다음, 독자들로 하여금 벗겨낼 때마다 더욱 부드러워지고 흥미로워진다는 시인 라킨의 양파껍질처럼 골치 아픈 수식을 되도록 피하면서 아름다운 시에 견줄만한 방정식들의 흥미진진한 면모들을 한 꺼풀씩 벗겨 나갈 수 있도록, 앞으로도 파급효과가 매우 크며 본질적인 단순함을 갖추고 있는 20세기에 발견된 11개의 핵심 방정식에 관해 이야기를 풀어가고 있다.

1장 '혁명가 없이 이루어진 혁명'에서 파멜로는 미시세계 탐구에 돌파구를 연 에너지 양자화에 대한 '플랑크-아인슈타인 방정식'을, 2장 '살아남기에 가장 좋은 시대'에서 로버트 메이는 나비효과로 일반에 널리 알려진 카오스 이론의 확립에 결정적인 역할을 한 '로지스틱 본뜨기 방정식'을, 의미 없는 방정식이라며 대신 우주팽창에 관한 허블의 법칙을 거론하는 등 반론도 만만치 않지만 3장 '하늘을 향한 거울'에서 올리버 머튼은 외계 생명체의 가능성을 찾는 '드레이크 방정식'을, 4장 '육분의 방정식'에서 피터 갤리슨은 핵위협과 원자력 에너지 시대를 동시에 열게 한 아인슈타인의 '$E=mc^2$'을, 5장 '환경에 관한 동화'에서 아일링 어윈은 대기권의 오존층 파괴와 직결된 '몰리나-롤런드 화학방정식과 CFC 문제'를, 6장 '슈뢰딩거의 파동방정식'에서 아서 밀러는 미시세계의 정보를 모두 가지고 있는 파동함수를, 7장 '하나의 마술'에서 노벨 물리학상 수상자인 프랭크 윌첵은 슈뢰딩거의 파동방정식을 상대론적으로 확장하면서 스핀과 반입자의 존재를 밝힌 '디락방정식'을, 8장 '생명방정식'에서 존 메이너드 스미스는 게임이론을 통해 동물들의 경쟁 문제를 이해할 수 있는 '진화의 수학'을, 9장 '중력의 재발견'에서 로저 펜로즈는 시간과 공간의 본질에 관한 '아인슈타인의 일반상대성이론'을, 10장 '한 비트씩 정보를 이해하기'에서 이고르 알렉산더는 고전 및 양자 정보기술 시대를 연 정보량의 측정에 필수적인 '섀넌방정식'을, 11장 '숨어있는 대칭성'에서 크리스틴 서튼은 중력을 제외한 통일장 이론의 돌파구를 연 '양-밀스 방정식'을, 끝으로 후기 '위대한 방정식이 살아남는 법'에서 노벨 물리학상 수상자인 스티븐 와인버그는 '위대한 방정식들은 영구한 과학적 지식의 한 부분이며 중세 시대의 아름다운 대성당보다 더 오래 살아남을 것이다.'라며 글을 마무리 하고 있다.

참고로 저자들은 아인슈타인이 훌륭한 연구결과를 보면 "맞다"거나 "정확하다"가 아니라 "아름답다"라고 한 일화나 미국 최초의 여성 천문학자 미첼이 "자연법칙을 설명하는 모든 공식은 신에게 바치는 찬송가"라고 표현한 글

및 별의 진화에 관한 이론으로 노벨물리학상을 받은 천체물리학자인 찬드라세카르가 그의 방정식에 대해 "항상 거기 있었으며, 나는 우연히 그것을 찾아냈다."라고 술회한 글 등을 인용하면서, 수학을 어려워하는 이들도 쉽게 이해할 수 있도록 친절하게 방정식을 풀이하고, 이들 방정식을 만들거나 발견한 과학자들의 연구과정을 기술하는 동시에 이들 방정식이 보편성, 단순성, 필연성, 그리고 보다 깊은 뜻을 내포한 아름다운 작품임을 세잔 등 유명 작가들의 걸작들과 견줄 수 있다고 역설하며 비전공자들도 21세기 첨단과학기술 시대의 원동력인 이들 방정식의 아름다움을 감상해볼 것을 적극 권장하고 있다.

박영재 (서강대 물리학)

100

거의 모든 것의 역사

빌 브라이슨

자연에 대해 아는 거의 모든 것에 관한 이야기

이 책은 과학에는 문외한이었던 세계적인 여행기 작가 빌 브라이슨이 3년 동안의 준비 과정을 거쳐 발간한 정말 특이한 책이다. 고등학교에서 배운 과학 지식이 고작이었던 저자가 무려 300여 권의 과학 교양 도서를 섭렵하고, 세계 각지의 전문가를 찾아다닌 끝에 쓴 '과학책' 이다. 그렇다고 저자가 이 책을 쓴 이유가 과학적 지식을 알기 쉽게 설명하려는 것도 아니고, 고전적인 의미에서 과학의 역사를 정리하려는 것도 아니다. 과연 우리가 자연과 우리 스스로에 대해서 무엇을 얼마나 알고 있고, 누가 어떤 과정을 거쳐서 그런 지식을 밝혀내게 되었는지를 확인하고 싶었을 뿐이다. 그 결과가 바로 이 책이다. 그야말로 우리가 자연에 대해 알고 있는 '거의 모든 것' 에 대한 이야기가 담겨 있다.

이 책은 모두 6부로 구성되어 있다. 우주, 지구, 현대 과학과 기술, 태양계, 생명, 그리고 인류의 역사에 대한 이야기들이다. 연대나 주제에 따라 배열된 것도 아니기 때문에 굳이 원한다면 아무 곳에서나 읽기 시작해도 문제가 되지 않는다. 어차피 우리가 '거의 모든 것' 을 이해하고 기억할 수도 없는 일이니 더욱 그렇다. 그저 특별히 재미있어 보이는 이야기들만 골라서 읽어도 전혀 문제가 되지 않는다.

이 책의 목적은 우리가 자연과 우리 자신에 대해서 무엇을 알고 있고, 그것을 어떻게 알아내게 되었는지를 함께 살펴보려는 것이다. 우선 우주의 시작에서 출발한다. 우리가 살고 있는 신비로운 우주는 137억 년 전에 일어났던 '대폭발'(빅뱅)에서 시작되었다. 그것이 우리가 오늘날 온갖 정교한 물리학적 관측과 정교한 우주론의 논리 체계를 통해 알아낸 과학적 사실이다. 그런 사실에 대해 처음으로 확신을 갖게 된 것은 1960년대 미국 벨연구소의 펜지어스와 윌슨의 우연한 발견 덕분이었다. 오늘날 우리가 '우주 배경복사'라고 부르는 것이다.

그렇게 시작된 우주론 이야기는 어쩔 수 없이 여러 과학자들의 일상적이고 흥미로운 이야기로 이어진다. 우리와 똑같은 인간으로 온갖 오류와 실수와 유혹과 갈등에 시달리면서 오로지 자연에 숨겨져 있는 진실을 파헤치려는 과학자들의 끈질기고 진솔한 모습이 소개된다. 그런 과학자들 위대한 인물로 우상화하지도 않고, 괴팍한 인물로 평가절하하지도 않는다. 그저 우리 주변의 사소한 실마리로부터 자연과 우리 스스로의 정체를 밝혀내려는 집념과 노력을 담담하게 소개했을 뿐이다.

그렇다고 모든 이야기가 흘러가버린 과거에 대한 것에 한정된 것도 아니다. 오늘날 만물의 영장으로 우뚝 서게 된 우리 자신의 역사를 되짚어보는 과정에서 우리의 미래에 대한 전망도 소개된다. 물론 그렇게 밝은 모습만은 아니다. 우리는 우리의 생존을 위해 노력하는 과정에서 수많은 잘못을 저질러 왔다. 자연 환경을 심하게 망가뜨리기도 했고, 나약한 생물종을 지구상에서 영원히 사라지게 만들어버리기도 했다. 분명하게 잘못인 줄 알면서 그런 경우도 있었지만, 아무 것도 모르는 사이에 아무 죄책감 없이 저지른 잘못이 훨씬 더 많았다. 이제 우리에게 남은 과제는 자연과 우리 자신에 대한 더욱 정확한 지식을 바탕으로 합리적이고 실현 가능한 삶의 방식을 개척하는 것이다.

이 책을 통해서 과학 지식이나 과학자나 과학의 역사를 이해하려고 노력

할 필요는 없다. 이 책에 소개된 과학 지식을 완전히 이해하지 못하더라도 아무 상관이 없다. 자연과 우리 스스로의 정체를 밝혀내려는 과학이 진정 어떤 것인지를 희미하게라도 이해할 수 있게 된다면 충분하다. 자연과 우리 스스로에 대한 과학 지식은 어느 것도 저절로 얻어지지 않는다. 우리가 오늘날 알고 있는 과학 지식은 우리 스스로의 힘든 노력의 결과일 뿐이다. 그리고 우리가 지금까지 알아낸 '거의 모든 것' 이 놀라운 것이기는 하지만, 우리가 밝혀내고 싶어하는 '모든 것' 에 이르기까지는 아직도 먼 길이 남아 있다. 우리에게 그 길은 원한다고 선택하고, 싫다고 외면할 수 있는 것이 아니라는 사실을 분명하게 확인하기 바란다.

인류 문명의 발자취를 진지하게 분석한 제레드 다이아몬드의 『총, 균, 쇠』를 함께 읽으면 좋을 것이다. 이 책은 인류 문명의 등장과 쇠퇴에 대한 '거의 모든 것' 을 지극히 객관적이고 보편적인 입장에서 소개해준다. 두 책을 읽고 나면 자연과 인간에 대한 인식이 새로워질 것이다.

이덕환 (서강대 화학)

부록

서강 필독서(1차) 100선

연번	도서명	저자
	〈문학〉	
001	구운몽	김만중
002	열하일기	박지원
003	세계민담전집 1:한국 편	신동흔 편
004	삼대	염상섭
005	인간문제	강경애
006	태평천하	채만식
007	정지용시전집	정지용
008	회색인	최인훈
009	김수영시전집	김수영
010	당신들의 천국	이청준
011	난장이가 쏘아올린 작은 공	조세희
012	산해경	
013	당시선	
014	홍루몽	조설근
015	기탄잘리	타고르
016	루쉰소설집	루쉰
017	설국	가와바타 야스나리
018	사육	오에 겐자부로
019	변신인형	왕멍
020	일리아스/오뒷세이아	호메로스
021	희랍비극	아이스킬로스 외
022	변신	오비디우스
023	햄릿	셰익스피어
024	돈키호테	세르반테스
025	실락원	밀튼
026	파우스트	괴테
027	포 단편집	에드가 알렌 포
028	백경	멜빌
029	악의 꽃	보들레르
030	보바리 부인	플로베르
031	사일러스 마너	조지 엘리엇
032	위대한 유산	찰스 디킨스

연번	도서명	저자
033	안나 카레니나	톨스토이
034	인형의 집	입센
035	카라마조프가의 형제들	도스토예프스키
036	말테의 수기	릴케
037	스완네 집 쪽으로(잃어버린 시간을 찾아서 1부)	마르셀 프루스트
038	더블린 사람들	제임스 조이스
039	스무 편의 사랑의 시와 한 편의 절망의 노래	파블로 네루다
040	황무지	T.S 엘리엇
041	마의 산	토마스 만
042	소성/성	카프카
043	자기만의 방	버지니아 울프
044	분노의 포도	존 스타인벡
045	이방인	카뮈
046	독사를 죽였어야 했는데	야샤르 케말
047	불한당들의 세계사	보르헤스
048	닥터 지바고	빠스쩨르낙
049	양철북	귄터 그라스
050	백년의 고독	마르케스
051	장미의 이름	움베르토 에코
052	참을 수 없는 존재의 가벼움	밀란 쿤데라
〈인문 · 사회〉		
053	논어	공자
054	도덕경	노자
055	아함경	석가세존
056	소크라테스의 변론	플라톤
057	니코마코스 윤리학	아리스토텔레스
058	맹자	맹자
059	장자	장자
060	사기	사마천
061	의무론	키케로
062	성경	
063	명상록	아우렐리우스
064	고백록	아우구스티누스
065	꾸란	
066	삼국유사	일연

연번	도 서 명	저 자
067	우신예찬	에라스무스
068	유토피아	토마스 모어
069	그리스도인의 자유	마르틴 루터
070	성학십도	이황
071	신기관	프랜시스 베이컨
072	방법서설	르네 데카르트
073	팡세	파스칼
074	국부론	아담 스미스
075	도덕의 계보	니체
076	프로테스탄트의 윤리와 자본주의의 정신	막스 베버
077	쾌락원칙을 넘어서	지그문트 프로이트
078	호모 루덴스	요한 하의징아
079	자유로부터의 도피	에리히 프롬
080	국화와 칼	루스 베네딕트
081	죽음의 수용소에서	빅터 프랭클
082	서양미술사	곰브리치
083	옥중서간	본회퍼
084	역사란 무엇인가?	E.H. 카
085	대지의 저주받는 사람들	프란츠 파농
〈과학 · 기술〉		
086	침묵의 봄	레이첼 카슨
087	부분과 전체	하이젠베르크
088	사상사 속의 과학	히로시게 토오루 외
089	최초의 3분	와인버그
090	생명의 느낌	이블린 폭스 켈러
091	카오스	제임스 글릭
092	천재	제임스 글릭
093	디지털이다	네그로폰테
094	우리 수학자 모두는 약간 미친 겁니다	폴 호프먼
095	아톰으로 이루어진 세상	라이너 그리스하머
096	과학이 종교를 만날 때	이언 바버
097	게놈	매트 리들리
098	과학 콘서트	정재승
099	20세기를 만든 아름다운 방정식들	그레이엄 파멜로 외
100	거의 모든 것의 역사	빌 브라이슨

서강 필독서(2차) 100선

문학

연번	도 서 명	저 자
	국문학	
101	금오신화	김시습
102	한중록	혜경궁 홍씨
103	매천야록	황현
104	고향	이기영
105	천변풍경	박태원
106	관촌수필	이문구
107	죽음의 한 연구	박상륭
108	바람의 넋	오정희
	동양	
109	사람아 아, 사람아!	다이오우잉
110	허삼관 매혈기	여화
	서양	
111	아이네이스	베르길리우스
112	신곡	단테
113	데카메론	복카치오
114	가르강튀아 팡타그뤼엘	라블레
115	트리스트럼 샌디	로렌스 스턴
116	하인리히 폰 오프당겐(푸른 꽃)	노발리스
117	고리오 영감	발자크
118	폭풍의 언덕	브론테
119	주홍글씨	호손
120	도리언그레이의 초상	오스카 와일드
121	장 크리스토프	롤랑
122	페테르부르크	안드레이 벨르이
123	음향과 분노	윌리암 포크너
124	인간조건	말로
125	유리알 유희	헤세
126	드리나강의 다리	이보 안드리치
127	고도를 기다리며	베케트
128	이반 데니소비치의 하루	솔제니친
129	피의 꽃잎	은구기 와 시옹고

인문 · 사회

연번	도 서 명	저 자
130	중용	자사
131	국가	플라톤
132	시학	아리스토텔레스
133	철학의 위안	보에티우스
134	육조단경	혜능
135	근사록	주희
136	전습록	왕양명
137	선가귀감	서산대사
138	천주실의	마테오 리치
139	징비록	유성룡
140	리바이어던	홉스
141	명이대방록	황종희
142	인간불평등기원론	루소
143	도덕형이상학 기초	칸트
144	목민심서	정약용
145	미국의 민주주의	토크빌
146	공포와 전율	키에르케고어
147	자유론	J.S.밀
148	이탈리아 르네상스의 문화	부르크하르트
149	동경대전	최제우
150	경제발전의 이론	죠셉 슘페터
151	대동서	강유위
152	옥중수고	그람씨
153	존재와 시간	하이데거
154	도덕적 인간과 비도덕적 사회	니버
155	역사연구	토인비
156	문명화의 과정	엘리아스
157	문학과 예술의 사회사	아놀드 하우저
158	예종에의 길	하이에크
159	열린사회와 그 적들	칼 포퍼
160	계몽의 변증법	아도르노/호르크하이머
161	제2의 성	보부와르
162	세속의 철학자들	헤일브로너
163	자본주의 정신과 반자본주의 심리	미제스
164	성과 속	엘리아데
165	인간의 조건	한나 아렌트

인문 · 사회

연번	도 서 명	저 자
166	우주에서의 인간의 지위	막스 셸러
167	미디어의 이해	마셜 맥루한
168	정의론	존 롤스
169	언어에 대한 지식	노엄 촘스키
170	감시와 처벌	미셸 푸코
171	오리엔탈리즘	에드워드 사이드
172	종교의 의미와 목적	일프레드 캔트웰 스미스
173	시간과 타자	레비나스
174	물질문명과 자본주의	페르낭 브로델
175	선택할 자유	밀턴 프리드만
176	설득의 심리학	로버트 치알디니
177	중국 고대사상의 세계	벤자민 슈워츠
178	중국 근대 종교윤리와 상인정신	여영서
179	신화의 힘	조셉 캠벨
180	죽은 경제학자들의 살아있는 아이디어	부르홀츠
181	여성의 역사	조르주 뒤비, 미셸 페로
182	충성과 반역	마루야마 마사오
183	프로페셔널의 조건	피터 드러커
184	좋은 기업을 넘어 위대한 기업으로	짐 콜린스
185	블루오션 전략	김위찬

과학 · 기술

연번	도 서 명	저 자
186	프린키피아	아이작 뉴턴
187	종의 기원	찰스 다윈
188	이중나선	제임스 왓슨
189	우연과 필연	자크 모노
190	가이아 : 생명체로서의 지구	J. E. 러브룩
191	호두껍질 속의 우주	스티븐 호킹
192	엔트로피	제레미 리프킨
193	놀랄만한 수학 아이디어와 문제들	맬컴 E. 라인스
194	테크노폴리	닐 포스트만
195	신과학 산책	김재희
196	생명이란 무엇인가?	린 마굴리스 외
197	섹스란 무엇인가?	린 마굴리스 외
198	21세기 컴퓨터학	사카무라 겐
199	엘러건트 유니버스	브라이언 그린
200	누가 소프트웨어의 심장을 만들었는가	박지훈

서강 권장도서(가톨릭) 30선

연번	도 서 명	저 자
	〈공통〉	
201	이냐시오 로욜라 자서전	이냐시오 로욜라
202	성녀 소화 데레사 자서전	소화 데레사
203	고통의 문제	C.S. 루이스
204	천국의 열쇠	A. J. 크로닌
205	성프란치스꼬의 잔꽃송이	아쎄롱
206	칠층산	토마스 머튼
207	새 명상의 씨	토마스 머튼
208	나를 이끄시는 분	월터 J. 취제크
209	그리스도의 신비	토마스 키팅
210	그리스도교 이전의 예수	앨버트 노울런
211	일분 헛소리	앤서니 드 멜로
212	침묵	엔도 슈사쿠
213	이보다 더 큰 사랑은 없다	마더 데레사
214	내 영혼을 울린 이야기	존 포웰
215	행복한 선물	알셀름 그륀
	〈심화〉	
216	준주 성범(大)-그리스도를 본받음	토마스 아 켐피스
217	이냐시오 영신수련	이냐시오 로욜라
218	가르멜의 산길	십자가의 요한
219	어둔 밤	십자가의 요한
220	완덕의 길	예수의 데레사
221	아빌라의 데레사	마르셀 오클레르
222	선과 성서	가도와끼 가끼찌
223	마르티니의 성서묵상(1~7)	C.M. 마르티니
224	마이스터 엑카르트는 이렇게 말했다	메튜 폭스(편)
225	그리스도인의 비전	존 포웰
226	주여, 왜?	까를로 까레또
227	그리스도인의 참선	윌리엄 존슨
228	아시시 성 프란치스코의 영적인 권고 묵상집	멜키올 프란치스코
229	하느님과의 만남	앤소드 드 멜로
230	마음을 열고 가슴을 열고	토마스 키팅